पुरुषोत्तम श्रीराम जन्मभूमि

अयोध्या का प्रामाणिक पुरातात्विक एवं सांस्कृतिक वैश्विक इतिहास (प्राक,प्राचीन,मध्य,आधुनिक, वर्तमान - इक्ष्वाकु राजवंश)

शार्ङगधर सिंह परिहार

समर्पण

प्रतिमा श्री लक्ष्मजी श्रीवैकुंतनाथन पेरूमल मंदिर, तमिल नाडु

राम राज्य के परम प्रतापी प्रतिहार, मेरे प्रथम पूर्वज कूल पुरुष श्री लक्ष्मणजी के
श्री चरणो मई सादर समर्पित ।

क्रम-सूची

वैश्विक श्रीराम   ix

प्रस्तावना   xi

भूमिका   xxi

खण्ड 1

1. अयोध्या का भौगोलिक इतिहास, एवं पहचान   3

2. सूर्य वंशीय इक्ष्वाकु राजवंश,ऋषभदेव से श्रीराम,शाक्य वंशी गौतम   6
   बुद्ध एवं लिच्छवी वंशी महावीर का सम्बन्ध तथा आर्यावर्त में
   सनातन जीवन शैली -

3. अयोध्या का उत्कर्ष एवं अपकर्ष   14

4. अयोध्या - भारतीय इतिहासकारों एवं वैश्विक इतिहासकारों की   22
   दृष्टि में,रामायण की तुलना विद्वान होमर के इलियट एवं वि,वर्जिल
   की एनीड से

5. विधर्मियों द्वारा अयोध्या विध्वंस एवं पुनर्निर्माण का सहस्त्र वर्षीय   26
   रक्त रंजित इतिहास -

6. भारत का सांस्कृतिक एवं राजनीतिक इतिहास -   30

7. अयोध्या धाम की   आध्यात्मिक व्याख्या - वाल्मीकि रामायण की   38
   संस्कृत-भाषा का वैश्विक प्रभाव -९७ प्रतिशत वैश्विक भाषाएं
   संस्कृत की दूहिता - नासा रिपोर्ट

8. विश्व विश्रुत, असभ्य, संस्कृति का क्रूरतम शिकार, श्रीराम कालीन   41
   अयोध्या के प्रमुख सप्ततीर्थ धाम - ७००० वर्ष प्राचीन - टील्हों, ढूहों
   की ढेर में छुपा-

9. श्रीराम की अयोध्या से रोम(र+उ+म) की ओर - सनातन संस्कृति   44
   का प्रभाव ग्रीक - गीरीस (गीर+ईश=शिव= कैलाशपति) देश तक -

10. दक्षिण पूर्व एवं मध्य एशिया के आराध्य देव पुरुषोत्तम श्रीराम,उनकी   49

क्रम-सूची

अयोध्या –

11. श्री राम का जन्म काल - देश - विदेश के अनेकानेक रामायणों में -   56

12. श्री रामानुज - लक्ष्मण की सर्व प्रथम जलसमाधि पश्चात श्री राम   62
सहित अन्य तीनों भाइयों की जल समाधि पवित्र सरयू नदी -

13. संयुक्त राष्ट्र संघ - का सशक्त संकल्प(१९४८ दिसंबर ०९)   65

14. राम-- कथा, पुरुषोत्तम राम के महान धवल -- चरित्र का सुस्पष्ट   68
वैश्विक दिग्दर्शन -

15. पुरातात्विक सर्वेक्षण,उत्खनन,पुरावशेषों की प्राप्ति-   71

16. महाराज जयचन्द्र गहरवार का एक ताम्रपत्र एवं दो--तीन शिलालेखों   85
से विष्णु अवतार श्री राम की जन्मभूमि अयोध्या (संवत--
१२४१—१२४५) जीवंत

17. "मगध सम्राट नन्दि वर्धन – अभिलेख एवं महापद्‌मनन्द काल में   89
अयोध्या की राजनैतिक स्थिति"- (२) श्री रामकालीन मुख्य
घटनाओं का काल निरूपण - विचारन

18. प्रामाणिक –सांस्कृतिक इतिहास के अस्तित्व को चुनौती।   92

19. १८५२--५३ ई,--- से १९४९ नवम्बर २२ /२३ की रात्रि - श्री राम   105
जन्मभूमि मन्दिर स्थल पर पुन: पूजा,अर्चना का प्रयास एवं
तत्सम्बंधी - इतिहास ।

20. श्रीरामजन्मभूमि अयोध्या में रामलला विराजमान -   110

21. अयोध्या –श्री रामजन्मभूमि स्थल में रामलला विराजमान वाद की   116
लम्बी सुनवाई का तिथि क्रम -

22. श्री राम मंन्दिर निर्माण हेतु - राम मन्दिर निर्माण न्यास का गठन   124
एवं अग्रेतर कार्यवाही -

23. स्वतंत्रता प्राप्ति पश्चात - प्राचीन धार्मिक एवं सांस्कृतिक विरासतों   127

क्रम-सूची

का जीर्णोद्धार एवं संरक्षण - संविधान प्रदत्त दायित्व नहीं -

24. रामायण का संदेश---"बहुजन हिताय बहुजन सुखाय" -   131

25. श्री रामजन्मभूमि मन्दिर-- तीर्थधाम के जीर्णोद्धार का भव्य स्वरूप 136

का प्रारूप

सुर्यवंशी राजा श्री राम एवं रामराज्य के परम भट्टारक प्रतिहार लक्ष्मण के पूर्वज व वंशजों का कालक्रमिक इतिहास

सांस्कृतिक चित्रावली   157

वैश्विक श्रीराम

"1) इटली - अश्वमेध यज्ञ सा दृश्य - स्वर्ण प्रतिमा - श्रीराम खड़े - सामने माँ सीता आसन पर- (600 ई, पू)

2) ईराक - डरबन नगर - बेबुला पहाड़ पर- श्रीराम धनुष धारी खड़े - सामने हनुमान जी हाथ जोड़ - पैरों पर बैठे - (6000 वर्ष पूर्व)

3) ईरान - महिषासुर मर्दिनी - रजत प्रतिमा (600 ई,) - इस्लामोदय पूर्व।

4) स्टोकहोम संग्रहालय - महिषासुर मर्दिनी -10' लम्बा सिंह -- धरातल पर साष्टांग गिरे- बिशाल महिष पर सवा"

इसी पुस्तक से

"पुस्तक के पन्नों से - भ्रष्ट, भीरु, अकर्मण्य, अक्षम, सत्तासीन राजनेताओं की अदूरदर्शिता, अज्ञानता के आगोश में मरणासन्न स्वर्ण गरुड़ सा फरफराता - विवश भारतीय गणतंत्र 75 वर्षों के अमृत महोत्सव के शुभावसर पर क्रिंकर्तव्यविमूढ बैठा है। एक सौ पच्चास करोड़ सनातनी मन्दिर मन्दिर घूम - घूम कर अदालतों की चौखट चूम रहा है, और दूसरी ओर कई मस्जिदों की सिढियों से करोड़ों श्रद्धालुओं के आराध्य 78 वर्षों बाद, अभी भी असभ्य बर्बर विध्वंसकों के वंशजों के पैरों तले सुबह - साम कुचले जा रहे हैं। (पृ - 73 इसी पुस्तक से)"

प्रस्तावना

श्रीराम जन्मभूमि अयोध्या,अर्वाचीन भारतीय संस्कृति और इतिहास का एक महत्वपूर्ण स्थल है। यह स्थान भगवान श्रीराम के जन्मस्थान के रूप में प्रसिद्ध है और जब भूमंडल पर तथाकथित धर्म नाम की किसी सांस्कृतिक परिधान का नामो – निसान नहीं था तब से ही यह नगर एक प्रसिद्ध सांस्कृतिक केन्द्र के रूप में प्रतिष्ठित रहा है। इसीलिए इसका विशेष वैश्विक महत्व है। अयोध्या का उल्लेख विश्व के सर्वोपरि प्राचीनतम ग्रंथ ऋगवेद से लेकर अन्य प्राचीन ग्रंथों, पुराणों और विभिन्न भाषाओं की रामायण में मिलता है । मानव सभ्यता के सनातन इतिहास के जितना ही लगभग पुराना है मनुपुत्र महाप्रतापी इच्क्षवाकु के अवतंशों से प्रादुर्भावित सैकड़ों राजवंशों का प्रामाणिक इतिहास,जो सिर्फ़ भारतवर्ष का ही सांस्कृतिक व राजनितिक इतिहास नहीं है, अपितु अबतक ज्ञात विश्व-सांस्कृतिक इतिहास के अनुसार प्राचीन आर्यावर्त के आसपास के अनेक भौगोलिक पड़ोसी देशों का भी लगभग तीन सौ पीढ़ियों का इतिहास है ।तदनुसार असंख्य पुरातात्विक अवशेष सहस्रों वर्षों का ,विधर्मियों द्वारा अनेकानेक रक्तरंजित विध्वंसों के बाबजूद ,किसी न किसी रूप में आज भी अयोध्या के सौ कोस की परिधि में चप्पे - चप्पे में विद्यमान है ।

अयोध्या की भौगोलिक पहचान सनातन शास्त्रों - अथर्ववेद, तैत्तरीय ब्राह्मण, पद्म पूराण ,स्कन्द पुराण,आरण्यक आदि में स्पस्ट वर्णित है। अथर्ववेद में इसके भौगोलिक चतुर्दिक सीमाओं का वर्णन मैं इसे आठ किनारों के चक्राकार पहलों एवं नौ द्वारों वाला नगर कहा गया है ।धनधान्य की नगरी अयोध्या के स्वर्ण भंडारों की चकाचौंध से स्वर्ग ज्योतिर्मय है—काव्य कल्पना की यह उड़ान अलंकारिक है ,फिर भी अयोध्या के आश्चर्यजनक ऐश्वर्य को कौन नकार सकता है।जब ब्रिटिश साम्राज्य के भूमंडलीय वृत पर सूर्यास्त नहीं होता था,तब ईंगलेंड की वार्षिक आय ही वैश्विक आय थी। महाराज सुदास,ककुस्थ, दशरथ महाराज मांन्धाता,महाराज सगर,दिलीप,रघु,दशरथ आदि काल में निस्संदेह अयोध्या (कौशल देश) स्वर्ण भंडारों से परिपूर्ण देश था ।

"अथ - १०/०२/३१ :
अष्टाचक्र नवद्वारा देवानां पूरयोध्या
तस्यां हिरण्यमय:कोश:स्वर्गो ज्योतिषावृतः ॥ "

ऐसा ही अन्य ग्रंथों में भी ऐश्वर्य की स्वर्ण नगरी अयोध्या का भौगोलिक आकार एवं धन -सम्पदा से परिपूर्ण भौतिक स्वरूप प्रतिपादित है। अनेकानेक विद्वानों ने त्रेता युग से वर्तमान काल तक अयोध्या का वर्णन विभिन्न काल के भिन्न – भिन्न भाषाओं के ग्रंथों में किया है,जिनमें कुछ भिन्नता भी दिखती है । कतिपय भिन्नता के बावजूद प्रमुख घटनाऐं लगभग समरूप प्रतीत होती हैं--- अत: निस्संदेह रामायण की प्रधान घटनाएँ न कपोल कल्पित और न आधारहीन हैं ।

संक्षेप में अयोध्यापति वैवस्वत् मनु-- पुत्र राजा इच्छवाकु ,वि,पूर्व ११२१३(ई, पूर्व लगभग ११२७० वर्ष) से लेकर लगभग १३० पीढ़ियों के राजा विजय तक अनवरत प्रसिद्ध,मानव सभ्यता के प्राचीनतम विशिष्ट नगरों में सुमार,यह नगर अपार –आस्था से आप्लावित सरयू नदी के पावन तट पर अवस्थित है ,साथ—साथ इसके धार्मिक ,सांस्कृतिक और ऐतिहासिक धरोहरें अद्वितीय हैं।

श्री राम ने चारों भाइयों के आठ पुत्रों के बीच रामराज्य का विभाजन ,केकई देश वासी भरत जी के मामा से परामर्श लेकर ,कर दिया था।भरत पुत्र तक्ष एवं पुष्कल को तक्षशिला क्षेत्र तथा पुष्कल को पुष्कलावती मिला।वाल,रामायण--- ०७/१०/११

"तक्षं तक्षशिलायां तु पुष्कलं पुष्कलावती ।गन्धर्व देशे रूचिरे, गांधार विषये च स:।।
रघुवंश—१५/--८८—८९
भरतस्त्र गन्धर्वान्युधि निर्जित्य केवलम्, आतोद्यं ग्राय समंत्याजद्युद्धम्।।
सतक्षपुष्कलौ पुत्रौ राजधान्या स्तवाख्यभौ:। दाभिषेश्चाभिषेका हौ रामान्तिकम गातुपुण:।।"

ईसा पूर्व छठी शताब्दी में इक्ष्वाकु वंश की शाखा हर्यक वंशी राजा विम्बसार की रानी कोशली का भाई राजा प्रसेनजीत कोशल(कौशल देश)अधिपति था।वह शाक्यवंशी महात्मा बुद्ध का समकक्ष था।बुद्ध ने उसे राजगृह में स्वयं दर्शन दिया था और वह उनका दिक्षीत अनुवाई हो गया था ।एकबार बुद्ध शिष्य कस्सप को एक हज़ार शिष्यों सहित राजगीर पधारने पर राजमहल में सबों को भोजन कराया।अत: महावीर एवं बुद्ध दोनों विम्बसार के समकालीन थे । इक्ष्वाकु वंश की प्रामाणिकता उपरोक्त इतिहास से ज्योतिर्मय है।"

"महावीर का जन्म राजा बिशाल के वंशज लिच्छवी कुल में हुआ था
।भगवान महावीर, ले- डां शोभाकांत पाठक,
पृ- ७३ - (सू,कृ, --०२/०३)
"विशाला जननी यस्य, विशाल कुलमेव च।विशालं वचनं
चास्य, तेन वैशालिको जिनः।।"
चैत्रसितपक्ष, फाल्गुनी शशांक योग दिने त्रयोदश्याम्।जग्ग
स्वोच्चस्थयु ग्रहेषु-सोम्येषु शुभ-लग्ने।। ।।(नि,भ)"

५९९ ई,पू, में चैत्र शुक्ला त्रयोदशी,सोमवार को महावीर का जन्म हुआ था ।डां राधाकृष्ण चौधरी कृत प्राचीन भा, राज, सांस, इति, पृ - १०२ - के अनुसार जन्मवर्ष ई,पू, ५४० कहा गया है । विद्वान हेमचंन्द्र महावीर का निर्वाण काल ई,पू, ४६७ मानते हैं, ऐसा डां चौधरी ने उपर्युक्त विवरण में कहा है। श्री चौधरी ने बुद्ध एवं महावीर का काल ईसा पूर्व ५९९ से ईसा पूर्व ५२७ के अन्तराल में माना है ।

डां वेदवीर आर्य ने बुद्ध का जन्म काल ई,पू, १९४४ मार्च -१५ तथा महाप्रयाण ई,पू, १८६४ तथा विम्बसार का जन्म ई,पू, १९४० एवं राज्यकाल १९२५ - १८७२ ई,पू, कहा है। यही नहीं जैन महावीर का काल ,बुद्ध के महाप्रयाण से ६७५ वर्ष बाद(११८९ ई,पू)। तात्पर्य यह कि महावीर काल से कम से कम ६५० वर्ष पूर्व बिम्बसार,अजातशत्रु एवं बुद्ध हुए, अतः इन चारों का एक अन्तराल में होना अत्यंत संदिग्ध प्रतीत होता है ।परन्तु सम्भवतः अबतक जैन ग्रंथों एवं बौद्ध ग्रंथों तथा अनेकानेक विद्वानों ने इन चारों महानुभावों को समकालीन कहा है,अबतक के सभी इतिहासकारों की मान्यता पूर्ववत रही है ।

यहाँ महात्मा बुद्ध एवं जैन तीर्थंकर महावीर व बिम्बसार का उपरोक्त ज्वलंत उदाहरण मैंने इसलिए प्रस्तुत किया है कि डां वेदवीर आर्य ने श्री राम जन्मभूमि -अयोध्या के महानायक श्री राम का—जन्म तीन फरवरी ५६७४ ईसा पूर्व कहा है। जबकी अन्य विद्वानों ने

ईसा पूर्व—४४३३—५४०० के बीच प्रतिपादित किया है। फलतः लगभग (सम्पूर्ण अन्तराल) १५०० - २००० वर्षों का (दो हज़ार वर्ष) कालखंड का इतिहास भ्रमित - संशयपूर्ण दिखता है ।

"देखें - निम्नलिखित घटनाकाल विचारनीय है। विद्वान राधा कुमुद मुखर्जी कृत - प्राचीन भारत- पृष्ठ- ५१ -"

राजा विन्दुसार (६०३ - ५५१ ई,पू,) पहले जैनधर्मी था एवं अन्य अधिकांश विद्वानों के अनुसार महावीर से विम्बसार ने -

" स्वंय –व्यक्तिगत याचना की थी कि उसके देश को सर्दी के संकट से वचाने का आशीर्वाद दें । "

इसी प्रकार ---"भरहुत पुरातात्विक अभिलेखों में परकोटा पर उत्कीर्ण वह दृश्य भी है जिसमें भगवान बुद्ध उंचे आसन पर विराजमान हैं तथा सामने नीचे बैठकर स्वंय मगध सम्राट अजातशत्रु दीक्षा प्राप्त कर रहा है ।"

इसी प्रकार---दुर्गा सप्तशती)में वर्णित --सूर्यवंशी (इक्ष्वाकु-- बंशज) राजा सुरथ काल—पर विचारन-----

"दुर्गा सप्तशती –(मार्कण्डेय पुराण--)—अ—१3/३०—
एवं देव्यावरं लब्धवा सुरथः क्षत्रियर्षभः।
सूर्याजन्म समासाध्य सावर्णि भविता मनु।।"

राजा सुरथ महाप्रतापी ने राजपाट गंवाकर अपना ऐतिहासिक राज्य पुनः वापस जीता था।फिर उनके पुत्र राजा सुमित हुए थे।मेरी गणनानुसार सूर्यवंशी राजा सुरथ (इक्ष्वाकु से ११६- पीढ़ी—१७३९ ई,पू,--१६६४ ई,पू,== वि,पू,१६०७--),राजा रूणक(११५पीढी) के पुत्र थे और उनके पुत्र राजा सुमित(११७ पीढ़ी)थे,जिनके काल(विक्रम पू,१५७७==१६३४ ई,पू,) में मगध सम्राट ने उन्हें पराजीत कर अयोध्या पर अधिकार कर लिया था ।उनको पराजित करने के बाद भी वे मगध सम्राट के सामंत रूप में कौसलाधीश रहे। उनके बाद आठवीं पीढ़ी के राजा विजयसेन अयोध्या का परित्याग कर दक्षिणवर्त देशों की ओर बढ़े ।वल्लभी पूर में सूर्यवंशी ध्वजा लहराया।कतिपय विद्वानों के अनुसार इक्ष्वाकु से १२२ पीढ़ी के राजा कनकसेन ने वल्लभीपुर राजधानी स्थापित किया।इनकी राजकुमारी गजनी के यदुवंशी राजा गजसेन की रानी थी।पुरानों में अयोध्या के राजा सुमित तक ही नामावली उपलव्ध है।(हरि सिंह भाटी कृत गजनी से जैसलमेर)

राजा सुमित से आगे के १२ महाप्रतापी आदित्य वंशी राजाओं का नाम मेवाड़ी कवि रणछोड़ भट्ट (वंश प्रभा लेखक)कृत राजप्रशस्ति में दर्ज ।इसी वंश के राजा गुहिल(गुहादित्य) ने वल्लभीपुर से पहले नागदा ,ऋषि हारीत की कृपासिन्धु से राजस्थान - मेवाड़ - क्षेत्र में राज्य कायम किया और फिर सप्तद्वार चित्तौड़गढ़ पर अधिकार किया ।इसी वंश में एक से बढ़कर एक वीर योद्धा, महाराणा प्रताप

आदि हुए ।

कतिपय विद्वानों के अनुसार राजा सुमित के राज्यकाल में अयोध्या पर मगध सम्राट घनानन्द ने भयंकर आक्रमण करके अयोध्या को अंधकारमय कर दिया था। नन्द वंश के साम्राज्य पश्चात् मौर्यवंश राज्यकाल रहा था ।मौर्यवंशी अशोक जब पिता विन्दुसार काल में विदिशा में राज्यपाल था, तब वहां की शाक्यवंशी राजकुमारी से युवराज ने विवाह किया था । उल्लेखनीय है कि उनदिनों विदिशा इक्ष्वाकु वंशज राजा शाक्य - अन्तिम राजा वृहद्रथ का सेनापति सह कोशल—काशी का राज्यपाल (महासामंत) पुष्यमित्र ने पावन नगरी अयोध्या में दो अश्वमेध यज्ञ सम्पादित किया था,(१८५ ई,पू,) दूसरे ही वर्ष वह स्वंय मगध सम्राट हुआ - (१८४ ई,पू,)

यहाँ उपरोक्त राजवंशों के काल क्रमिक ऐतिहासिक तथ्य से जुड़ी तत्कालीन राजनैतिक घटनाक्रमों में कुषाणों के द्वारा हिन्दूकुश को पारकर उत्तर—पश्चिम सीमा में भारत में प्रवेश का काल उद्घाटित करना आवश्यक प्रतीत होता है ।जो कुषानों के भारत में प्रवेश से सम्बंधित भगवान बुद्ध की भविष्यवाणी में की गई थी । हुएनसांग ने कहा था—बुद्ध ने भविष्यवाणी की थी कि -

"उनके निर्वाण से ४०० वर्षों बाद कनिष्क नाम का एक सम्राट होगा।"

तदनुसार सम्राट कनिष्क का काल ,ईसा पूर्व ४८१—४००==ई,पू, ८१ ।कुषाण काल भारतीय इतिहास में अबतक ईसा पूर्व से ईसा के ५—६ शताब्दी के बीच सुशोभित है।विद्वान फ्लीट एवं केनेडी ने विषय को और विषद बनाया है।(पृष्ठ—१९९—प्रा,भा,राज,सां,इति,)

हुएनसांग कथन एवं बुद्ध की तथाकथित भविष्यवाणी के अनुसार कुषाण कालीन भारत का राज्यकाल ,अब यदि डां वी,वी,आर्य की बुद्ध कालीन ईसा पूर्व १९-वीं शताब्दी के अनुसार प्रतिष्ठित किया जाय,तो कुषाण काल का अन्तराल ई,पू,१५०० के आसपास बैठता है। तात्पर्य यह कि भारतीय काल गणना का निर्धारण पाश्चात्य विद्वानों ने और अधिक विषद बना दिया है।अभी हम भ्रमजाल से स्वतंत्र नहीं हो पाए हैं।

निस्संदेह बुद्ध कालीन अयोध्या ऐश्वर्य की नगरी कौशल-काशी नरेश राजा प्रसेनजीत काल में रही थीं और चन्द दशकों तक अप्रसिद्धी बाद पुन: मौर्यकालीन अयोध्या ऐश्वर्य की नगरी हो गई थी राजस्थान का इतिहास,पृ—३९ ,पंडित बलदेव

प्र,मिश्र,मुरादाबादी(१९६४ वि,सं,) ने (कर्नल टांड कृत राज,का इतिहास का हिन्दी समालोचना) में लिखा है कि अयोध्या से श्रीराम के वंशज लगभग वि,सं,२००(१०४ ई,) में प्रथमत: सौराष्ट्र के विराट नगर(वैराठ) में जा बसे ,फिर वहां से बल्लभीपुर में सूर्य (आदित्य) वंशी कुल के नाम से प्रतापी हुए । बल्लभी पुर से ये फिर राजस्थान के चित्तौड़गढ़ की ओर जा बसे। राजस्थान के इतिहासकारों के अनुसार बल्लभी पुर को बिदेशी हूणों की भीषण चढ़ाई में जब तहस नहस कर दिया गया,राजा को वीरगति प्राप्त हुई दुधमुंहा पुत्र को ब्राह्मणी पुरोहिताईन ने विधवा रानी के साथ बीहड़ों में शरण लिया,गुफाओं में पाला पोसा,वही बालक गुहा(गुफा) आदित्य वंशी—गुहादित्य हुआ। गुहादित्य का ही पुत्र वीर बप्पा (कालभोज) ७१३ ई , (इक्ष्वाकु से १५० वीं पीढ़ी) में हुआ ।

वीर बालक बप्पा को महर्षि हरित ने अपने शिष्यत्व में सोने के जैसा तपाकर महान राष्ट्र रक्षक व धर्म संरक्षक बनाया।तब से गुहादित्य(ग्रहादित्य)का वंश गुहिलवंशी प्रसिद्ध हुआ । यही वंश आगे चलकर नागदा से बढ़कर चित्तौड़गढ़ राजधानी पर सुशोभित हुआ । वस्तुतः मेवाड़ का अन्तिम मौर्यवंशी राजा मानमौर्य का युवा सेनापति बप्पारावल ने ही नागभट्ट प्रथम के नेतृत्व में सम्पूर्ण उतर पश्चिम भारत के क्षत्रिय राजवंशों का प्रचंड शक्तिशाली संघ का निर्माण कर मुस्लिम जेहादियों से हिन्दू धर्म एवं राष्ट्र की रक्षा का दायित्व बखूबी से निभाया था। वृद्धावस्था में मामा मान मौर्य का उत्तराधिकारी महान योद्धा वीर बप्पा रावल हुआ था। गुहिल वंशजों ने राजा लक्ष्मण (लक्ष्म---१३०३ ई) पुत्र अरि सिंह व रावल रत्न सिंह काल में जब अलाउद्धीन खिलजी द्वारा धोखा से चित्तौड़गढ़ जल उठा, विश्व का सबसे दुखांत जौहर में रानी पद्मिनी सहित १६००० क्षत्राणियों ने सतीत्व रक्षार्थ जौहर की ज्वाला में केशरिया धारण कर बलिदान दिया ।दिन था १८ जून १३०३।१२

१२—१३ वर्ष तक आतंकी दहसत के बाद , रावल अरि सिंह के वीर पुत्र हम्मीर(किशोरावस्था में ननशाल सिशोद गांव में माँ के साथ पल रहा था।वह, सौभाग्य से राष्ट्र माता----भारतमाता की रक्षा हेतु ननशाल में रहने के कारण बच गया था। उसने युवास्था में - सिशोद गांव के आसपास के वनप्रदेशीय कोल,भीलएवं सजातीय क्षत्रियों की सुप्रशिक्षित प्रचंड शक्तिशाली सैन्यबल संगठित कर,प्रथम प्रयास में ही , अलाउद्धीन की मृत्यु बाद उसके पुत्र खिज़ खां एवं किलेदार मालदेव को चित्तौड़गढ़ से मार भगाया। बड़ी मुस्किल से उनकी जान बची। सिसोदिया विरूद धारण कर वीर हम्मीर सिशोदिया मेवाड़ का भाग्य विधाता बना(बि,सं,१३७३ ==वर्ष १३१६ ई) में।इसी सूर्यवंशी इक्ष्वाकु कुलीन गहलौत-

सिसोदिया वंश में हिन्दुआ सूर्य महाराणा प्रताप (१५७२—१५९७)हुए ।

आगे चलकर (महाराणा प्रताप के स्वर्गारोहण(१९/२९ जनवरी१५९७ ई,) के ३०/३३ वर्षों बाद इक्ष्वाकु वंशी वीर शिवाजी महान(१६२७—३० ई) हुए । उपरोक्त रावल लक्ष्मण सिंह के पुत्र कुंवर अजय सिंह(1303) के पुत्र सुजान सिंह के पुत्र दिलीप सिंह की पांचवी पीढ़ी में भोंशला सिंह ने(चित्तौड़गढ़ स्वामी रावल लक्ष्मण सिंह सहित से गिनने पर----वीर शिवाजी १९ वीं पीढ़ी में) दक्षिण भारत में भोंसला वंश की स्थापना की।इस प्रकार विवस्वान मनु पुत्र इक्ष्वाकु से २०६ पीढ़ी में वीर शिवाजी महान का प्रादुर्भाव महाभारत कालीन प्राचीन शिवनेरी के अजेय दुर्ग में महाशिवरात्रि के पावन दिवस पर हुआ था । इसी प्रकार वीर शिवाजी की पुण्यात्मा वीरांगना माँ जीजाबाई का जन्म चंन्द्र वंश की महाप्रतापी सम्राट ययाति पुत्र यदु के वंशज यादोन क्षत्रिय--कुल से थीं। महाराज ययाति के पास ,इन्द्र प्रदत्त विमान भी था और उन्होंने ही झूंसी—प्रयागराज राजधानी में १२० महा अश्वमेध यज्ञ सम्पन्न करने का सुयश प्राप्त किया था।महाराज ययाति इक्ष्वाकु कुलीन सूर्यवंशी भी हुए थे परन्तु चन्द्रवंशी ययाति जिन्होंने प्रतिष्ठानपुर राजधानी प्रयागराज की गंगा के दूसरे तट पर जहां आजकल पुरानी झूंसी है,वहाँ बसाया था ।चन्द्रवंश के महा यशस्वी ययाति सूर्यवंशी महाराज दशरथ की वृद्धावस्था के समकालीन रहे होंगे,ऐसी सम्भावना अनुमानित है । कर्नल टांड के हि,औफ राज-(१९२९-३०) का हिन्दी -अनुवाद(१९०५) में पं,बलदेव प्र,मिस्र ने पृ—९९,पर इक्ष्वाकु वंशीय सूर्यवंशी गुहिलौतों की २४ शाखाओं का विवरण प्रस्तुत है। आगे के अध्यायों में अयोध्या महान सहित इसके यशस्वी पुत्रों का यथासाध्य सूक्ष्म काल-- क्रमिक वैश्विक सांस्कृतिक इतिहास ,-" कृण्वंतो विश्वं आर्यन् " की"—आधार-भूत संरचना का क्षीर—नीर विवेचना सहित प्रस्तुत है—, जो प्रत्यक्ष प्रमाण है,श्री राम सहित जन्मभूमि प्राचीन राजधानी अयोध्या नगरी की और इसकी पावन माटी में उपजे महान यशस्वी कालजयी महापुरुषों की,जिनके हस्ताक्षर आज भी भारतीय भूमि के कण—कण में स्वर्णाक्षरित हैं ।जिसे अब कोई षड्यंत्रकारी शक्ति मिटा नहीं सकती ।और-- और न यह कहने की कुचेस्टा कर सकती है कि रामसेतु ,अयोध्या और श्रीराम ,सबके सब अभौतिक एवं काल्पनिक संज्ञाऐं हैं – आदिकवि वाल्मिकी,महाकवि कालीदास ,महाकवि कदम्ब,महाकवि गोस्वामी तुलसीदास जी आदि ने अपनी-- अपनी अद्भुत कुशाग्र बौद्धिक उर्जा की राजहंशी -- विहंगम उड़ानों की पँखों —पर साक्षात मानवीय चरित्र-- चित्रण करने का स्वर्णिम प्रयास किया था ।

उल्लेखनीय है कि अयोध्या की स्थापना,मनु पुत्र इक्ष्वाकु का अवतरण --काल एवं श्रीराम का प्रादुर्भाव काल तथा आर्यावर्तीय सनातन संस्कृति के अनेकानेक महान प्रतापी यशस्वी --संस्थापक -- सूर्यवंशियों का सांस्कृतिक इतिहास का कालक्रमिक इतिहास का नवीनतम स्वरूप ,नई अवधारणाऐं श्री वेदवीर आर्य ने विगत दशक में प्रतिपादित की है ,जिसमें पहले के अन्य विद्वानों की कालक्रमिक स्थापनाओं से पृथक लगभग १३०० वर्षों के अन्तराल से अन्तर है।

उपर्युक्त विवेचना पश्चात---निष्कर्षत: श्री राम का काल----४५००—५००० ई,पू, संधारित किसा जा सकता है।कालक्रमिक इतिहास के विहान-- काल में वेदवीर आर्य की नवीनतम अवधारणा --१२००० वर्ष से अधिक अन्तराल की घटनाओं का कालक्रमिक विकाश- काल(मनु से मराठा काल)की गणना के विन्दु पर प्रस्तुत अभिधारणाऐं, श्रमशील शोधारित श्री रामजन्मभूमि अयोध्या का पुरातात्विक प्रामाणिक वैश्विक इतिहास – पुरातन काल से अनवरत भूतकालीन कालक्रमिक सांस्कृतिक इतिहास के परिपेक्ष्य में—भी विचारणीय है।अन्य विद्वानों की अभिव्यक्ति है कि श्री राम का जन्म ५००० ई,पू,के आसपास स्थापित होनी चाहिए ।आगे के अध्यायों में विस्तृत विवेचन प्रस्तुत है।इसी तरह कई महत्वपूर्ण घटनाओं का कालक्रमिक विवेचन ,पुरातात्विक शोधों एवं प्राचीन,मध्यकालीन तथा आधुनिक देश—विदेश के विद्वानों की प्रतिक्रियाओं सहित उपस्थापित है।पुस्तक के भाग—२ में सूर्यवंशी श्री राम ,लक्ष्मण आदि के वशजों का संक्षिप्त इतिहास उपलव्ध है।

१९५० ई, के दशक से ही ,किशोरावस्था में सौभाग्य से वर्ष भर नित्य --प्रति दोपहर में मेरे रामायणी काका जी श्री लक्ष्मण बाबू(पुजारी बाबा) बाबा महल ,गोस्वामी तुलसीदास जी कृत राम चरित मानस का सश्वर पाठ किया करते थे और अवकाश के दिनों में मुझे भी पढ़ने कहते,फिर संदर्भ समझाते थे ।कभी—कभी उन्हें अश्रुपूरित नयनों में,खासकर भरत मिलाप ,लक्ष्मण- शक्तिवाण से मुर्छित आदि संदर्भ पाठ पर ,भाव विभोर देखकर-- रामायण के प्रति मेरा भी तन- मन आकर्षित होता गया । प्रत्येक वर्ष अगहन मास के अन्त में मेरे रामायणी काका जी के आग्रह पर बनारस से आकर” ,मानस—मार्तंड” कथा वाचक ,नौ—दस दिनों तक श्रीराम कथा का रसपान हजारों जमुई वासियों को कराते थे ।बाद के दिनों में मुझे ज्ञात हुआ कि लगभग सभी इलाकों में रामकथा वाचन की यह परम्परा अगहन मास में तथा श्री मद् भागवत् की कथा ग्रीष्मावकाश की संध्याओं में लगभग १९६० ई तक कायम रही थी ।

इसी प्रकार प्रभु श्री राम,माता सीता जी सह रामानुज लक्ष्मण का जीवन चरित सर्व प्रथम मैंने अपनी प्रात: स्मरणीय मातृश्री राजवंशी सुलंकी से सुनी ,जिन्होंने बचपन से मुझे बराबर सचेत किया कि मैं उस महान लक्ष्मण के इतिहास – प्रसिद्ध प्रतिहार कुल में उत्पन्न हुआ हूँ , जिनकी गौरव गाथा पवित्र ग्रंथ रामायण में वर्णित है कि रामराज्य के प्रतापी प्रतिहार लक्ष्मन ने राजाराम के आदेश अनुपालन हेतु सरयु नदी में जल समाधि लेकर प्राण त्याग कर ---जग-- जाहिर "रघुकुल रीति सदा चलि आई ,प्राण जाई पर वचन न जाई"—हजारों वर्ष की अनवरत प्रसिद्ध परम्परागत राजनीति का अनुपालन किया था ।

> *"रघुकुल रीति सदा चलि आई ,प्राण जाई पर वचन न जाई "*
> *–के अनुपालन हेतु श्री रामानुज-- लक्ष्मण की जल समाधि—"*

महान प्रजापालक राजा श्री राम ने भी प्राणप्रिय भाई स्वर्गीय लक्ष्मण जी के हृदय विदारक प्राणोत्सर्ग पर , स्वंय भी जलसमाधि ले लिया था । वही कुलपुरुष श्री लक्ष्मण जी तुम्हारे प्रथम कुल पुरूष रहे हैं । इस सम्बंध में ----

श्री मद् वाल्मीकि रामायण,उत्तर कांड—१४,सर्ग—१०३,श्लोक –२—से १७,सर्ग-१०४,श्लोक   –१—से   ८,सर्ग—१०५/१—१८,सर्ग—१०६/ १—१८//सर्ग—१०७//--- पठनीय है ।

> *"यह : शृणोति निरीक्षेद् वा स वध्वो भविता तव ।*
> *भवेद वै मुनि मुख्यस्य वचनं यद्धवे से ।।(१०५/१३)*
> *तथेति च प्रतिज्ञाय रामो लक्ष्मणम् व्रवीत ।*
> *द्वारितिष्ठ महावाहो प्रतिहारे विसजय:।।(१०५/१४)*
> *स मे वध्य: खलु भवेद् वाचं द्वन्द्वं समीरितम् ।*
> *ऋषेर्मम च सौमित्र पश्यद वा शृणुयाच्च य:।।(सर्ग—१०५—१५)*
> *लक्ष्मणस्य वच: श्रुत्वा राम: काल विसृज्य च ।*
> *नि: सृत्य त्वरितो राजा अत्रे: पुत्रं ददर्श ह ।(१०५/१०)*
> *जहि मां सौम्य विस्त्रब्धं प्रतिज्ञां परिपालय ।*
> *हीन प्रतिज्ञा: काकुत्स्थ प्रयान्ति नरकं नरा: ।।(१०६/३)*
> *स गत्वा सरयु तीरमुपस्पृश्य कृतांजलि ।-----*
> *' नि: श्वासं न मुमोच ह ।।"*

आदिकवि वाल्मीकि, गोस्वामी तुलसीदासजी,बालपन से सत्यनिष्ठा का व्रत धारण करने का सुसंकार प्रदानकर्ताओं मेरे प्रेरणा पूंज पूजनीया मातृश्री राजवंशी सुलंकी एवं पूज्य पिताश्री भैया बाबू सरयू प्र, सिंह,बाल क्रांतिकारी,प्रसिद्ध समर्पित समाजसेवी,शिक्षण संस्थानों के निर्माता,निरीह—निर्धन छात्रों के आश्रय दाता तथा पूज्य काकाजी महान रामायणी संत पुजारी बाबा कप्तान शाहब के नाम से विख्यात भैया बाबू लक्ष्मण सिंह स्वतंत्रता सेनानी एवं पुरुषोत्तम राम के वंशज बप्पा रावल, राणा हम्मीर,राणा कुम्भा,राणा सांगा, महाराणा प्रताप, महाराणा राजसिंह एवं श्रीरामानुज प्रतिहार लक्ष्मण वंशज यशस्वी सम्राटों नागभट्ट-१ एवं २ ,वत्सराज,मिहिरभोज ,महेन्द्रपाल,महिपाल,राजा माहिल,वीरराज देव—उंचेहरा—नागोद राजवंश संस्थापक आदि महान प्रतिहार पूर्वजों के पुण्य प्रताप के प्रति हार्दिक श्रद्धांजलि अर्पित करता हूँ, जिन्होंने सहस्रों वर्षों तक विधर्मी जेहादियों से सनातन हिन्दू धर्म एवं संस्कृति रक्षार्थ समय समय पर अपना तन,मन,धन परिवार सर्वस्व हँसते हंसते न्योछावर कर दिया ,उनसब की ज्योतिर्मय ज्ञानवर्धक कीर्तिमानों से प्राप्त प्रेरणा व आशीर्वाद के बिना आज मैं ८३ वर्ष की उम्र में भी, माँ सरस्वति के चरणों में समर्पित भाव से अध्ययनरत, सत्,चिद—आनन्द से आप्लावित हूँ,शायद सम्भव नहीं होता । ये सभी भी ही मेरे आराध्य हैं ,जिनके प्रति सांस्कृतिक-तर्पण का कर्ज भी है ।

प्रेरणा पूंज---इतिहासकारों के प्रति आभार

प्रामाणिक इतिहास शोध ,–अध्ययन एवं लेखन में मेरे उत्प्रेरक रहे सुप्रसिद्ध इतिहासकार डां राधाकृष्ण चौधरी(स्व) एवं सहयोगी परामर्शदात्री डां शिव सिंह सारंगदेवोत (मेवाड़ राजवंश) कुलपति ज,राय वि,उदयपुर, डां जी,एल, मनेरिया एवं डां श्री भगवान सिंह, डां अजातशत्रु सिंह उदयपुर,श्री सुरेन्द्र कुमार सिंह विस्ट तथा उत्साह -वर्धक सहयोगी श्री जितेन्द्र नारा, सिंह इतिहासज्ञ आदि के प्रति मैं हृदय से आभार प्रगट करता हूँ ।

भूमिका

यह पुस्तक महातेजस्वी पुरुषोत्तम भगवान श्रीराम और उनके जन्मस्थान अयोध्या के लगभग 7000 वर्ष प्राचीन पुरातात्विक - प्रामाणिक सांस्कृतिक इतिहास का श्रमशील शोधपूर्ण 40 वर्षों के अध्ययन,मनन,चिंतन एवं अनुशीलन का मीठा प्रतिफल है। श्रीराम का महान धवल चरित्र स्वर्गिक आनन्द की सुखमय अनुभूति प्रदान करता है। कोटि --कोटि सनातनियों के हृदय सम्राट श्रीराम हमारे तन,मन में रच - पच गए हैं । इसमें श्रीराम के जीवन और उनके आदर्शों का विस्तृत वर्णन,जो पच्चासों देश की प्राचीन संस्कृति,साहित्य, कला के साथ- साथ व्यवहारिक जन - जीवन का अंग सदृश है ।बारूद की ढेर पर बैठी दुनियाँ का एकमात्र समाधान है --और वह है-- भारतीय संस्कृति ,हिन्दू- धर्म एवं आध्यात्म। सम्पूर्ण विश्व शान्ति की खोज में त्राहिमाम् -- त्राहिमाम् कर रही है। ऐसी भयंकर त्राषदी काल में श्रीराम की गाथा ही रामवाण सदृश अमृत है।निस्संदेह पुस्तक की महत्वपूर्ण भूमिका सामयिक है। पुस्तक में अयोध्या के विभिन्न ऐतिहासिक और धार्मिक स्थलों का भी सांगोपांग वर्णन है , जो विगत दो सौ वर्षों के वैज्ञानिक सर्वेक्षण,उत्खनन पर आधारित तो है ही -- साथ- साथ विश्व की लगभग सभी भाषाओं में उपलब्ध प्राचीन एवं आधुनिक साहित्य एवं सांस्कृतिक इतिहास में आप्लावित है। देवों की स्वर्गिक भूमि अयोध्या की मिट्टी एवं पावन सरयू की अमृतमय धारा सत्य में प्राणवायु प्रदान करने वाली है। इसीलिए यह विश्व स्तरीय महत्वपूर्ण सांस्कृतिक, धार्मिक एवं आध्यात्मिक केंद्र है। पुरातात्विक साक्ष्य और अनेकानेक प्रकांड विद्वानों के शोध से सत्यत: यह स्वर्ग नगरी सी ही है। श्रीराम लला मंदिर में रामलला-- के भव्य विग्रह की प्राण -- प्रतिष्ठा के सौभाग्यशाली शुभावसर पर देश--विदेश के लाखों - लाख श्रद्धालुओं ने दर्शन लाभ का शुभ फल चखा। जहाँ तक मेरी स्मृति का सवाल है - तो मैं दो टूक शब्दों में कह सकता हूँ - कि ऐसी सारगर्भित तथ्य प्रधान पुस्तक श्रीराम सहित अयोध्याधाम एवं वाल्मीकि- कृत रामायण पर अबतक देखने को नहीं मिली है। सही मूल्यांकन सुविज्ञ पाठकों पर ---

शार्ङ्गधर सिंह परिहार,
पूणे।

1

अयोध्या का भौगोलिक इतिहास, एवं पहचान

भारतीय पुरातन शास्त्रों यथा वाल्मीकि रामायण, रामचरितमानस, महाभारत, ऋगवेद, अथर्ववेद, तैत्तिरीय आरण्यक, पद्मपुराण ।

स्कन्द पुराण आदि में अयोध्या का उद्भव, स्थापना, काल - क्रमिक विकास, भौगोलिक - भौतिक संरचना, सम्वृद्धि, ऐश्वर्य की चर्चा संक्षिप्तत -

अथर्ववेद (१०/०२/३१) के अनुसार इसकी भौगोलिक चतुर्दिक सीमाओं का वर्णन - अयोध्या आठ किनारों एवं नौ द्वारों वाली, देवों की नगरी चक्राकार है।जिसके गर्भ में स्थित बिशाल स्वर्ण भंडारों की ज्योतिर्मय प्रकाश की आभा से स्वर्ग भी चहुंओर जगमगा उठे।

"अष्टाचक्र नवद्वारा देवानां पूर्योध्या ।तस्यां हिरण्यमय: कोश: स्वर्गोज्योतिशावृत:।।"

स्कन्द पुराण—०२/०८/१०/७१ - ७२ - में इसे भगवान विष्णुदेव के सुदर्शन चक्र सदृश आठ --पहला कोर—कोणा वाला (अष्टाकार) -- नगर कहा गया है ।

अयोध्या - शब्द का परमोत्कृष्ट तात्पर्य - "अ" - अर्थात् -ओंकार -त्रिकालदर्शी ब्रह्मा के - "अ" - से। विष्णु - पालनकर्ता - के - "य" - (कर्तार) से तथा संहारक रूद्र (शिव) के - " ध" - से किया गया है ।स्कन्द पुराण - २/८/१/- ६० - ६१ -

"अकारो ब्रह्म चप्रोक्तं यकारों विष्णु रूच्यते, धकारो रूद्र रूपस्य अयोध्या नाम राजते।

सर्वोपपात कैर्युक्तै ब्रह्महत्यादि पातकैः, न योध्या शक्यते
यस्यात्तामयोध्यां ततो विदुः।।
तात्पर्य यह कि अयोध्या ब्रह्मा, विष्णु एवं शिव का एकात्म
स्वरूपी महिमा से प्रज्वलित दीप सी ज्योतिर्मय नगरी है।
स्कन्द पुराण—२/८/१/६४—६५
सहस्त्र धारांमारभ्य योजनं पूर्वतो दिशि, प्रतीचिदिशि तथैव
योजनं समतोवधिः।
दक्षिणोत्तर भागे तु सरयूतम् सावधिः।एतत्क्षेत्रस्य संस्थानं
हरेरन्तर्गृहं स्थितम्।।"

अयोध्या नगरी सहस्र धारा तीर्थ से एक योजन पूरब ,पश्चिम दिशा में भी उतनी
ही दूरस्थ,उत्तर दिशा में तमशा नदी से भी एक योजन दूरस्थ एवं दक्षिण में सरयू
नदी से भी एक योजन दूरस्थ में स्थित है ।

"आगे पुनः स्कन्द पुराण में ही स्पस्ट किया गया है कि अयोध्या
भगवान विष्णु के चक्र में प्रतिष्ठित है।(०२/०८/१०/---७१---७२)
अयोध्या परमं स्थानमयोध्या परमं महत्।अयोध्याया : समा
काचित्य नैव प्रदृष्ठितम्।।
अयोध्या परमं स्थानं विष्णु चक्रे प्रतिष्ठितम्।।।"

"पद्म पुराण—०६/२२८/---१०—११
तद्विष्णों परमं धाम यान्ति ब्रहम सुख प्रदम्।नाना जन
पदाकीर्ण वैकुण्ठं तद्धरे पद्म।।
प्रकारेश्य विमानैश्च सौधेरत्नमयै वृत्तर्तम् ।तन्मध्ये नगरी दिव्या
सायोध्येति प्रकीर्तिता ।।
श्री विष्णु के इस परमधाम में ब्रहम प्राप्ति का सुख सुलभ है,यहां
जन्में अनेकों को वैकुण्ठ धाम प्राप्त हुआ ।"

प्रश्न उठता है --अयोध्या का वास्तविक भौगोलिक अस्तित्व कहां और कैसा
था।अयोध्या बस्ती ,गांव,राजधानी की स्थापना कब और किसने की थी । श्री
राम का जन्म स्थान अयोध्या में किस स्थान पर ,कब हुआ | श्री राम के पूर्वजों
के कौशल देश की राजधानी अयोध्या सरयू नदी के उत्तरी तट पर अवस्थित
थी ,यह सर्वमान्य है । मलऐशिया (मलय+ एशिया) की भी प्राचीन राजधानी

एक अन्य अयुध्या नगरी रही है । वहां आज भी वह नगरी प्रसिद्धि प्राप्त है ।ऋगवेद के सरस्वति सूक्त की रचनाकाल तक गंगा, सिंधु, सतलज, आदि नदियाँ ,सरस्वति नदी समान प्रतिष्ठित नहीं हुई थी , परन्तु बाल्मीकि रामायण अ—२ सर्ग—६८/ श्लोक १४---२२ के आलोक में सरस्वति ,गंगा, सतलज, व्यास आदि नदियाँ प्रसिद्धि प्राप्त हो चुकी थी ।

2

सूर्य वंशीय इक्ष्वाकु राजवंश, ऋषभदेव से श्रीराम, शाक्य वंशी गौतम बुद्ध एवं लिच्छवी वंशी महावीर का सम्बन्ध तथा आर्यावर्त में सनातन जीवन शैली -

विवस्वान मनु के सूर्यवंश का वैश्विक प्रसार----महाप्रतापी इच्छवाकु ,निदेष्ट ,निमि,मिथि,जनक से २५ वें बुद्ध गौतमबुद्ध, लिच्छवी वंशी तीर्थंकर महावीर,सूर्यवंशी राजर्षि विश्वमित्र के वंशज महान वैद्य सुश्रुत की

औषधि—वाटिका में गौतमबुदध का प्रवास राजगृह में,सूर्यवंशी हर्यक कुलीन विम्बसार से मौर्य कालीन काशी सह कौशल का राज्यपाल शुंगवंशी यजमान सेनापति पुष्यमित्र-व पुरोहित पातंजलि काल में दो अश्वमेध यज्ञ अयोध्या में एवं सम्राट विक्रमादित्य परमार, कनिष्क, --फाहियान,हर्षवर्धन एवं हूएनसंग तथा ब्रिटिश उपनिवेश --कालीन अयोध्या---संक्षिप्त इतिहास -

१९ वीं शताब्दी से ही समय—समय पर सम्पन्न पुरातात्विक –उत्खननों में प्राप्त असंख्य पुरावशेषों से आलोकित हुआ है कि अयोध्या कोटि—कोटि सनातनियों सहित मानव कल्यानार्थ सनातन संस्कृति की अन्य प्रमुख धाराएँ जैसे जैन व बौद्ध धर्मियों का भी एक पवित्र आराधना केन्द्र सदियों से रहा है ।भगवान बुद्ध ने दो बार वहाँ चौमासा व्यतीत किया था ।ऐसा हूएनसांग के यात्रा वृतांत में भी वर्णित है। सहस्रों वर्ष के अन्तराल में बीच -बीच में राजधानी परिस्थितियाँवश,अयोध्या के आसपास स्थानान्तरित होती रहीं ,जैसे राजा श्रावस्त ने श्रावस्ती बसाया था। वहाँ से भी तत्कालीन महत्त्वपूर्ण पुरातात्विक अवशेषें प्राप्त हुई हैं ।

श्री राम की भार्या श्री सीताजी के पिता राजा जनक के पुर्वज राजा नेमि ,अयोध्या नरेश इच्छवाकु के ही पुत्र थे ।राजा नेमि के पुत्र मिथि(विदेध माथव) से सम्पूर्ण प्रदेश मिथिला नाम से प्रसिद्ध हुआ। राजा मिथि का ही अन्य नाम जनक था ।इनके आगे के वंशज भी जनक विरूद/ पदवी धारण करते थे । कोशल राज्य के सीमांत से ही मिथिला राज्य की सीमा प्रारम्भ होती थी । बीच में सदानीरा नदी बहती थी । राजा इक्ष्वाकु के अनुज नेदिष्ट के वंशज राजा बिशाल ने प्राचीन मगध (आधुनिक बिहार) स्थित गंगा नदी के दक्षिण तटीय राजधानी(कुसुमपुर) पाटलीपुत्र के दूसरे तट उत्तर की ओर ऐश्वर्य शाली नगरी वैशाली का निर्माण कराया था । इक्ष्वाकु वंशीय राजा शाक्य के प्रपौत्र भगवान बुद्ध को वज्जी संघ की यह वैभव –नगरी अत्यधिक प्रिय थी । विश्व का यह प्राचीन तम लिच्छवी सह विदेह—(गणतंत्र,(विदेह—राज मिथिला सहित) ,उन दिनों वज्जी संघ के नाम से विख्यात था। सात हजार सात सौ सात निर्वाचित राजकुमारों का यह संघ भगवान बुद्ध के हृदय में बसता था । सबसे प्रिय थी ,उनकी अटूट एकता । महान बुद्धिष्ठ विद्वान अश्वघोष ने बुद्ध चरित में लिखा है कि बुद्ध ने गिरिव्रज सम्राट अजातशत्रु (शत्रु--प्रदेश—वज्जी संघ की राजधानी वैशाली विजय हेतु चिंतित) के मंत्री वस्सकार के अनुरोध पर उत्तर में कहा था ----

" जबतक वृज्जियों में पारस्परिक प्रेम और एकता बनी रहेगी,जबतक संघ के लोग एकवद्ध होकर ,आपसी मंत्रणा कर, सामूहिक रूप से कार्यों का निष्पादन

करेंगे,जबतक वे वृद्ध तथा स्त्री जनों का आदर करते रहेंगे, आश्रितों पर अत्याचार नहीं करेंगे, न्याय के पथ पर चलते रहेंगे, जबतक वे आत्मसंयम एवं मानवता को अपने अन्दर जीवित रखेंगे, उनके बताए सप्ताचरणों का पालन करते रहेंगे, तबतक उन्हें कोई शक्ति पराजित नहीं कर पायगी।"

महात्मा बुद्ध के महाप्रयाण पश्चात,सूचना मिलते ही देर—सबेर पहुँच कर ,तत्कालीन भारतवर्ष के सोलह राजाओं ने कुशीनगर दाह --स्थल से उनकी अस्थियाँ मंजूषाओं में ले जाकर, अपने-- अपने राज्य में स्मृति स्थल का निर्माण कराया था ।वैशाली से भी उपरोक्त अस्थि मंजूसा (बुद्ध का दांत) ,सैकड़ों वर्ष बाद,राजा कनिष्क,प्रकांड बौद्ध विद्वान् अश्वघोष सहित अपने साथ राजधानी पेशावर ले गया था ।जिसे बुद्ध प्रेमी फाहियान ने स्वंय पेशावर- महल में संरक्षित देखा था,ऐसा उसकी यात्रा वृतांत से पता चलता है।सम्राट हर्षवर्धन ने कश्मीर विजय कर वहां के राजा से भगवान बुद्ध का अस्थि-शेष जो उसके पूर्वजों बुद्ध निर्वाण बाद प्राप्त किया था,वापस करने को विवश किसा था ।(भा,राज,सांस्कृतिक इति,आर के चौधरी—पृ-३०८)।विगत शताब्दी में भी वैशाली से उत्खनन में अनेक पुरातात्विक अवशेष प्राप्त हुए हैं ,जिसमें बुद्ध के जीवन से सम्बन्धित अवशेष भी पाए गए ।बुद्ध ने स्वंय इस ऐश्वर्य की देवी की नगरी में तीन बार प्रवास किया था ।अन्तिम बार जब वे अपनी जन्मभूमि की ओर (कुशी नगर) जा रहे थे,तब वैशाली की प्रसिद्ध नगरवधु अम्बपाली के प्रचंड प्रार्थना पर ,अपने सबसे प्रिय शिष्य आनन्द की अनिच्छा के बावजूद,उसे दीक्षा दी थी ।

राजा नेदिष्ट के वंशज राजा बिशाल की तरह अयोध्या राजधानी संस्थापक महाराज इच्क्षवाकु से १११ वीं पीढ़ी में राजा शाक्य ने इक्ष्वाकु कुलीन शाक्य वंशियों की राजधानी नेपाल सीमांत की ओर कपिलवस्तु स्थापित किया था।कतिपय विद्वानों के अनुसार राजा शाक्य महाराज इक्ष्वाकु के वंशज थे, परन्तु प्रमुख धारा से जुड़ी गोतिया की शाखाओं में से एक से थे, जिनकी राजधानी कपिलवस्तु थी। राजा शाक्य के पुत्र सिंहहनु के पुत्र राजा शुद्धोधन की रानी माया के गर्भ से लुम्बिनी में उत्पन्न पुत्र राजकुमार सिद्धार्थ ही,आगे चलकर महात्मा गौतमबुद्ध हुए । वे बुद्ध सम्प्रदाय के २५ वां और अन्तिम बुद्ध थे ,वैसा ही महाराज इक्ष्वाकु के ही वंशज से प्रादुर्भावित लिच्छवी राजवंशी—शाखा में महावीर जैन—धर्म के २४ वें और अन्तिम तीर्थंकर हुए थे। जैन तीर्थंकर महावीर के पिता राजा सिद्धार्थ,माता रानी त्रिशला थी।इस प्रकार इच्क्षवाकु ,लिच्छवि, निमि वंशज-विदेह जनक,राजा बिशाल आदि सभी विवस्वान मनु के ही वंशज थे,सबों की पूर्वजों की प्रथम मूल बसावट अयोध्या ही थी ।

बुद्ध कालीन कौशल,कुशी नगर,श्रावस्ती,काशी,मगध--गिरीव्रज,अंग,चम्पा-देश व राजधानी अयोध्या---

लिच्छवी -- राजवंश की राजधानी जम्भिक ग्राम, (लेखक का वर्तमान जमुई जिला) प्राचीन मुदगलपुरी—मुंगेर के अन्तर्गत—जमुई से २० की,मीटर दूरस्थ दक्षिण--पश्चिम दिशा में लिच्छुवाड-- (लिच्छवीवाडा) बहुआरी नदी के दक्षिणी तट पर अवस्थित गृदधकूट हरित पर्वतमाला के पश्चिमी शिखर के बिशाल भूभाग पर अवस्थित था,जहाँ राजधानी के पुरातात्विक अवशेष ध्वंस महल के मलवे,टेराकोटा,झिकटियां ,लम्बी चौड़ी टुटी - फूटी ईंटें ,कुआँ,सरपट पहाड़ी मोरंगी- पथमार्ग ,घुड़सवारी का पहाड़ी- समतल- मैदान १९५० के दशक तक दृश्य तथा पीछे तीन ओर से हजारीबाग वन्य जीव अभयारण्य से कोडरमा से चकाई तक विस्तृत सुरम्य वन्य प्रदेश आज भी मनोहारी है । वहाँ के पास में बहुआरी नदी के उत्तरी तटीय लिच्छुवाड गढ ,गिद्धोर राजा चन्देल राजपूतों का प्रसिद्ध राजधानी १३ वीं शताब्दी से रहा था, जिनके गोतिया जागीरदार मिर्चा के बबुआन राजा गुरू प्रसाद सिंह ,खैरा के अनुज कुंवर प्रताप नारायण सिंह के प्रपौत्र (एवं मेरे अजीज मित्र हसीब अहमद के दादाजी) मशहूर शिकारी,७० वर्षीय ईश्माईल खां राजपूत मुशिलम ने अपनी आँखों देखी सूचना मुझे दी थीं ।बौद्ध एवं जैन ग्रंथों के अनुसार गिरीव्रज सम्राट बिम्बिसार की रानी चेलना और महावीर की माँ त्रिशला दोनों बहनें थीं,जो विश्व प्रसिद्ध गणतंत्र (जनपदीय) वज्जिसंघ के वैभव शाली राजा चेटक (इक्ष्वाकु वंशज)की राजकुमारी थीं ।लिच्छवी वंशी राजा चेटक की पुत्री चेलना से विम्बसार के दो पुत्र हल्ल एवं बेहल्ल हुए थे,जबकी दूसरी रानी कोशल देवी काशी सह कौशलनरेश प्रसेनजीत की बहन थी,ऐसा जैन ग्रंथों से पता चलता है ।महत्वाकांक्षी अजातशत्रु वैभवशाली काशी एवं श्रीराम के कौशल देश- का प्रसिद्ध राजा प्रसेनजीत ,सगे मामा के राज्य पर आंख लगाए रहता था ।विम्बसार को पहले कैद में रखा फिर उनकी मृत्यु हुई। पति की दुर्दशा देखकर कोशल देवी को मनस्ताप से हृदय पर गम्भीर चोट लगी ,वह भी चल बसी ।पहले से संघर्षरत प्रसेनजीत से अजातशत्रु ने खुला विरोध कर दो बार उन्हें पराजित किया था ।प्रसेनजीत ने भी अन्तत: विवस होकर पुत्री वजीरा का विवाह अजातशत्रु से कर दिया और काशी राज्य भी उसे दे दिया ।सिर्फ़ कौशलाधीश बना रहा।

माता व पिता दोनों के स्वर्गारोहण पश्चात राजा अजातशत्रु को पछतावा हुआ और वह महात्मा बुद्ध की ओर अधिक आकर्षित हुआ था । वह पाश्चाताप करता हुआ महात्मा बुद्ध की शरण में गया। पाश्चाताप यात्रा के —चित्रण का वह मार्मिक दृश्य भरहुत की रेलिंग (वेष्टनी)पर प्रदर्शित है।(प्रा,भा,राज,सांस्—पृ-८४)

राजगृह---गृद्धकूट- पर्वतमाला—पश्चिम से गृद्धकूट पर्वतमाला पूर्वी छोर पर जन्मस्थान--जम्भिक ग्राम (वर्तमान जमुई—लेखक का गांव) महावीर का जन्मस्थान -

कतिपय इतिहासकारों के अनुसार महावीर का जन्म (ननिहाल में) महाराज इक्ष्वाकु के वंशज वैशाली के राजा चेटक की बहन त्रिशला के गर्भ से हुआ था ।परन्तु महावीर के पैतृक राजमहल ,उपरोक्त लिच्छवी वाडा,जमुई(प्रस्तुत लेखक का गांव)के पास का गाँव, अभी भी जन्मस्थान के नाम से प्रसिद्ध है तथा १५ वीं शताब्दी से वहाँ श्वेताम्बर जैनियों का प्राचीन महावीर जैन मंदिर है तथा वहाँ विगत दशक से बिशाल भव्य मन्दिर परिसर का निर्माण हुआ है।महावीर को कैवल्य ज्ञान की प्राप्ति का पुण्य स्थल सुरम्य पर्वत(पतनेश्वर)प्रदेशीय ऋजुकूला (क्यूला) नदी तटीय सत्यगांव,लेखक के गांव से संलग्न है ।देखें -- स्वरचित जैन तीर्थंकर महावीर का जन्मस्थान जम्भिक ग्राम।

ऐतिहासिक विवंडना है विद्वानों ने रामजन्मभूमि अयोध्या की तरह ही भगवान महावीर के जन्मस्थान को भी विवाद का गम्भीर विषय बनाया है—बाल का खाल बार- बार खींचकर।

श्रमशील शोधकर्ता विद्वान वेदवीर आर्य ने भगवान बुद्ध का जन्मकाल ईसा पूर्व (१५ मार्च)१९४४ एवं प्रयाण काल १८६४ तथा भगवान महावीर काल बुद्ध से ६७५ वर्ष बाद का अभिधारित किया है। यह गंम्भीर विवेचना के योग्य है। सब के सब विद्वानों ने बुद्ध एवं महावीर की उम्र महाप्रयाण काल में लगभग अस्सी (८०) वर्ष स्वीकार किया है ।अबतक इतिहास—ग्रंथों में दोनों का जीवन—वृत निम्नलिखित रहा है----

"भगवान   बुद्ध--   जन्म--थेरवादी---वैशाख   मास- (अप्रेल—मई)—६२३ ई, पू.-----महाप्रयाण---५४३,ई, पू, महायान—परम्परा—जन्म--५६५ ई,पू,। महाप्रयाण ८० वर्ष की उम्र में--जापान—०८ अप्रेल ४८६ ई,पू,।"

भगवान महावीर—जन्म –श्वेताम्बर परम्परा—त्रयोदशी चैत्र मास,५९९ ई,पू, एवं प्रयाण दीपावली ५२७ ई,पू,।लगभग यही कालक्रम दिगम्बर भी मानते हैं ।विम्बसार—

अजातशत्रु का राज्यकाल --ई,पू,४९१ से ई,पू,४५९ वर्ष । उसने मंत्री वस्सकार के साथ छल -प्रपंच रचकर वज्जिसंघ का समूल विध्वंस कर दिया, परन्तु प्रतापी

अवन्ती के प्रद्योत वंश को उसके प्रतापी पुत्र उदयन/ उदायी ने ही पराजित कर वहाँ के राजा विशाख यूप को अपने अधीन कर लिया था ।

महावीर एवं बुद्ध दोनों का महाप्रयाण अजातशत्रु के जीवनकाल में हुआ था।बुद्ध का भष्म अजातशत्रु ने भी सहर्ष प्राप्त कर राजगीर में भष्म –मंजूशा भूमिगत कर, उसपर एक भव्य स्तूप स्थापित किया था ।ज्ञातव्य है कि अजातशत्रु अपने राज्यकाल,खासकर पिता विम्बसार के कैद काल में बुद्ध से दूरी बनाकर रहता था परन्तु बाद में बुद्ध का शरणागत समर्पित भक्त हो गया था ।भरहुत परकोटा पर एक आकर्षक भित्ति-- चित्र में बुद्ध की शरण में बैठ—उपदेश सुनते अजातशत्रु को दिखाया गया है ।डां राधाकृष्ण चौधरी,प्रा,भा,राज,सांस,का इति,(पृष्ठ—८४/८५) एवं महायान ग्रंथ सुवर्णवर्णावदान(पटना,प्रकाशन १९७१)में उपर्कथित ऐतिहासिक तथ्यों के साथ-साथ तत्कालीन राजगीर,काशी-कौशल अधिराज प्रसेनजीत ,वैशाली के लिच्छवि,वज्जी संघ आदि की ओर आकृष्ट किया गया है।

दक्षिण भारत के प्राचीन आंन्ध, सातवाहन, वैजयंती, चोल, चालुक्य, राष्ट्रकूट, कदम्ब, चेर, चेरू आदि राजवंशों एवं उनके मन्दिरो, संग्रहालयों, एवंउत्तर एवं - पश्चिम भारत के प्राचीन स्थलों उदाहरण स्वरूप काशमीर से - वल्लभी से विदिशा, भरूच, भटनेर, देवल, अरोड, श्यामलकोट, गजनी, लाहौर, पेशावर, तक्षशिला, जैसलमेर, बीकानेर, जोधपुर, मंदसौर, नागोद, काशी, आदि के अतिरिक्त वर्मा (म्यनमार), जावा, सुमात्रा, वियतनाम, थाईलेंड , कम्बोडिया, मलयेसिया, कोरिया, जापान, चीन, तिव्वत, नेपाल, मंगोलिया, ईंगलेंड, पेरीस, स्टांकहोम, एथेंस, रोम, मिस्र, ग्रीक, अमेरिका, मेक्सिको, ईरान, ईराक़, इस्राइल ,अफ्रीकन देशों आदि के प्राचीन ध्वस्त पुरातत्विक स्थलों, संग्रहालयों ,पुस्तकालयों में देश—विदेश की लाखों पांडुलिपियों (संस्कृत, तमिल, तेलगु, देवनागरी, अरवी, फारसी एवं अन्य भाषाओं) में जो सांस्कृतिक पृष्ठभूमि है वह लगभग सब का सब यदि नहीं तो अधिकांश भारतीय संस्कृति से किसी न किसी रूप में जुड़ी रहीं हैं ।

प्राचीन भारतवर्ष सहित पड़ोसी सतरह दि्वपों ,देश, विदेश में बिखरे - ब्रह्मदेश(वर्मा – म्यंनमार) से थाईलेंड,ईरान,ईराक,इजिप्ट ,सिरिया,ग्रीक ,एडिस अबावा आदि देशों के प्राचीन संग्रहालयों में संरक्षित लगभग दश सहस्र अभिलेखों, कालजयी ऐतिहासिक ग्रंथों, भीत्ति- चित्रों ,मंदिर- लेखों,शिलालेखों,ताम्रपत्रों ,महत्वपूर्ण सांस्कृतिक परिकल्पनाओं के परिपेक्ष्य में भारत के सांस्कृतिक इतिहास की कालक्रमिक रूपरेखा निर्धारण हेतु गम्भीर वैज्ञानिक - सर्वेक्षण,

अध्ययन, चिंतन, मनन, अनुशीलन एवं सकारात्मक विवेचना आवश्यक है।इस सम्बंध में निस्संदेह डां आर्य ने लगभग (१२०००)बारह सहस्त्र वर्षों का अर्वाचीन भारत के अविरल काल क्रमिक सांस्कृतिक इतिहास की एक स्पस्ट रूपरेखा खींचकर श्रमशील अध्याय रचा है । भारत का प्राचीन सांस्कृतिक इतिहास एक नई करवट हेतु तत्पर है, अत:, आवश्यकता महसूस की जा रही है कि कहीं कतिपय अति संवेदनशील कालजयी महत्वपूर्ण--ऐतिहासिक घटनाक्रमों का काल निरूपण, कालक्रमिक इतिहास की सही दिशा को भ्रमित न कर दे, अत: वैसी परिस्थिति में संशयपूर्ण विषय वस्तुओं पर पुनर्विचार व परिचर्चा उपेक्षित नहीं ,अपेक्षित है ।

ज्ञातव्य है कि भूतकाल में भी कुकुरमुत्ते की तरह उपजे संशयपूर्ण विरोधाभासों के परिपेक्ष्य में अबतक पाश्चात्य विद्वानों एवं उनके अवशिष्टों के ग्राह्य कर्ता भारतीय - विद्वानों ने रामायण एवं महाभारत को ऐतिहासिक ग्रंथ नहीं माना और उन्हें कल्पना लोक की स्वर्गिक गाथा कहा ।और तो और श्रीराम के भौतिक -स्वरूप के साथ- साथ श्रीराम जन्मभूमि अयोध्या के भौगोलिक अस्तित्व को भी, स्वयं कांग्रेस शासित सरकार ने शपथ पत्र एपेक्स कोर्ट में दायर कर ,अस्वीकार कर काल्पनिक नायक कहने का दुस्साहसी दुःष्कृत्य किया था ।

"१८५ ईसा पूर्व--- शुंगवंश संस्थापक—पुष्यमित्र का अयोध्या मन्दिर अभिलेख---"

अयोध्या से प्राप्त एक अभिलेख तत्कालीन मगध सम्राट(मौर्य वंश)के सेनापति पुष्यमित्र द्वारा दो अश्वमेध यज्ञ सम्पन्न करने की घोषणा का है।यही महाप्रतापी सेनापति काशी सह कोशल का राज्यपाल, बाद में पतनोन्मुख मौर्य साम्राज्य को समाप्त कर स्वयं सिंहासनारूढ हुआ था ।यही मगध सम्राट पुष्यमित्र ,प्रसिद्ध शुंगवंश का संस्थापक (१८५ई,पू,) था। सूर्यवंशी शाक्यवंशी शाखा -- पिप्लीकानन राजवंश का ही राजकुमार चन्द्रगुप्त मौर्य था।विद्वान जय शंकर प्रसाद के अनुसार मौर्य वंश मूलत: सूर्यवंशी परमार क्षत्रिय से उद्भवित है—५०० ई,पू,के पूर्व से।जय शंकर प्रसाद ने कर्नल टांड की उक्ति- स्थापित अवधारणा का उल्लेख किया है कि महाशय टांड के अनुसार भी चन्द्रगुप्त मौर्य का जन्म पँवार कुल की मौर्य शाखा में हुआ था । कतिपय विद्वानों ने पुष्यमित्र को भी मौर्य वंश से ही उत्पन्न उत्तराधिकारी कहा है।अन्य ने मौर्यों का ब्राह्मण सेनापति कहा ।पातंजलि के महाभाष्य में ऐसा वर्णन है कि सेनापति पुष्यमित्र ने दो अश्वमेध

यज्ञ अयोध्या में कराया था। अत: यह सुनिश्चित रूप से कहा जा सकता है कि शुंग वंश शासन कालीन (कौशल राज्य की राजधानी--) अयोध्या भी ऐश्वर्य की नगरी रही थी।पातंजलि—महाभाष्य -----" इह पुष्यमित्र: याजयाम:" से प्रतीत होता है कि द्वितीय अश्वमेध यज्ञ में स्वंय ऋषि पातंजलि ने सम्राट पुष्यमित्र का पुरोहित कार्य निष्पादित किया था । अन्तिम मौर्य सम्राट वृहद्रथ के सेनापति पुष्यमित्र ने अश्वमेध यज्ञ का सफल अनुष्ठान दो बार रामजन्मभूमि अयोध्या में सम्पादित किया—था। अयोध्या के एक मन्दिर शिलालेखानुसार---"द्विरश्वमेघयाजी" पुष्यमित्र का उल्लेख है और कोशल प्रदेश के तत्कालीन राजा धनदेव का भी उल्लेख किया गया है। जीवंत अयोध्या का इससे प्रसंस्णीय प्रमाण और क्या हो सकता है ।।

निम्नलिखित अभिलेख—पठनीय है-----" द्विरश्वमेघयाजिन: सेनापते:पुष्यमित्र ।" -- (प्राचीन भा,राज,सांस्,इति—पृ—९, ले,--राधाकृष्ण चौधरी)

मौर्य साम्राज्य के उत्कर्ष पूर्व ही ऐश्वर्य - नगरी अयोध्या की भाग्यश्री का दुर्दिन प्रारंम्भ हो गया था ।

3

अयोध्या का उत्कर्ष एवं अपकर्ष

नन्दी वर्धन तथा महापद्मनन्द काल एवं विधर्मी मुसलमान जेहादियों द्वारा लूट व विध्वंस—मलवों में ढेर – मलवों से मस्जिदों,मकबरों,इमामबाड़ों ,कब्रिस्तानों का सूर्योदय -- पच्चास कोस की परिधि में------वीरान अयोध्या-

१९ वीं सदी का पुरातात्विक उत्खनन—जर्जर अयोध्या बिशाल –बिशाल ढूहों और ध्वस्त मलवों का श्रृंखलाबद्ध बस्ती— कनिंघम रिपोर्टानुसार(१९ वीं सदी) --प्रद्योत वंशी मगध सम्राट राजा नन्दि वर्धन का(वि,पू,१९८७—१९६४ वर्ष)- अभिलेख -अयोध्या से उत्खनन में प्राप्त हुआ था । परन्तु डां वेदवीर आर्य – कथनानुसार मगध सम्राट महापद्म नन्द ने अयोध्या अधिकृत किया था। (विक्रम संवत् पूर्व १६०७—१५५१ ==ईसा पूर्व १६६४--१६०८ वर्ष) ।

मानव सभ्यता के प्राचीनतम विशिष्ट नगरों में अनवरत सुमार यह नगर अपार आस्था से आप्लावित सरयू नदी के किनारे स्थित है और इसके धार्मिक, सांस्कृतिक और ऐतिहासिक धरोहर अद्वितीय हैं ।१९ वीं शताब्दी से ही समय-- समय पर सम्पन्न उत्खननों में प्राप्त असंख्य पुरावशेषों से प्रकाशित हुआ है कि यह करोड़ों सनातनियों सह उनकी प्राचीन शाखाएं जैनियों एवं बौद्ध धर्मियों का भी एक महान आराधना केन्द्र सदियों से रहा है । अयोध्या नगरी जैन साहित्य –के प्राचीन ग्रंथानुसार जैन धर्म के प्रथम तीर्थंकर विवस्वान सूर्य वंशी ऋषभदेव एवं चतुर्थ तीर्थंकर, दोनों की पुण्य—जन्मस्थली रही है । ऋषभदेव से अनवरत २२ तीर्थंकरों का जन्म सभी के सभी महावीर के पूर्वज रहे थे ।प्राचीन भा,राज,सांस,इति,--पृ—१०२--

सूर्यवंशी राजा शाक्य के पुत्र सिंहहनु के पुत्र शुद्धोधन के पुत्र गौतम बुद्ध(बौद्ध सम्प्रदाय के २५ वें बुद्ध) ने भी दो बार पावन अयोध्या धाम में चौमासा प्रवास किया था—ऐसा हुएनसांग के यात्रा वृतांत से भी स्पस्ट आलोकित होता है । विवस्मान(आदित्य)मनु पुत्र इच्क्षवाकु ने जैसे पिता द्वारा बसाए गए अयोध्या को ऐश्वर्यशाली राजधानी का स्वरूप प्रदान किया ,वैसे ही महाराज इच्क्षवाकु के अनुज नेदिष्ट के वंशज राजा विशाल ने प्राचीन मगध स्थित गंगा नदी के दक्षिण --तटीय राजधानी कुसुमपुर (पाटलीपुत्र) के पास गंगानदी के उत्तरी तटवर्ती भूभाग पर प्रसिद्ध राजधानी वैशाली का निर्माण कराया था।

भगवान बुद्ध इस सम्वृद्धशाली ऐश्वर्य की राजधानी में तीन बार प्रवास किये और अन्तिम प्रवास में ही यहाँ की प्रसिद्ध नगरवधु अम्बपाली को ,अपने यशस्वी शिष्य आनन्द की अनिच्छा के बावजूद दीक्षा दी थी। जन्मभूमि कुशी नगर की ,इस (तृतीय) यात्रा के पूर्व ही वज्जी संघियों को बुद्ध ने कहा था—"अब मैं वापस नहीं आ सकूंगा" ,यह मेरी अन्तिम यात्रा है।तत्पश्चात बुद्ध केसरिया के पास बहुआरी नदी पारकर कुशीनगर की दिशा में बढ़ गए।सम्राट अशोक ने वैशाली ,केसरिया एवं कुशीनगर तीनों स्थानों पर स्तूपों का निर्माण कर महात्मा बुद्ध के भौतिक स्वरूप को स्मरणीय प्रामाणिक अस्तित्व प्रदान किया। ये तीनों स्तूप उत्खनन पश्चात प्राप्त हो चुके हैं तथा भारत की उत्कृष्ट संस्कृति व इतिहास के अमरत्व प्राप्त ज्योतिर्मय दीप- स्तम्भ हैं ।जैनधर्म के २४ वें तीर्थंकर लिच्छवी वंशी भगवान महावीर की मां त्रिशला इसी वैशाली के वज्जीसंघ-- गणतंत्र के राजा चेटक की बहन थीं । तत्कालीन भारतवर्ष के कतिपय विश्व प्रसिद्ध गणतंत्रों की प्रसिद्ध राजधानियों में सुमार यशस्वी वज्जिसंघ की ऐश्वर्यपूर्ण राजधानी वैशाली को हर्यंक वंशी सम्राट विम्बसार पुत्र अजातशत्रु ने राजा बिशाल (इच्क्षवाकु के अनुज राजा नेदिष्ट के वंशज) की इस नगरी को भगवान बुद्ध के महाप्रयाण पश्चात ध्वस्त करने का भरपुर प्रयास किया था ।इस प्रकार सूर्यवंशी -- विवस्वान मनु पुत्र इच्ज्वाकु की राजधानी अयोध्या एवं उनके अनुज राजा नेदिष्ट के बंशज राजा विशाल द्वारा निर्मित राजधानी वैशाली तथा इक्ष्वाकु पुत्र निमि के पुत्र मिथि(विदेध जनक) के भौतिक ऐतिहासिक अस्तित्व को अज्ञानी भी नहीं नकार सकता है ।

"रामायण आदिकाण्ड—सर्ग—४७----
रस्वाकोस्तु नरव्याघ्रपुत्र: परमधार्मिक:
अलम्बुषायामुत्पन्नो विशाल इति विश्रुत:

तेन चासीदिह स्थाने विशालेति पुरीकृता ।
भागवत पुराण, नवां स्कन्ध, अ—२, श्लोक ---३३---
वैशाली निर्माण का वर्णन---राजा विशाल द्वारा --
"विशालो वंशकृद् राजा वैशाली निर्ममे पुरीम् ।"

उपरोक्त पुरातात्विक ,सांस्कृतिक,साहित्यिक प्रमाणों से मनु पुत्र इच्छवाकु ,उनकी राजधानी अयोध्या एवं इच्छवाकु अनुज राजा निदेष्ट वंशज राजा विशाल की राजधानी वैशाली,मनु पुत्र इच्छवाकु पुत्र निमि पुत्र मिथि (विदेध-माथव) के वंशज राजा जनक की राजकुमारी सीता सुकुमारी तथा राजा विम्बसार की राजधानी राजगृह व पाटलीपुत्र एवं गौतम बुद्ध या उनसे जुड़े राजगृह ,वैशाली,केसरिया,कुशीननगर,सारनाथ आदि के ऐतिहासिक भौतिक अस्तित्व को कौन नकार सकता है। राजा जनक एवं सीता से जुड़ी अनेकानेक ऐतिहासिक स्थल,जो त्रेतायुगीन तो हैं ही हजारों वर्ष से अविरल करोड़ों हिन्दुओं की असीम आस्थाओं के आराध्य स्थल रहे हैं यथा—मिथिला नगर--जनकपुर,—हलेश्वर स्थान(जहां राजा जनक ने भयंकर अकाल काल में स्वयं हल चलाकर मां सीता सुख नन्दिनी को पाया था),मां सीता से जुड़ी--दो नदियों के पाट पर पुनौरा धाम—सीतामढी,बलिराजपुर,धनुषा,सुग्गागाम,विसफी,योगवन   आदि,   ।ये सैकड़ों महापुरुष एवं संदर्भित प्राचीन नगरें ऐतिहासिक ही नहीं अपितु आर्यावर्तीय भारतवर्ष के उत्कृष्ट सांस्कृतिक,वैज्ञानिक,आयुर्वेदिक, ज्यामितिक, बीजगणितीय वैदिक गणित, अंकगणित,खगोल शास्त्रीय,ज्योतिष ,कामशास्त्र ,वास्तु कला,अन्त्यरिक्ष विज्ञान , साहित्य, भाषा विज्ञान,भूगर्भ शास्त्र,वैयक्तिक पर्युषण,प्राकृतिक प्रदूषण आदि की अर्वाचीन पहचान रहीं थीं और आज भी विश्व विख्यात होकर उत्कृष्टता के वैभव शाली शिखर की ओर अग्रसर ही सिर्फ़ नहीं है अपितु देश -विदेश से आनेवाले विदेशी विशेषज्ञों एवं नित्य—प्रति लाखों दर्शनार्थियों को आश्चर्य पूर्ण दिव्य ज्ञानकोश से गद्- गद् कर आकर्षित कर रहे है ।

इस ज्योतिर्मय प्रकाश पूंज की अमृतमय आभा से अभिभूत होकर प्रयागराज में आयोजित १४४ वर्षीय महाकुंभ के शुभावसर पर करीब ६५ करोड़ हिन्दू एवं अन्य श्रद्धालु ओं ने –१३ जनवरी से २६ फरवरी तक अद्भुत भक्तवत्सलों ने माँ गंगा,यमुना एवं सरस्वती के संगम स्थल त्रिवेणी पर डुबकी लगाकर वैश्विक जगत को अद्भुत आध्यात्मिक प्रकाश से आलोकित किया ।वहां से ८० प्रतिशत श्रद्धालुओं का समूह श्री रामजन्मभूमि अयोध्या स्थित भव्य श्रीराम मन्दिर में

बिना रामलला का दर्शन ,पूजा,अर्चना किये वापस नहीं लौटते थे ।करोड़ों-- करोड़ की अथाह जन—शैलाब को चुस्त—दुरुस्त व्यवस्था ने भरपूर सहयोग कर सौ कोस से भी बड़े क्षेत्र को जय शिव,जय शिव और हर हर महादेव की जयकारों से गुंजायमान रखा ।अद्भुत दृश्य,सब के सब सनातन-- समरशता के आध्यात्मिक ज्योतिर्-पूंज से आप्लावित । शिवोहम,शिवोहम,शिवोहम,एकोहम,एकोहम में समर्पित।भव्य-- सनातनी—आस्था की डुबकी का भागीदार-- भावुक देशी--बिदेशी ,हिन्दू,असंख्य ईसाई धर्मी,श्री मुहम्मद के भक्त- वत्सल कतिपय --प्रेमी भी।मानो सम्पूर्ण वैश्विक समाज एक पैर पर – चलो -प्रयाग,चलो- प्रयाग।

निस्संदेह-श्री राम की शरण में सम्पूर्ण विश्व एक कतार में खड़ा होने हेतु आतुर-समर्पित ।

श्रीराम की पवित्र भारतभूमि में स्थित प्रयागराज की त्रिवेणी संगम—सहस्त्रों सहस्त्र वर्ष प्राचीन गंगा,यमुना व अन्तर्मुखी सरस्वती की निर्मल जलराशि में स्नान,ध्यान व तर्पण—विश्व का सबसे महान ,सर्वोत्तम ऐतिहासिक वैश्विक पर्व – उद्धेश्य एक –सिर्फ़ और सिर्फ़ एक---"मानवता का कल्याण ।"विश्व इतिहास की सबसे महान घटना।एक स्थल पर ६६ करोड़

"समर्पित भक्तों की श्रद्धांजलि---"एक आवाज,एक ही जयघोष ,सनातन की रूह—प्राणियों में सदभावना हो--,विश्व का कल्याण हो ,----"

"सर्वे भवन्तु सुखिनः,सर्वे सन्तु निरामया,सर्वे भद्राणी पश्यन्तु,मा कश्चित दुःख वा भवेत।"—

विश्व- शान्ति की स्थापना का एक ही भाव--,एक ही मंत्र--,जय श्री राम,जय श्री राम।"

अयोध्या का इतिहास प्राचीन काल से ही समृद्ध ,समरसतापूर्ण व विविधता में एकता का रहा है। यह नगर विभिन्न राजवंशों और शासकों के अधीन रहा है, जिन्होंने समय –समय पर , इसे अपनी उत्कृष्ट संस्कृति और अनुकरणीय परंपराओं से समृद्ध किया है। इस पुस्तक में हम अयोध्या के विभिन्न पहलुओं को विस्तार से जानेंगे, जैसे कि इसके प्रमुख मंदिरों का निर्माण ,विकास व बार-- बार विध्वंश, व पुनर्निमाण-- स्थल विशेष और अन्य प्रसिद्ध सांस्कृतिक धरोहरें,यहाँ के राजवंशों का इतिहास एवं सांस्कृतिक पुराव शेष ।

इसके साथ ही, हम श्रीराम जन्मभूमि मन्दिर सहित अन्य स्मरणीय मन्दिरों का बिदेशी—विधर्मियों द्वारा १२ वीं शताब्दी से प्रारंभ हुए प्रथम विध्वंस से लेकर

अन्तिम ब्रिटिश कालीन प्रथम साम्प्रदायिक रक्तरंजित भीषण रण में वैरागी संन्यासियों का अमर बलिदान १८५५ ई,से १८८९ ई एवं १९४९ नवम्बर २२ की रात्रि तक एवं तत्पश्चात् का राममंदिर एवं हनुमानगढी स्थल--विवाद और उसके समाधान के प्रयासों का भी कालक्रमिक ऐतिहासिक विश्लेषण करेंगे।जिससे स्पष्टत: दिग्दर्शित होगा कि विधर्मियों का उपरोक्त रक्तरंजित ८०० वर्षों का अविरल भयंकर संघर्ष छद्म षड्यंत्रकारी सुनियोजित विध्वंसकारी शक्तियों द्वारा भारतीय सनातनी संस्कृति की सर्वोत्कृष्ट सांस्कृतिक पहचान को सदा सर्वदा के लिए जर्मींदोज करने की रही थी न कि कोई क्षणिक धार्मिक उन्माद वशा।यहाँ,इसी संदर्भ में,यह उल्लेखनीय है कि भारतवर्ष के सर्वोच्च प्राचीन सांस्कृतिक पहचान की श्रृंखलाबद्ध महापुरुषों में विख्यात इक्ष्वाकु, निदेस्ट, काकुस्थ,   पृथु   ,आर्यावर्त   --विजेता   मान्धाता, हरिश्चंद्र,विश्वामित्र,सगर,भगीरथ,देवासुर संग्राम में असुरों के समूल विनासक सुदास,दिलीप,रघु, एवं पिता दशरथ से भी सर्वोपरि शिखर पुरुष पुरुषोतम श्रीराम हुए थे ।

महाभारत ,विष्णु एवं वायु पुराण ,हर्ष चरित आदि तथा आधुनिक विद्वानों के बहुमूल्य ग्रंथों में स्पस्टत: कहा गया है कि इक्ष्वाकु वंशीय मान्धाता के साम्राज्य में सूर्यास्त नहीं होता था ।देखें--

"-"यावत्सूर्य उदयति यावश्च प्रतिष्ठिति ।
सर्व तत्रो वनाश्वस्य मांधाता क्षेत्रमुच्यते ।।"
१)महाभारत—द्रोण   पर्व—६२/११(२)   हर्ष
चरित—उच्छ,—३,पृ—२४४"

(३)वि,पुराण—४/२/६५ (४) वायु पुराण—पृ—८८/६८ (५)भा,वृहद इति,--भा—२, पृ—८२/८३/८४   (६)क्षत्रिय—राजवंश—पृ—१४   (७)वाल्मीकि   रामा,--उत्तर कांड—६७/२७

ऐसे महान पुर्वजों के वंशज राजा रामचन्द्र मानव जाति के इतिहास में युग -- युग से करोड़ों-- करोड़ ज्ञानी,विज्ञानी एवं अज्ञानी सर्बों के पूजनीय आराध्य रहे हैं । प्रजा के हृदय सम्राट भक्त वत्सल श्री राम , भ्राता भक्त अनुज भरत,लक्ष्मण एवं शत्रुघ्न के महाप्रयाण पश्चात,श्रीराम की दिव्य स्मृति अक्षुणण बनाए रखने हेतु पुण्य धाम अयोध्या में सर्वप्रथम श्रीराम आत्मज कुश एवं लव ने भव्य मंन्दिर का निर्माण कराया था। उक्त श्रीराम मंन्दिर सहित अनेक मन्दिरों को कौशलदेश

की प्रसिद्ध राजधानी, उत्तर भारतीय अयोध्या में श्रीराम के यशस्वी रामराज्य से लगभग ५५०० सौ वर्षों बाद चीनी यात्री विद्वान् फाहियान ने चतुर्थ ईस्वी शताब्दी के कुषाण—काल में एवं हुएनसांग ने सातवीं शताब्दी के उत्तरापथ नाथ सम्राट हर्षवर्धन काल में(६०६----६४६ ई,) श्री राम मन्दिर सहित अन्य पच्चास मन्दिरों को विराजमान देखा था । साथ-साथ पश्चिम भारत में भी उन्होंने रामायण कालीन प्राचीन नगर लाहौर,रावी नदी के बांयां तट से दो कीलो मीटर पर, में भी----६३० ई,में लाहौर के किले के उत्तर—पश्चिम दिशा में परकोटा के भीतर प्राचीन काल में श्रीराम पुत्र लव की स्मृति में निर्मित "लव मंन्दिर "-का भी दर्शन (६३०ई में) किया था । यही नहीं हुएनसांग से तेरह सौ वर्षों बाद पुन: स्वतंत्रता प्राप्ति के पन्द्रह वर्षों पूर्व(१९३३-- इतिहासकार राम शंकर सिंह ,मृदुल ने श्रीराम पुत्र लव की उसी मंन्दिर को उपरोक्त किला के उत्तर पश्चिम दिशा में,दीवारों से घिरा हुआ , ढलानभुमि पर अवस्थित देखा था ।ऐसा वर्णन उन्होंने स्वंय अपनी ऐतिहासिक पुस्तक " सचित्र भारत,पृष्ठ ७०,"(प्रकाशन-१९३३ ई) --में किया है। उक्त हजारों वर्ष प्राचीन लव मंन्दिर की ऐतिहासिकता के साक्षी-- प्रमाण स्वरूप, अमरत्व प्रदान करने की मंशा से विद्वान लेखक मृदुल जी ने लाहौर किला पास अनारकली रोड पर अवस्थित,मुगल बादशाह अकबर कालीन प्रसिद्ध नर्तकी अनारकली की स्मृति में उसके प्रेमी बादशाह जहांगीर द्वारा(१६१५ ई) निर्मित मनोरम कलाकृतियों से आच्छादित मकबरे का छायाचित्र भी उक्त पुस्तक में (पृष्ठ -७०) सुशोभित किया है । १९३३ ईस्वी में भी त्रेतायुगीन प्राचीन लाहौर किला(रामराज्य काल से लगभग सात हज़ार वर्ष बाद)करीब ५०० पाँच सौ फीट लम्बा था ,जिसे लेखक श्री रमा शंकर सिंह मृदुल जी ने भी एक ऐश्वर्यशाली नगरी के रूप में देखा था । उक्त यात्रा काल में भी लाहौर किला सहित नगर, एक ३० तीस फीट उंचा परकोटा से घिरा हुआ था । इसका अन्तिम सौन्दर्यीकरण महाराजा रणजीत सिंह जी ने ,अपने राज्य काल(१७९९—१८३९ ई,) में कराया था।इसी किले से उन्होंने अफगानिस्तान के शाह को भी संरक्षण प्रदान कर अपने मातहत रखा था । बिशाल संगमर्मरी --शिला में उत्कीर्ण --कमल पुष्प के गर्भ में सुरक्षित एवं शिखरस्थ --एकादश कमल से आच्छादित महाराजा रणजीत सिंह की ऐतिहासिक स्मृति शेष -अस्थियाँ तथा उनके ही द्वारा निर्मित गुरु अर्जुन देव जी (गुरूग्रंथ शाहिब के प्रथम संयोजक) की सुन्दर संगमरमर की समाधि भी लेखक मृदुल जी ने वहीं देखी थी।

विवस्वान आत्मज मनु पुत्र इक्ष्वाकु(१११९० विक्रम पूर्व) से श्री राम(राम नवमी-- विक्रम पूर्व ५६१७ या---४४३३ वि,पू,) एवं उनके वंशज मेवाइपति बप्पा

रावल(वि, संवत—७९३ ---८४१—८८३) से महाराणा प्रताप(वि,संवत १६२९---१६५४) से वर्तमान काल,महाराणा महेंद्र सिंह(वि,सं,२०८१) सह पुत्र महाराणा विश्व राज सिंह,वर्तमान विधायक श्री नाथद्वारा जी व अनुज राणा अरविंद सिंह सह पुत्र राणा लक्ष्यराज सिंह तक का संक्षिप्त इतिहास भी पुस्तक की महत्त्वपूर्ण वैश्विक व्यापक भौतिक प्रामाणिकता सुनिश्चित करने की मंशा से प्रस्तुत किया गया है ,आशा है सुविज्ञ पाठकों को भायगा ।

पुस्तक के द्वितीय भाग में आदिकाल से कतिपय आर्यावर्त --विजेता ऐतिहासिक महापुरुषों सहित पुरुषोत्तम श्रीराम (ईंगलेंड,अमरिका,ग्रीक,अफ्रीका,मिस्र ,ईरान,इजराइल आदि देशों में सहस्त्रों वर्षों पूर्व सांस्कृतिक – ख्याति) से अविरल महाराणा प्रताप आदि का वंश एवं रामराज्य के परम प्रतापी प्रतिहार रामानुज-- लक्ष्मण के अवतंश, सनातन धर्म व संस्कृति संरक्षक ,प्रतिहार साम्राज्य संस्थापक (सम्राट नागभट्ट -१,नागभट्ट-२,वत्सराज सह मिहिरभोज,महेन्द्र पाल,विनायक पाल,राजपाल आदि---७११---१०१८—२५ ई,) एवं अन्य मध्य कालीन ऐतिहासिक वंशजों,जिन्होंने सनातन संस्कृति रक्षार्थ विधर्मी विदेशियों से स्वतंत्रता प्राप्ति से पूर्व विगत १२५० वर्ष तक रक्त -रंजित युद्धों में सर्वस्व न्योछावर किया, विशेषकर - अयोध्या, मगधगिरिव्रज, पाटलीपुत्र, मिथिला, उज्जैनी, वल्लभीपुर, नागदा, चित्तौड़गढ़, सिन्ध, ऊंच्छ, भृगुकच्छ, गजनी, अर्वुदगिरि, मंडोवर, भीनमाल, कन्नौज, काशी, गया, ग्वालियर, नरवर, चन्देरी, चित्रकूट, सिंहोडगढ, उंचेहरा - नागोद, आदि का सारगर्भित क्रमिक श्रृंखलावद्ध इतिहास,जो भारत के कोने --कोने में सनातन काल से अबतक -असंख्य ग्रंथों ,शिलालेखों,ताम्रपत्रों,बड़ुआ जी की पोथियों ,आदि में बिखरे पड़े थे,सबों का यथासाध्य सुक्ष्म संकलित स्वरूप प्रस्तुत है । निस्संदेह जिज्ञासु पाठक पहली बार आर्यावर्तीय भारतवर्ष काल से अनवरत आधुनिक भारत काल तक के सुक्ष्म ऐतिहासिक परिदृश्य की एक झलक श्रमसाध्य अध्ययन,अनुशीलन,व चिंतन ,मनन के आलोक में पुस्तक के आगे के अध्यायों में उपलव्ध है ,जो अबतक भारतीय इतिहास की मुख्यधारा में सुशोभन से वंचित था।

श्रीराम जन्मभूमि अयोध्या,अर्वाचीन भारतीय संस्कृति और इतिहास का एक महत्वपूर्ण स्थल है। यह स्थान भगवान श्रीराम के जन्मस्थान के रूप में प्रसिद्ध है और हिंदू धर्म में इसका विशेष वैश्विक महत्व है। अयोध्या का उल्लेख विश्व के सर्वोपरि प्राचीनतम ग्रंथ ऋग्वेद से लेकर अन्य प्राचीन ग्रंथों, पुराणों और विभिन्न भाषाओं की रामायण में मिलता है । मानव सभ्यता के सनातन इतिहास के

जितना ही लगभग पुराना है मनुपुत्र महाप्रतापी इच्छवाकु के सैकडों राजवंशजों का प्रामाणिक इतिहास,जो सिर्फ़ भारतवर्ष का ही सांस्कृतिक व राजनितिक इतिहास नहीं है अपितु ,अबतक ज्ञात विश्व सांस्कृतिक इतिहास के अनुसार प्राचीन भारतवर्ष के आसपास के भौगोलिक पड़ोसी देशों का भी लगभग तीन सौ पीढ़ियों का इतिहास है ।तदनुसार असंख्य पुरातात्विक अवशेष सहस्रों वर्षों का ,विधर्मियों द्वारा अनेकानेक रक्तरंजित विध्वंसों के बाबजूद ,किसी न किसी रूप में आज भी विद्यमान है । वैवस्वत् मनु पुत्र राजा इच्छवाकु (ईसा पूर्व लगभग ११००० वर्षों पूर्व) से लेकर लगभग १३० पीढ़ियों के राजा विजय तक (अनुमानित—क्रम संवत २०८२ वर्ष से कतिपय वर्षों पूर्व) इनके ----पुत्र पद्मसेन(पद्मादित्य) से चोल नरेश कारकेल की बहन रत्नावती का विवाह तथा सम्राट विक्रमादित्य की बहन मैनावती का विवाह से पुत्र महान नाथ -पंथी--संत गोपीचंद) अनवरत प्रसिद्ध , मानव सभ्यता के प्राचीनतम विशिष्ट नगरों में सुमार यह नगर अपार आस्था से आप्लावित सरयू नदी के किनारे स्थित है और इसके धार्मिक, सांस्कृतिक और ऐतिहासिक धरोहर अद्विवतीय हैं ।१९ वीं शताब्दी से ही समय-- समय पर सम्पन्न उत्खननों में प्राप्त असंख्य पुरावशेषों से प्रकाशित हुआ है कि यह करोड़ों सनातनियों ,जैनियों एवं बौद्ध धर्मियों का भी एक महान आराधना केन्द्र सदियों से रहा है।

भगवान बुद्ध ने भी दो बार वहां चौमासा प्रवास किया था—ऐसा हुएनसांग के यात्रा वृतांत से प्रतीत होता है । विवस्मान(आदित्य) पुत्र इच्छवाकु ने जैसे पिता द्वारा बसाए गए अयोध्या को सुन्दर राजधानी का स्वरूप प्रदान किया ,वैसे ही मनु पुत्र इच्छवाकु के अनुज नेदिष्ट के वंशज राजा विशाल ने प्राचीन मगध स्थित गंगा नदी के दक्षिण --तटीय राजधानी कुसुमपुर (पाटलीपुत्र) के पास गंगानदी के उत्तरी तटवर्ती भूभाग पर प्रसिद्ध राजधानी वैशाली का निर्माण कराया था।

4

अयोध्या - भारतीय इतिहासकारों एवं वैश्विक इतिहासकारों की दृष्टि में, रामायण की तुलना विद्वान होमर के इलियट एवं वि, वर्जिल की एनीड से

अयोध्या का इतिहास प्राचीन काल से ही समृद्ध और विविधतापूर्ण रहा है। विगत १३,००० वर्षों के अन्तराल में यह नगर, सर्व प्रथम लगभग ८,५०० वर्षों तक सूर्यवंशी मनु पुत्र यशस्वी इक्ष्वाकु के महाप्रतापी वंशजों के अधिकार में तत्पश्चात विभिन्न राजवंशों और शासकों के अधीन रहा है, जिन्होंने समय –समय पर , इसे अपनी उत्कृष्ट कर्तव्यनिष्ठ -- संस्कृति और सुस्थापित सत्यनिष्ठ—अनुकरणीय प्रजा- पालक रघुवंशीय मर्यादाओं व परंपराओं से समृद्ध किया है। जिसका काल—क्रमिक प्रचंड सांस्कृतिक प्रभाव सम्पूर्ण आर्यावर्त से विश्वव्यापी मार्गों पर प्रशस्त होता गया, जिसका पुरातात्विक प्रमाण १९ वीं सदी से ही धीरे- धीरे

अरब,अफ्रीका,अमेरिका,यूरोपीय ,आस्ट्रेलियाई देशों में सुलभ हो रहा है । उपर्युक्त प्राचीन ऐतिहासिक तथ्यों की सम्पुस्टि विगत १९ वीं सदी से २० वीं सदी के मध्य बीसों स्वतंत्र -पाश्चात्य विद्वानों, दार्शनिक चिंतकों ने सशक्त अवधारणाओं से प्रतिबिम्बित व प्रतिस्थापित किया है ,परन्तु दूसरी ओर तत्कालीन अंग्रेजी साम्राज्यवाद के विद्वान—सांस्कृतिक--पोषकों,साम्राज्यवादी लिप्सा की अकूत कोष पर पलने वाले ईर्ष्यालु लेखकों ने यथार्थ व सत्य इतिहास को बहुत --कुछ जानते हुए और कुछ --कुछ अज्ञानतावश नकार कर ,अग्राह्य करार दिया ।उनमें ही थे—विलियम जोंस,मैक्समूलर,मैकडोनल,कीथ,वैबर,आदि।

इस पुस्तक में हम अयोध्या के विभिन्न पहलुओं को विस्तार से जानेंगे, जैसे कि इसके प्रमुख मंदिरों का निर्माण ,विकास व बार-- बार विध्वंश, व पुनर्निर्माण-- स्थल विशेष और अन्य प्रसिद्ध सांस्कृतिक धरोहरें आदि । इसके साथ ही, हम श्रीराम जन्मभूमि मन्दिर का बिदेशी—विधर्मियों द्वारा १२ वीं शताब्दी से प्रारम्भ हुए प्रथम विध्वंस से लेकर अन्तिम ब्रिटिश कालीन प्रथम साम्प्रदायिक रक्तरंजित भीषण रण में वैरागी संन्यासियों का अमर बलिदान १८५५ ई,से १८८९ ई एवं १९४९ नवम्बर २२ की रात्रि तक एवं तत्पश्चात् का राममंदिर एवं हनुमानगढी स्थल--विवाद और उसके समाधान के प्रयासों का भी कालक्रमिक ऐतिहासिक विश्लेषण करेंगे।जिससे स्पष्टत: दिग्दर्शित होगा कि विधर्मियों का उपरोक्त रक्तरंजित ८०० वर्षों का अविरल भयंकर संघर्ष छद्म षड्यंत्रकारी सुनियोजित विध्वंसकारी शक्तियों द्वारा भारतीय सनातनी संस्कृति की सर्वोत्कृष्ट विश्वव्यापी सांस्कृतिक पहचान को सदा सर्वदा के लिए जमींदोज कर ,प्राचीन मन्दिरों की अकूत धन—सम्पदा लूटने व खूंखारी दरिंदगी की दहसत का राज्य कायम करने की रही थी न कि कोई क्षणिक धार्मिक उन्माद वश आक्रमण ।

यहाँ ,इस संदर्भ में,यह उल्लेखनीय है कि भारतवर्ष की सर्वोच्च प्राचीन सांस्कृतिक पहचान के प्रथम पुरुष पुरुषोत्तम श्रीराम की मन्दिर को उत्तर भारतीय अयोध्या में चीनी यात्री फाहियान ने कुषाण—काल में एवं हुएनसांग ने हर्षवर्धन काल में(श्री राम मन्दिर सहित पच्चास मन्दिरों को विराजमान तो देखा ही था साथ-साथ पश्चिम भारत में भी उन्होंने रामायण कालीन प्राचीन नगर लाहौर,रावी नदी के बांयां तट से दो कीलो मीटर पर, में भी---- लाहौर के किले के उत्तर—पश्चिम दिशा में परकोटा के भीतर श्रीराम पुत्र लव की स्मृति में लव मन्दिर का भी दर्शन (६३०ई में) किया था । यही नहीं हुएनसांग से तेरह सौ वर्षों बाद पुन: स्वतंत्रता प्राप्ति के पन्द्रह वर्षों पूर्व इतिहासकार राम शंकर सिंह ,मृदुल ने श्रीराम पुत्र लव की एक छोटी सी मन्दिर ढलानभुमि पर अवस्थित देखा था ।ऐसा वर्णन उन्होंने

स्वंय अपनी ऐतिहासिक पुस्तक " सचित्र भारत "(प्रकाशन-१९३३ ई) --में किया है। उक्त हजारों वर्ष प्राचीन लव मन्दिर की ऐतिहासिकता को अमरत्व प्रदान करने की मंशा से विद्वान लेखक मृदुल जी ने लाहौर किला पास अनारकली रोड पर अवस्थित,मुगल बादशाह अकबर कालीन प्रसिद्ध नर्तकी अनारकली की स्मृति में उसके प्रेमी बादशाह जहांगीर द्वारा(१६१५ ई) निर्मित मनोरम कलाकृतियों से आच्छादित मकबरे का छायाचित्र भी उक्त पुस्तक में (पृष्ठ -७०) सुशोभित किया है । १९३३ में भी त्रेतायुगीन प्राचीन लाहौर एक ऐश्वर्यशाली नगरी थी ,जो एक ३० तीस फीट उंची परकोटा से घिरी हुई थी।इसका अन्तिम सौन्दर्यीकरण महाराजा रणजीत सिंह जी ने ,अपने राज्य काल(१७९९—१८३९ ई,) में कराया था । बिशाल संगमर्मरी --शिला में उत्कीर्ण --कमल पुष्प के गर्भ में सुरक्षित एवं शिखरस्थ -- एकादश कमल से आच्छादित महाराजा रणजीत सिंह की ऐतिहासिक स्मृति शेष -अस्थियाँ तथा उनके ही द्वारा निर्मित गुरू अर्जुन देव जी (गुरूग्रंथ शाहिब के प्रथम संयोजक) की सुन्दर संगमरमर की समाधि भी लेखक मृदुल जी ने देखी थी।

वाल्मिकी रामायण महाकाव्य साहित्यक दृष्टिकोण से भी सबसे प्राचीनतम ग्रंथ तो है ही इसकी अद्भुत काव्य – शैली, उद्दात -भाव,उत्कृष्ट भाषा ,भावनाओं की उड़ान तारीफ़ें बयान है।वैश्विक साहित्य के निम्नवत चार महान महाकाव्योंमें भी यह ,मूर्धन्य पाश्चात्य विद्वानों की दृष्टि में सर्वाधिक सराहनीय साहित्य है।

"वाल्मिकी रामायण---४८००० पंक्तियां

महाभारत------- २,२०,००० पंक्तियां

होमर का इलियट----१५,६०३ -'पंक्तियां

वर्जिल का एनीड------९,८६८--- पंक्तियां"

वाल्मीकि--रामायण संस्कृत साहित्य का सर्वोत्कृष्ट साहित्य के रूप में ही नहीं ,अपितु विश्व की विभिन्न भाषाओं में भी शिखर—स्वर्ण-- कलश के रूप में सुशोभित है।विभिन्न देशों के विद्वानों ने भूरी- भूरी प्रशंसा मुक्त कंठ से की है।

सर विलियम जोंस---"राम की कथा पर रची गई रामायण एक महाकाव्य है ,जो कार्य की एकता ,उदात्तता और शैली के लालित्य में महाकवि नोन्नस(Nonnus) की विद्वतापूर्ण और विस्तृत रचना से बहुत आगे निकल जाती है ।("एशियाटिक रिसर्चेज -पृ—२५५)

प्रो,हीरेन - "थोड़े से शब्दों में ,रामायण का विषय इतना समृद्ध और प्रचुर है कि इस सम्बन्ध में महाकाव्य—कलादेवी की सर्वाधिक प्रशंसनीय प्रस्तुतियों से

तुलना करने पर भी इसकी कुछ हानी नहीं होगी ।"

प्रो,मोनियर विलियम्स-----" यद्यपि ग्रीक जनों के समान हिन्दूओं के पास दो महान महाकाव्य हैं ,रामायण और महाभारत,फिर भी इन दोनों की तुलना इलियड –और ओडेसी से करना ऐसा ही होगा --- सिन्धु और गंगा की तुलना ऐट्टिका की धाराओं अथवा थेसला की पर्वतीय वेगवती धारा से की जाए ।वस्तुत: इनका परिमाण अत्यंत विशाल / वृहदाकार है, जैसा संस्कृत के अन्य हर विभाग में है ,जो एक सीमित क्षितिज के अभ्यस्त यूरोपियनों के लिए किंकर्तव्यविमूढ़ करने वाला है ।"(इन्डियन एपिक पोएट्री –पृष्ठ--१)।हिन्दू श्रेष्ठता—पृष्ठ--

विद्वान श्लेगल ने रामायण को महाकाव्यों में उदात्ततम – भव्यतम कहा है ।

5

विधर्मियों द्वारा अयोध्या विध्वंस एवं पुनर्निर्माण का सहस्त्र वर्षीय रक्त रंजित इतिहास -

प्राचीन आर्यावर्त के पुरातात्विक झरोखों में झांकते ही प्रथमतः सप्तम मन्वंतर के संस्थापक विवस्मान –मनु द्वारा बसाई गई नगरी—ऐश्वर्यशाली अयोध्या की ओर हमारा ध्यान बरबस आकर्षित होता है। कम से कम दस सहस्र वर्षों का इतिहास अयोध्या का इतिहास रहा है। सहस्त्रों वर्षों पूर्व में कई शताब्दियाँ तक अयोध्या का इतिहास वस्तुतः आर्यावर्तीय भारतवर्ष का इतिहास रहा है ।इसने अनेकानेक सांस्कृतिक ,राजनीतिक एवं कूटनीतिक व साम्प्रदायिक उतार-- चढ़ाव भी देखे हैं ।

श्रीराम जन्मभूमि विवाद और उसके समाधान का भी इस पुस्तक में विशेष उल्लेख ,संवेदनशील होते हुए भी ,यहां उल्लेखित है।यह विवाद भारतीय समाज और राजनीति में एक महत्वपूर्ण मुद्दा रहा है, और इसके समाधान के प्रयासों ने देश को एक नई दिशा दी है। इस विवाद के विभिन्न पहलुओं को प्रस्तुत करने का प्रयास सहित समाधान पर प्रकाश डाला गया है। जिज्ञासु पाठकों को कटु-- सत्य

से साक्षात्कार हो ।

इस पुस्तक का उद्देश्य विश्व के प्राचीनतम नगरों में से एक प्रसिद्ध सांस्कृतिक राजधानी अयोध्या के ऐतिहासिक एवं प्रामाणिक सांस्कृतिक महत्व को विवस्मान मनु पुत्र इच्छ्वाकु से पुरुषोत्तम श्रीराम कालीन से लेकर आधुनिक गणतंत्रीय भारत तक प्रकाशित करना ,परम ध्येय है। सम्पूर्ण विश्व ने विस्मित आँखें फाड़ --फाड़कर कर देखा जब अयोध्या के सर्वोत्कृष्ट इतिहास का स्वर्णिम काल वर्ष २०२४ में प्रगट हुआ। निस्संदेह सवा सौ करोड़ सनातनी हिन्दुओं ने स्वतंत्रता प्राप्ति(१५ अगस्त १९४७)पश्चात विगत ७७ वर्षों से रामजन्मभूमि पर रामलला—मन्दिर की स्थापना को जीवन मरण का प्रश्न समझ कर धरती आकाश एक कर दिया था। उद्घोष था ----"रामलला हम आयेंगे मन्दिर वहीं बनायेंगे ।" १५२८ ई,में बाबर के आदेश पर मीरवाकी द्वारा प्रथम विध्वंस काल से ६ : दिसम्बर १९९२ तक हजारों हिन्दुओं ने हँसते-- हँसते प्राण उत्सर्ग कर दिया। सबसे महान अन्तिम बलिदान कलकत्ता वासी दो युवा सहोदर भाइयों श्रीराम एवं श्याम ने सीने पर गोली खाकर तब दिया था जब तत्कालीन मुख्यमंत्री मुलायम सिंह यादव ने हजारों निर्दोष निहत्थे कार सेवकों पर गोली चलाकर सैकड़ों निरीहों की हत्या करवाकर ,१९१९ई,में तत्कालीन पंजाब के जलियांन बाग में अंग्रेज जनरल डायर द्वारा किए गये जालियांवाला बाग नर संहार की क्रूरता को भी मात कर दिया था।फलत: जलियान बाग नर संहार बाद में भारतमाता के अनमोल लाल मदन लाल ढिंगरा ने उसे अपनी जान पर खेल कर ,मौत की नींद सुला दिया था ।

निस्संदेह स्वतंत्रत भारत की सर्वश्रेष्ठ सांस्कृतिक , धार्मिक व आध्यात्मिक नगरी अयोध्या में रामभक्त कारसेवकों पर भयंकर गोली बारी का एकमात्र उद्देश्य था--- राष्ट्रीय स्तर पर असहिष्णुता का वैचारिक विष फैलाकर मुसलमानों का अनूठा सिरताज रहनुमा बनकर सत्ता के लूट का रक्त- रंजित सिंहासन—दशकों तक खानदानी विरासत का धरोहर बनाना। जिसका मधुरस पान उनके परिजन विगत चार दशकों से पूर्व से करते आ रहे हैं। आश्चर्यजनक इतिहास का अंश है ---हत्यारी पुलिस एवं प्रशासन के अधिकारियों ,तत्कालीन सत्ताधारी नेताओं के विरूद्ध कोई कार्रवाई नहीं होना।श्रीमान अटल बिहारी वाजपेयीजी --" हिन्दू तन—मन" के कूचीकार जैसे महान निर्भीक प्रचंड जनमत के राजनेता का मौनव्रत धारण करना,शायद एक भी एफ,आई, आर, तक दायर नहीं होना।भारतीय गणतंत्र का सबसे काला अध्याय वह गोलीबारी थी ,जिसमें सैकड़ों निर्दोष,निहत्थे हिन्दू कार सेवकों,भारत के भावी कर्णधार-- युवा पीढ़ी के नौनिहालों को सरेआम रामलला मन्दिर परिसर में मौत के घाट उतार दिया गया

था, ख़ूनी तारीख़ थी –६ दिसंबर १९९२। जिसमें कलकत्ता कोठारी परिवार के उपरोक्त दो सहोदर भाई राम व श्याम थे, जिनकी जवान बहन की शादी सातवें दिन १३ दिसम्बर को होनेवाली थी और माता-- पिता के लाख रोकने पर भी ,दोनों भाइयों ने सुहाग का जोड़ा तैयार रखने कहा था,उन्होंने सपने में भी नहीं सोचा था कि उनके खून के प्यासे भेड़िये वहाँ घात लगाकर बैठे हैं , उन्हें क्या पता था ,उन भेड़ियों ने भयंकर खून- खराबा कर गणतंत्र भारत का सिंहासन अधिकृत कर तीन पुस्त तक लूटपाट कर राज करने का सपना नहीं सुनियोजित योजना की रूपरेखा चिन्हांकित कर रखी थी ।

इसी प्रकार अन्य अनेक बलिदानियों में निम्नलिखित रामभक्तों का नाम भी अविस्मरणीय रहेगा । रामलला जन्मस्थली पर छ: सात दशक से अविरल,वर्षा ,शिशिर एवं ग्रीष्म ऋतुऑं भी अचल,अविचलित रहकर एक टेंट के नीचे रामलला की पूजा अर्चना में समर्पित महंत श्री सुरेन्द्रनाथ दास जी (स्वर्गारोहण–१२ फरवरी २०२५ ,लखनव अस्पताल) श्री अवैद्यनाथ जी, श्री अशोक सिंघल जी(अध्यक्ष विश्व हिन्दू परिषद), श्री मुरली मनोहार जोशी जी, श्री लालकृष्ण अडवानी जी(पूर्व उप प्रधानमंत्री), श्री अटल बिहारी वाजपेयीजी(पूर्व प्रधानमंत्री), राजनाथ सिंह (पू,गृह मंत्री) , कल्याण सिंह (पू,मुख्यमंत्री) ,श्री श्री रवि शंकर जी, श्री बाबा रामदेव आदि अनेकानेक प्रबुद्ध महानुभावों एवं प्रधानमंत्री श्री नरेंन्द्र दामोदर दास मोदी एवं उत्तर प्रदेश के यशस्वी मुख्यमंत्री योगी जी (श्री अजय कुमार सिंह विस्ट)एवं राष्ट्रीय स्वंय सेवक संघ के सर्वेसर्वा श्री सदाशिव गोलवलकर जी, श्री राजेन्द्र सिंह जी रज्जू भैया, श्री सुदर्सन जी तथा श्री मोहन भागवत जी ,श्री इन्द्रेश कुमार जी जैसे विद्वानों के कुशल नेतृत्व में रामलला के जन्मभूमि स्थल पर भव्य श्रीराम मन्दिर का निर्माण ,रामलला के विग्रह—प्रतिमा की प्राण-- प्रतिष्ठा विगत वर्ष २०२४ माह को सम्पन्न हुआ ।गणतंत्र भारत के १२५ करोड़ सहित सम्पूर्ण विश्व के लगभग १५० करोड़ सनातनी भक्तों की सांस्कृतिक राजधानी अयोध्या को वैश्विक पहचान सुलभ हुई ।रामजन्मभूमि अयोध्या लगभग ४९६ वर्षों बाद पुनःपूरे दम- खम के सोलह श्रृंगार से निहाल व ज्योतिर्मय हुई ।करोड़ों-- करोड़ श्रद्धालुओं की पावन पूजा—स्थली के प्रति श्रद्धा ,विश्वास और सम्मान उमड़ पड़ा । हमें आशा है कि यह पुस्तक पाठकों को अयोध्या के काल --क्रमिक उत्कर्ष ,अपकर्ष के सोपानों के साथ-साथ इतिहास, संस्कृति और धार्मिक महत्व को समझने में बहुत हद तक सहायक होगी । उन्हें सातवें मन्वंतर युग के इस महान प्राचीन पवित्र स्थल के प्रति वर्तमान युग के पच्चासों देशों में निवास करने वाले सनातन प्रेमियों के हृदय में नई उर्जा व अद्भुत

श्रद्धा ,विश्वास एवं सम्मान का संचार करेगी।

"हर की पैड़ी में श्री हरिविष्णु-विराजें,अयोध्या में प्रभु श्रीराम ।
कण -कण में सजें शिवशंकर , रोम --रोम में जय श्रीराम।।
तन- मन -धन सर्वस्व है अर्पित , बने भव्य अयोध्याधाम ।
कोटि--एक- शत- चतुर्दश करजोरि कहें शत्--शत् प्रणाम् ।
हर हिन्दू हर्षित है प्रभु अब ,आवें -विराजें अपना धाम ।।
अमियसिक्त हो भारत धाम, जय श्रीराम , जय श्रीराम ।
हे पुरुषोत्तम, हे प्रभु राम , जय श्रीराम ,जय श्री राम ।।
कोटि-कोटि प्रभु तुम्हें प्रणाम, कोटि-कोटि प्रभु तुम्हें प्रणाम ।
धन्य-- धन्य अयोध्या धाम, धन्य- धन्य अयोध्याधाम ।।"

6

भारत का सांस्कृतिक एवं राजनीतिक इतिहास

"शिखर खोजकर्ता स्वयम्भू इतिहासकार एवं अनुशरणकर्ता विद्वानों की अवधारणाओं से सांस्कृतिक इतिहास - भ्रमित

सप्तम मन्वंतरीय आर्यावर्त के पच्चासों देशों में विगत छः --सात सहस्र वर्षों से अनवरत पूजित सनातन संस्कृति के परम आराध्य पुरुषोत्तम श्री राम की ऐतिहासिकता पर कतिपय ईर्ष्यालु ,पुर्वाग्रह से ग्रसित ,सनातन संस्कृति के असहिष्णु नामचीन पाश्चात्य विद्वानों(जिनके बाईबिल के अनुसार उनकी सभ्यता का उदय मात्र ४००४ वर्ष ईसा पूर्व मात्र हुआ) एवं उनके अनुशरणकर्ता तथाकथित भारतीय (वामपंथी) विद्वानों ने उन्नीसवीं शताब्दी से नव-- इतिहास जगत् में अपनी शाख स्थापित करने की लालसा से त्रेता युगीन श्री राम एवं उनकी रामकथा तथा द्वापर युगीन महाभारत कथा व साक्षात श्री कृष्ण की वाणी में अवधारित गीता को भी उत्कृष्ट विद्वानों की चरमोत्कृष्ट काव्य—प्रतिभा से प्रेरित कपोल कल्पित दंतकथा कहने का दुराग्रही—दुष्चक्रीय प्रयास किया।

महर्षि कृष्ण द्वैपायन व्यास—ने महाभारत में वाल्मीकि रामायण एवं वाल्मिकी की अद्भुत काव्य प्रतिभा पर कहा है-

"इतिहासोत्तमादस्माज्जायन्ते कविबुद्धय:---"---(1,2.385)
महान पंडित राजा भोज कृत चम्पु-- रामायण में कहा गया---
"मधुमयभणितीनां मार्गदर्शी महर्षि:। "—(1..8)"

सुविज्ञ पाठकों के लिए--सर्वोत्कृष्ट उदाहरणों में एक है—भारतीय संस्कृति के पाश्चात्य पुरोधा विद्वान श्री हमवोल्ट ने जब श्री कृष्ण की वाणी में स्थापित गीता में प्रतिपादित सनातन –दर्शन के शाश्वत स्वरूप से भाव विभोर होकर मिमांशा लिखी तो तत्कालीन विद्वान वैबर ने घोर प्रतिकार किया और लिखा---

"The peculiar colouring of Krishna sect, which pervades the whole book is note worthy, Christian legendary matters and other western influences are unmistakably present." - (The history of Sanskrit Literature popular Edn, 1914, page - 189/300 on foot notes,)"

विद्वान वैबर की उपर्युक्त धारणा को ध्वस्त करते हुए—प्रसिद्ध ग्रंथ आनन्द मठ (प्रात: स्मरणीय वन्दे मातरम – गीतकार) के कूचीकार बंकिमचंद्र ने लिखा—--"
"भारत के लिए वह अशुभ घड़ी थी ,जब वैबर ने संस्कृत का अध्ययन आरंम्भ किया ।जर्मन लेखक यह नहीं मान सकते थे कि—ईसा के जन्म से सदियों पूर्व महाभारत –गीता रचा गया था ।"--- (कृष्ण चरित,परिच्छेद—३)
अधिकांश पाश्चात्य विद्वानों सह वामपंथियों की अभिव्यक्ति है कि गीता की रचना किसी उद्भट विद्वान ने बाईबिल एवं कुरान की रचना के आधारभूत तत्वों के आलोक में ,बाद में किया है । (देखें - स्वरचित—भारतवर्ष का सांस्कृतिक इतिहास, प्रस्तावना - पृष्ठ - xxx—xxxi)
केम्ब्रिज,ऑक्सफोर्ड एवं हार्वर्ड आदि विश्वविद्यालयों में मानव सभ्यता का उदभव काल को ईसा पूर्व ४००४ वर्ष उद्घोषित करने वालों को विश्वास नहीं हुआ कि –"
"उससे बहुत पहले ही नहीं, अपितु कम से कम दश सहस्र वर्ष पूर्व भूमंडल के आर्यावर्तीय भारतीय भूभाग पर प्रभुता सम्पन्न सार्वभौम उत्कृष्ट सभ्यता का स्वर्णिम विहग चुका था और वह कतिपय संकटों को समय-- समय पर झेलकर

भी अक्षुण्ण अविरल प्रवाहित चली आ रही थीं -- बिदेशी आक्रमणों तक ,यह उन्हें ग्राह्य नहीं हुआ |..."

विशेषकर तत्कालीन भारतवर्ष के ब्रिटिश हुक्मरानों प्रथमत: लगभग सौ वर्षों तक इस्ट ईन्डिया कंपनी—(१७५७----१८६१) के वेतन पर पलने वाले उनके तथाकथित विद्वान मुलाजिमों एवं १८५७—६१ ई, के भारत के प्रथम सशस्त्र स्वतंत्रता संग्राम पश्चात –प्रत्यक्ष आसमुद्रात बिशाल ब्रिटिश (ईंगलैंड)साम्राज्य के सम्राट के मातहत कार्यरत उच्चस्थ विद्वान अंग्रेज मुलाजिमों में वारेन हेस्टिंग्स रोयाल-- ऐसिएटिक सोसायटी के संरक्षक (१८७३—१८८०),मैकंसमुलर, एवं कलकत्ता उच्च न्यायालय के पूर्व न्यायाधीश विलियम जोंस , विलसन ,मेकडोनल ,मेकांले ,वैबर एवं कीथ ,स्मीथ, आदि ने निम्नलिखित निर्विवाद सुस्थापित प्राचीन ऐतिहासिक तथ्यों को सिर्फ़ तिरस्कृत ही नहीं किया अपितु धूल धुसरित कर – एक नया इतिहास रच कर ,आर्यावर्तान्तर्गत भारतवर्ष के अभूतपूर्व गौरवशाली प्राचीनतम सांस्कृतिक इतिहास को एक नये रंग में रंगने का प्रयास किया --- जो आजतक हमारे सांस्कृतिक इतिहास की आधारभूत संरचना का मूलाधार बना हुआ है और जिसे----" भारतवर्ष पर आर्यों के आक्रमन—एवं आगमन के नाम से प्रसिद्धि प्राप्त है ।"

"पाश्चात्य विद्वानों की अवधारणा रही थी कि भारतवर्ष में उत्कृष्ट सभ्यता एवं संस्कृति का सूर्योदय ---पाश्चात्य समुन्नत सम्वृद्धशाली देशों के आर्यों द्वारा भारत पर आक्रमण व बिजय पश्चात ही सम्भव हो सका था ,जिसका काल ईसा पूर्व २४००—१५०० वर्ष ई,पूर्व, अनुमानित किया था ।यही नहीं एक लम्बी छलांग लगाकर लगभग दश सहस्र वर्षों के स्वर्णिम इतिहास को नक्कार खाने में तूती की आवाज सदृश ,गर्त में डालकर --यह अवधारणा सुनिश्चत: स्थापित कर दिया कि ---

" भारत का कालक्रमिक वास्तविक इतिहास , एथेंस वासी आक्रांता राजा सिकंदर के आक्रमण काल से प्रारंम्भ हुआ है ।" ज्ञातव्य है कि उपर्कथित --- "-- भारत पर आर्यन इनभेसन थ्योरी"-- की अवधारणा का कोई ठोस ऐतिहासिक ,साहित्यिक, पुरातात्विक,विश्वसनीय ,ग्राह्य, आधार ,अबतक प्रकाश में नहीं आया है ।आधार है तो सिर्फ़ तर्कहीन मनमानी अनुमानें व अटकलें ।हास्यास्पद व विष्मय पूर्ण है --- पाश्चात्य सभ्यता के उपरोक्त साम्राज्यवादी सांस्कृतिक सिपहसालारों के अनुशरणकर्त्ताओं में ---"स्वतंत्रता प्राप्ति के पूर्व से ही प्रथम पंक्ति में कतारवद्ध कतिपय सुनामधन्य भारतीय विद्वान भी हैं—जिनमें भारत के इतिहास की खोजकर्त्ता सह शिखर राजनेता एवं उनके अनुयायी मंत्री एवं उन

सबकी पीठ पर पंक्तिवद्ध होकर पदलोलुप प्रोफेसनल इतिहासकार , उनमें से कुछ ऐसे भी थे ,जो शायद विवशतावश चाहकर भी अछूते नहीं रह सके ।उदाहरण स्वरूप----

विद्वान पंडित जवाहर लाल नेहरु ने –"भारत की खोज"—(हिन्दी अनु,)—पृष्ठ—१०६---

"जिस प्रकार यूनानी ,चीनी और अरब ,भूतकाल में इतिहास वेता थे ,उस प्रकार भारतीय इतिहास वेता नहीं थे ।"

पृष्ठ—१०९---"कुछ भी हो ,यह सत्य है कि भारतीय लोग परंम्परा और रिपोर्ट को बिना सुक्ष्म विवेचन और पूर्ण परीक्षण के ,इतिहास मान लेने के विचित्र रूप से भागी हैं ।"

पृष्ठ—११२--------" भारत आर्य जाति का लिगेन्ड मनगढ़ंत संस्थापक था ।"

यद्यपि २३०० वर्ष पूर्व ग्रीक विद्वान मेगास्थनीज ने कहा था---"आर्य भारत के मूल वासी थे ।"

मेगास्थनीज ने ही आगे यह भी कहा था-----

ग्रीक राजदूत मेगास्थनीज की इन्डिका (लगभग ३२० –ईसा पूर्व) में वर्णित सांस्कृतिक सह ऐतिहासिक तथ्यों ,ग्रीक देशों का प्रसिद्ध प्राचीन ग्रंथ अवेस्ता , जावा से प्राप्त प्राचीन ग्रंथ तंत्रो कामांदक् एवं रोयाल ऐसियेटिक सोसायटी के पुरातात्विक विषारद उत्खननकर्ता सीन क्लेयर के १८८८ ई का उत्खनन रिपोर्ट(१८८९—लंदन संग्रहालय में संरक्षित)।- तत्कालीन ईराक,जोरडन,सिरिया,मिस्र,फिलीपींस आदि अनेकानेक देशों की प्राचीन सभ्यता व संस्कृतियों का मूलाधार आर्यावर्त—भारतवर्ष ही रहा है।वहां उत्खनन से प्राप्त ज्वलंत पुरातात्विक पत्राभिलेखों से प्रकाशित होता है कि राम व दशरथ आदि का सांस्कृतिक विजय का त्रेता—द्वापर युगीन सनातनी केशरिया उक्त बिशाल भूभाग के देशों में भी लहराया था ।सम्भावित काल था—ईसा पूर्व ४००० वर्ष से २२०० ईसवी पूर्व ।(भा,सां,इति,-- स्वरचित सह सीन कल्लेयर १८८९ पुरातत्त्व रिपोर्ट,लंदन यूनि,पुस्तकालय,बर्लिन,अमरीकी व इस्तांबुल संग्रहालय आदि)

उपर्युक्त ऐतिहासिक तथ्यों को छिपाने हेतु पाश्चात्य विद्वानों ने अटकल वाजी कर ईसा पूर्व ४००० वर्ष से ईस्वी सन् के प्रारम्भिक वर्ष—के मध्य ही भारत के सांस्कृतिक इतिहास का कालक्रम निर्धारित करने का अतिसय प्रयास किया

। इसी ईर्ष्यालु, पुर्वाग्रही,छद्म,षड्यंत्रकारी , अघोषित अवधारणा का प्रतिपादन विलियम जोंस ,मैकडोनल,मेकांले,वैबर एवं कीथ आदि ने श्री राम का जन्मकाल २०२९ ई,पूर्व(,२)कर्नल टाँड ने ईसा पूर्व ११०० एवं(३) विद्वान विलफोर्ड ने ईसा पूर्व १३६० अनुमानित किया ।यहाँ तक कि उपर्युक्त विद्वानों के साथ-- साथ महान पुरातत्वविद जेनरल कनिंघम महोदय ,संस्थापक डायरेक्टर जेनरल औफ भारतीय पुरातात्विक सोसायटी एवं कर्नल टांड आदि ने भी दो राजाओं के मध्यान्तर का शासनकाल ,औसतन बीस वर्ष ,लगभग सभी पौराणिक राजवंशों में अनुमानित किया और मन माने ढंग से जो शासनकाल अनेकानेक पुराणों एवं अन्य ग्रंथों में सैकड़ों पुरातात्विक अभिलेखों ,ताम्रपत्रों में, शिलालेखों,प्राचीन मन्दिरों की दीवारों पर उत्कीर्ण व उद्घोषित हैं, ,हजारों वर्ष पूर्व से ,उसे अशुद्ध करार देकर ,अस्वीकार एवं अग्राह्य कहा ।

" कतिपय पाश्चात्य विद्वानों ने भारत का सत्य इतिहास प्रतिपादित करते हुए जो कुछ भी कहा है ---" उससे स्पस्ट: प्रतीत होता है ---यथा—शक,हूण आदि जातियाॅ भी हजारों वर्ष पूर्व भारत से ही ग्रीक साम्राज्य के देशों की ओर प्रस्थान किये थे ।देखें— "इन्डिया इन ग्रीक" , लेखक----

"ग्रीक सभ्यता व संस्कृति पर भारतीयों का योगदान अनूठा है ।"

अबतक ज्ञात सोत्रों के आलोक में ज्ञातव्य है कि श्रीराम का प्राकट्य(माता कौशल्या के गर्भ से जन्म) शृस्टि के प्रादुर्भाव काल से लगभग १३ तेरह लाख वर्ष पश्चात् तथा बिक्रम संवत से पूर्व ५५७८ वर्ष में, तद्नुसार आंग्ल मिति तीन फरवरी ५६७४ ईसा पूर्व वर्ष में हुआ था(डां वेदवीर आर्य कृत मनु से महाभारत कालक्रमिक इतिहास):तथा अयोध्या के राज सिंहासन पर उनका राज्याभिषेक ,४० वें वर्ष में बिक्रम पूर्व ५५१९ वें वर्ष में हुआ था ।कहने की आवश्यकता नहीं कि श्रीराम ने भी प्राचीन सूर्यवंशी रघुकुलीन प्रजावत्सल आदर्शों का अवपालन किया – जिसका निम्नवत मूल शासन--सिद्धांत – पद्यति विश्व विख्यात रहा है।

- रघुकुल रीति सदा चलि आई,प्राण जाए पर वचन न जाई ।
- दैहिक दैविक भौतिक तापा,रामराज काहु नहीं व्यापा ।

दो ढाई हजार वर्ष पूर्व महाकवि कालिदास ने महाराज रघुकुल के महाप्रतापी राजाओं की गौरवशाली --गाथा जो उनसे भी सहस्रों वर्ष पूर्व के विद्वानों ने लिखा था ,उसके बारे में रघुवंशम् में लिखा है---

सर्ग----१,श्लोक—१२ ----"क्व सूर्यप्रभवो वंश:"---

पुनः वही सनातन संस्कृति विस्तृत भौगोलिक विस्तार के सहस्रों वर्ष की लम्बी कालक्रमिक यात्रा में जब-- जब विकारग्रस्त हुई तब--तब सूर्य वंशी व चन्द्र वंशी तथा नागवंशी ---अनेकानेक आर्यावर्तीय ऋषि---महर्षियों, जैन--मुनियों --२४--क्षत्रिय--तीर्थंकरों(/अन्तिम लिच्छवी वंशी महावीर) एवं २५ बौद्धों (अन्तिम गौतम बुद्ध) एवं संस्कृति संरक्षक क्रांतिकारी--क्षत्रिय वंशी---दश सिख गुरूओं (प्रथम गुरूनानक देव , – साक्षात इच्क्षवाकु वंशी—१५ वीं सदी --- ,अन्तिम गुरू गोविंद सिंह –१७ वीं सदी आदि) ने प्राचीन वेदों ,उपनिषदों ,पुराणों,आरण्यकों,अन्य ब्राह्मण--,ग्रंथों का अध्ययन ,मनन,चिंतन,अनुशीलन व प्राचीन तीर्थों ,धामों का परिभ्रमण कर व समय --समय पर शास्त्र—विषारदों का बिशाल –बिशाल परम्परागत शास्त्रार्थ आयोजित कर सनातन संस्कृति को नव नूतन परिमार्जित स्वरूप प्रदान कर राष्ट्र एवं समाज को नई दिशा दी है ।

उसी परम्परागत क्रमिक परिमार्जन व पुनर्जागरण तथा सांस्कृतिक --विकास के क्रम में मौर्य साम्राज्य की स्थापना काल से दो ढाई सौ वर्ष पूर्व सनातन संस्कृति का ही परिमार्जित व परिष्कृत स्वरूप तात्कालिक सामाजिक सामयिक आवश्यकता की पुकारा पर,सुसंस्कृत सनातन नव नूतन कलेवर में परिभाषित होकर,जन जीवन के हेतु सुगम –",मध्यम मार्ग"---के प्रसिद्ध नाम से गौतम बुद्ध की वाणी गें प्रतिपादित हुआ जो बौद्ध धर्म कहाया तथा उसे गौतम महान से लगभग ढाई सौ वर्षों बाद , विश्व के महान यशस्वी मगध सम्राट अशोक ने पहले- पहल पुत्र राजकुमार महेन्द्र सह राजकुमारी संघमित्रा को बौद्ध संतों के साथ , बंगाल—कलिंग की सीमा पर अवस्थित प्रसिद्ध ताम्रलिप्ती बंदरगाह(वर्त्तमान मिदनापुर-- दीघा-- हल्दिया के आसपास) से श्री लंका की ओर जलपोत से रवाना किया था । वहां से सनातन संस्कृति का परिमार्जित परिष्कृत स्वरूप दिग्—दिगंत तक प्रसारित हुआ । श्री राम के भौतिक प्रामाणिक स्वरूप की प्रामाणिक ऐतिहासिकता का सबसे उल्लेखनीय साहित्यिक साक्ष्य है--- (आधुनिक शोध कर्त्ताओं डां वेदवीर आर्य आदि के काल गणनानुसार - बुद्ध = काल ईसा पूर्व - १८०० -- वर्ष एवं मौर्यवंशी सम्राट अशोक – का काल – ईसा पूर्व १५५०-- १६०० वर्ष) अर्थात् वर्त्तमान काल से लगभग तीन हजार पांच सौ वर्ष पूर्व से बौद्ध कथाओं में श्रीराम का यशगान सिर्फ़ भारत में ही नहीं , अपितु धीरे-- धीरे सम्पूर्ण आर्यावर्त से भी सुदूर तक छा गया था । सुविज्ञ पाठकों के लिए ध्यान पुर्वक चिंतन का विषय है कि क्या कोई काल्पनिक नायक अनेकानेक भाषाओं के सोपानों पर सवार होकर सात महासागरों की सीमाओं को बिना किसी मानवीय माध्यम के लाँघ सकता है ।कदापि नहीं ।

फिर प्रश्न उठता है – पाश्चात्य विद्वानों एवं उनके अनुयायी भारतीय विद्वानों ने आख़िर किस विवशतावश श्रीराम के अस्तित्व के साथ - साथ ,उनकी जन्मभूमि अयोध्या नगरी को भी अस्तित्व हीन कहा ।और सबसे बड़ी विडंबना तो यह कि पुरातात्विक विभाग के अध्यक्ष तथाकथित आधुनिक भारतीय इतिहासकारों की प्रमुख श्रेणी में गौरवान्वित श्री ईरफान हबीब ने भी गाय निगला ,जब रामसेतु वाद में मान, एपेक्स कोर्ट में तथा पुनः श्रीराम जन्मभूमि अयोध्या --वाद में

तत्कालीन कांग्रेस सरकार की हाँ में हाँ मिलाया । जैसा कि उनके सहयोगियों में से एक पुरातत्वविद श्री के के मुहम्मद ने -"मैं भी भारतीय " - (हिन्दी अनु,) में तथा अपने अनेक व्यक्तिगत साक्षात्कारों में सम्पुस्ट किया ।

राजनितिक क्षेत्र के कर्त्ता – धर्त्ता विधाता इतिहासकार की धारणाओं का महिमा मंडन कर ,स्वयं नामचीन इतिहासकारों की श्रेणी में प्रथम पंक्ति में सुशोभित होकर विश्व विद्यालयीय डीग्रियां व राजकीय सम्मान सुलभ कर बड़े-- बड़े पदों पर सुशोभित होकर आधुनिक भारत के सुनामधन्य कतिपय विद्वानों ने भी रामायण एवं महाभारत में वर्णित घटनाओं को अन—ऐतिहासिक व काल्पनिक करार दिया।

यद्यपि न्यायाधीश लुई जेकालियट(१८६९), अलेक्जेंडर कनिंघम (१८,फ्युहरर,कर्नल टांड ,१९२० ई, से ही ।सत्य व यथार्थ की खोज में मैंने विगत सात दशकों से देश- विदेश के सांस्कृतिक संस्थानों,संग्रहालयों,पुस्तकालययों, स्वनामधन्य विद्वानों की लोक—प्रसिद्ध ग्रंथों में गोता लगाया ।

यहाँ तक की " भारत की खोज" लिख कर—इतिहास जगत् में पहचान दर्ज कर विद्वत् मंडली के जाज्वल्यमान नक्षत्र तथा उनके राजनीतिक गुरू, जिन्होंने सत्य की खोज हेतु किशोरी कन्याओं के साथ हमविस्तर होकर , अपूर्व प्रयोग भी अपनी उम्र की ढलान के आठवें दशक में किया था , और जिन्हें भारत के खोजकर्त्ता ने समस्त भारत का स्वघोषित पिता उद्घोषित किया था।कथित ब्रह्मचारी के निजी पत्राचारों (मित्र सुन्दर लाल एवं महिला मित्रों के साथ) से उनकी व्यक्तिगत ऐकाकी जीवन ,वह भी,आठवें दशक की दुर्गति जग जाहिर हो रही है।इन्होंने भरी जवानी में साबरमति आश्रम वासी कई विदुषी महिलाओं को ब्रह्मचर्य व्रत धारण हेतु प्रतिज्ञा कराया था,जिनमें लोकनायक बाबू जय प्रकाश नारायण की युवा पत्नी स्वतंत्रता सेनानी प्रभावति जी (पिता बिहार के प्रसिद्ध अधिवक्ता क्रांतिकारी बाबू ब्रज किशोर नारायण की पुत्री)भी थीं । सबसे दुखद बात यह थी कि उनदिनों जे,पी,बहुत दिनों से विलायत में विद्याध्ययन हेतु प्रवास पर थे ।वे जब वापस लौटे

तो ,ये सब जानकर,अत्यंत क्षोभ प्रगट किया। जब लेखक की शादी जे,पी,तय करने पधारे (०७ मई १९७३), उन्होंने उपरोक्त घटना की ओर ध्यानाकृष्ट कर ,रूखे मन से कहा –आप विवाह करना क्यों नहीं चाहते,ये बच्ची मेरे गोद में खेली है, पुत्री वत है, मुझे संतान होने का प्रश्न ही नहीं था, कारण कि कर्तव्यनिष्ठ प्रभावति जी ने आजीवन ब्रह्मचर्य व्रत का पालन किया।

मैंने (उम्र - ३०) उपर्युक्त बातें सुनकर विवाह हेतु सहमति दे दी,यद्यपि मैंने भी विवाह नहीं करने की ठानी थी,ध्येय व लक्ष्य एक ही था—अविवाहित रहकर अपने भटके राष्ट्र की सेवा आजीवन करने हेतु अविवाहित रहना अत्यावश्यक समझा था ।इसी संदर्भ में एक संवेदनशील संस्मरण आचार्य कृपलानी जी का है -१९५७ ई की - अखिल भारतीय खादी ग्रामोद्योग,नूमर ग्राम, के आयोजन में वे पधारे थे - मैं साथियों के साथ आगे की पंक्ति में बैठा था—बडी भारी भीड़ थी,सभा प्रारम्भ होने के चन्द मिनटों बाद ही

वे पूछ बैठे "आजादी किसने दिलाई - "मैंने आव देखा ना ताव ,तुरंत खड़े होकर - जोर से चिल्लाया" बापू ने "उन्होंने छूटते ही कहा" गांधी ने दिलाई, तुम्हारे बाप ने दिलाई" मैंने फिर कहा - हाँ वे भी, वे भी क्रांतिकारी थे (१९२८- ३५) ,सात साल तक परीक्षा से बहिस्कृत रखे गए थे।" कृपलानी जी ने फिर कहा - "हाँ - आज़ादी सिर्फ़ बापू ने नहीं: हमने तुमने सबने लड़कर ली, बापू ने नहीं "स्वतंत्रता संग्राम की संक्षिप्त कहानी, मेरे दैं संस्मरणों से कुछ हद तक महसूस किया जा सकता है।ऐसी ही परिस्थिति में गांधी जी चले गए और ७५ वर्षों तक देश दिशा निर्धारित नहीं कर पाया कि हमारे गणतंत्र की दिशा, हमारी सांस्कृतिक पहचान की स्थापना से तय हो न कि विभाजित भारत वोट बैंक की" वैशाखी, अँगड़ा, पिछड़ा, दलित और अल्पसंख्यक के कमजोर कंधों पर आहुत हो। और फिर रामलला की अयोध्या एवं ऐसे अनेकों सांस्कृतिक दायित्वों की प्राथमिकता दूर - दूर तक अदृश्य रही। रामसेतु, अयोध्या एवं रामलला व उनका मन्दिर के अस्तित्व को झूठला कर वैशाखी सुरक्षित रखना ही श्रेयस्कर समझा। पर महा कृपालु श्रीराम लला की महिमा अपरम्पार है, वे पधारे स्वतः नहीं, अबतक लाखों ने जब वलिदान दिया तब, उनका सिंहासन डोला। और लेखक को यह इतिहास लिखने का सौभाग्य सुलभ हुआ ।

7

अयोध्या धाम की आध्यात्मिक व्याख्या - वाल्मीकि रामायण की संस्कृत-भाषा का वैश्विक प्रभाव -९७ प्रतिशत वैश्विक भाषाएं संस्कृत की दूहिता - नासा रिपोर्ट

श्री राम की जन्मभूमि अयोध्या स्थित प्राचीन श्री राममंदिर का वाद ,जो मूलतः १९४९ ई से एलाहाबाद (वर्त्तमान प्रयागराज) उच्च न्यायालय से होकर, इस शताब्दी के दूसरे दशक में माननीय उच्चतम न्यायालय दिल्ली में गर्मजोसी से बहस की विषय वस्तु था ,श्री राम का मानवीय भौतिक स्वरूप एवं पुण्य सलिला पाप-- हरणी सरयु नदी तट पर अवस्थित उनकी जन्मभूमि अयोध्या नगरी की भौगोलिक प्रामाणिकता पर एक विन्दुवार—तथ्यात्मक इतिहास की

आवश्यकता ,विद्वत मंडली को, कचोट रही थी। संस्कृत भाषा के आदिकवि महर्षि वाल्मीकि कृत रामायण कथा ---की प्रामाणिकता का इतिहास----भी विवाद ग्रस्त दिखा।यहां तक कि अयोध्या,श्रीराम एवं वाल्मीकि को भी काल्पनिक संज्ञा कहकर सनातन संस्कृति की आधारशिला को चुनौति दी गई ।सुविस्तृत स्पस्टीकरण निम्नवत ---

"ज्येष्ठो जयति वाल्मीकिः सर्गबन्धे प्रजापतिः।
यः सर्व हृदयालीनं काव्यं रामायणं व्यधात् ॥"

बाल्मीकि कृत रामायण---जल प्लावन तथा लोकजगत की उत्पत्ति पर गुरू वशिष्ठ ने कहा ---

"सर्व सलिल मेवासित पृथ्वी यत्र निर्मिता ।ततः समभवद् ब्रह्मां
स्वयम्भूदैवतैः सह।
स वराहस्ततो भूत्वा प्रोज्जहार वसुन्धराम् । असृजच्य जगत्सर्व
सह पुत्रैः कृतात्मभिः ॥"

आर्यश्रेष्ठ श्री राम सहित आदिकवि बाल्मीकि सह वैश्विक प्रसिद्धि प्राप्त वैज्ञानिक शोध प्रतिष्ठान नासा द्वारा प्रतिपादित विश्व की लगभग ९७% भाषाओं की जननी सर्वमान्य संस्कृत भाषा का आदि ग्रंथ रामायण की वैश्विकता ही श्रीराम की ऐतिहासिकता का सर्वश्रेष्ठ प्रमाण है |

महापंडित राहुल सांस्कृत्यायन जी ने –"ऋग्वैदिक आर्य"–"सांस्कृतिक एवं ऐतिहासिक अध्ययन"--की भूमिका में अभिधारित किया है---

"वेद ,अपने सांस्कृतिक ,वैज्ञानिक,ऐतिहासिक सामग्री के कारण हमारी सबसे महान और अनमोल निधि है |"

वेदों में अयोध्या को स्वर्ग नगरी व देवों की नगरी कहा गया है ।अयोध्या नगरी का शाब्दिक अर्थ ही है—वह नगरी जो कभी युद्ध में पराजित नहीं हुई ।ब्रह्मा कृत अथर्ववेद में प्राचीन आर्यावर्त की सात प्रमुख सुन्दर नगरों में अयोध्या भी एक था।स्कन्द पुराणानुसार-----अयुध्या/ अवध शब्द का उद्भव –(की व्युतपत्ति का भावार्थ---)

"अ ---- आदि ब्रह्म का प्रतीक,
य --- विष्णु का प्रतीक

ध--- शिव --- तात्पर्य कि सनातन संस्कृति के उपरोक्त तीन
आराध्य --देवों ब्रह्माजी , विष्णु जी एवं शिवजी --की नगरी ।"

श्री राम चारों भाइयों के महा प्रयाण पश्चात अयोध्या पति श्री कुश ने प्रजावत्सल श्री राम की स्मृति में प्रथम श्री राम मंन्दिर का निर्माण कराया था ।उनदिनों अयोध्या नगरी बारह योजन लम्बी व तीन योजन चौड़ी थी । कतिपय विद्वानों के अनुसार चारों भाइयों की समाधि पश्चात पावन नगरी अयोध्या भी सरयू नदी में समाहत हो गई थी, जिसे पुन: राजा कुश ने बसाया था ।

8

विश्व विश्रुत, असभ्य, संस्कृति का क्रूरतम शिकार, श्रीराम कालीन अयोध्या के

प्रमुख सप्ततीर्थ धाम - ७००० वर्ष प्राचीन - टील्हों, ढूहों की ढेर में छुपा-

पाश्चात्य विद्वान महाशय अलेक्षेन्द्र कनिंघम के नेतृत्व में १९ वीं शताब्दी से खोज प्रारम्भ-

अयोध्या के प्रमुख तीर्थधामों में १) गुप्तार्घाट ---श्री राम का जलसमाधि स्थल(,२) दशरथ महल(,३)वन मार्ग—राम,लक्ष्मण व सीता का वन गमन मार्ग

।४)कनक महल—जो माता केकई ने जनक नन्दिनी सीता को मुँह दिखाई में दिया था । (५) हनुमान गढ़ी—रामभक्त हनुमान जी निवास करते थे ।६) रामगढी—सभी तीर्थों का भव्य दर्शन स्थल-रहा था ।

(७) सहस्र धारा घाट—जहाँ रामराज्य के प्रधान प्रतिहार लक्ष्मण जी ने—"रघुकुल रीति सदा चलि आई—प्राण जाई पर वचन न जाई "—रामराज—प्रशासन की मौलिक—नीति के अनुपालन हेतु राजा राम के आदेश पर जल समाधि लिया,पावन सरयु नदी में ।

लगभग इन सभी प्रमुख स्थलों को दो सहस्र वर्ष पूर्व सम्राट विक्रमादित्य परमार ने जीर्णोद्धार कराया था ,जिसे चीनी शोधकर्ताओं में फाहियान तथा हर्षवर्धन काल(६०६—४६ ई,) में सिर्फ़ पच्चास मंदिरों के साथ देखा था । विक्रम संवत की ११ वीं शताब्दी के प्रथम चरण में मुस्लिम धर्मान्धियों ने लूटपाट कर ध्वस्त किया, तत्पश्चात यशस्वी सम्राट विजयचंद्र एवं जयचंद्र ने अन्तिम रूप से विक्रम संवत १२४२—४५ वर्ष में पुन: जीर्णोद्धार कराया । उन भव्यमंदिरों का विध्वंस लूटपाट कर मुगल आक्रांता बाबर ने किया । विध्वंस पश्चात पुन: पुर्णोद्धार राजा मधुकर शाह बुन्देला एवं उनके पुत्र वीरसिंह बुन्देला ने ,बादशाह जहांगीर से अटूट मित्रता काल में (१५९८---१६२७ ई,) कराया। निर्माण पश्चात राजा मधुकर शाह बुन्देला एवं उनकी रानी(वीर सिंह बुन्देला की मातृश्री—रामलला की अनन्य भक्तिन) बार—बार स्वप्न में आए रामलला की प्रेरणा से एक सुन्दर प्रतिमा अयोध्या धाम से ही लाकर ओरछा महल में स्थापित किया था । साथ --साथ रामलला के मूल स्वरूप भगवान विष्णु का चतुर्भुज प्रतिमा भी पास में स्थापित कराया,ये दोनों मन्दिरों की लोकप्रियता पूजा आराधना आज भी जोर शोर से प्रचलित ही नहीं है बल्कि ब्रिटिश राजकाल से वर्तमान काल में भी सरकार की ओर से नित्य-- प्रति सुवह- संध्यां पूजा—अनुष्ठान के साथ - साथ सरकार की ओर से गार्ड औफ औनर समर्पित किया जाता है ।

परन्तु अयोध्या धाम में जीर्णोद्धारित सभी मन्दिरों को मुगल बादशाहों में मन्दिर सह मूर्ति भंजकों में सर्वाधिक सुमार क्रूर औरंगज़ेब ने उसे पुन:(१६५९) आमूल -चूल—ध्वस्त किया था । जिसकी हृदय विदारक स्थिति को लगभग दो सौ वर्षों बाद (१९ वीं सदी के उत्तरार्द्ध काल में) पुरातात्विक विशेषज्ञों की दल के साथ महान सर्वेक्षक जेनरल कनिंघम ने उंचे --उंचे टिल्हों,ढूहों ,बंजरों, ईंटो के मलवों ,झाड़ियों ,जंगलों में आच्छादित देखा था। ध्वंसावशेष को लगभग ४०—५० वर्ग मील के विस्तृत भूभाग पर फैजाबाद (नया नाम अयोध्या) के आगे

तक अलेक्जेंडर कनिंघम ने सर्वेक्षण काल(१९ सदी में) में उंचे-- उंचे टील्हों, ढूहों, व ईंटों की ढेरों के रूप में साथा --साथ ध्वस्त हिन्दू मन्दिरों के ईंटों सहित अन्य सामग्रियों से निर्मित अयोध्या के आसपास की मुस्लिम बस्तियों के पुराने भवनों,दरगाहों,मस्जिदों ,आदि में जुड़ाई किया हुआ भी देखा था ।सम्पूर्ण फैजाबाद के मकानात, मस्जिदों,मक़बरों, मस्जिदों,दरगाहों, अन्य इबादतखानों आदि में भी ध्वस्त अयोध्या धाम की उपरोक्त सामग्रियां को सुशोभित देखा था ।सुविस्तृत विवरण –आगे देखें ।

9

श्रीराम की अयोध्या से रोम(र+उ+म) की ओर - सनातन संस्कृति का प्रभाव ग्रीक - गीरीस (गीर+ईश=शिव= कैलाशपति) देश तक -

-ऋग्वेदिक आर्यों से " अवेस्ता" के राजाओं की सांस्कृतिक समरूपता—१५३ राजाओं में कतिपय अयोध्याधीश---

ऋग्वेद –सुक्त १०-६४ एवं ०४—३०—१८ में अयोध्या नगरी की चर्चा वर्णित है तथा अथर्ववेद सुक्त १०—०२—३१ में अयोध्या को देवों की राजधानी कहा गया है ।प्राचीन वैश्विक सभ्यताओं में सम्मुन्नत प्राचीन रोम सह ग्रीक देश के सांस्कृतिक इतिहास में ऐसा कहा गया है कि सभ्यता के प्रारम्भिक उत्कर्ष काल में

मानवों एवं देवताओं में कोई भिन्नता नहीं थी| उनके सांस्कृतिक इतिहासानुसार प्रारंभिक देवताओं में सुमार दायनिसुस (-Dionysus-- सम्भवतः भारतीय मैथोलोजी का " दानवासुर"-)पूर्वी भूमंडलीय (सम्भवतः भारतीय उपमहाद्वीप) प्रदेश से वहां पधारे थे। (द गांड्स एंड गौडेसेस आंफ ग्रीक एवं रोम—पी, मत्स्यक) ।

आधुनिक शोधानुसार The book—"Truth Conquer"—says Hindu Faith is the mother of Christianity as Christianity comes from the pious womb of Hinduism"—

"*ABRAHAM --- Stands for BRAHAMA,*
SARAH goddess stands for SARASVATI"

कतिपय पाश्चात्य एवं भारतीय वैदिक शास्त्रों के अग्रदूत विद्वानों ,विशेष कर पंडित राहुल सांस्कृत्यायन आदि की सुस्पष्ट अभिधारणाओं से प्रतीत होता है कि---

-ताम्रयुग के अन्तिम चरण में दाशराज़ युद्ध के नायक राजा सुदास द्वारा बिजय प्राप्ति—पश्चात एक ओर अविरल युद्धों का अन्त हुआ,दूसरी ओर आर्यों की भूमि में सुख चैन व शान्तिपूर्ण जन—व्यवस्था स्थापित हुई । फलतः एकतावद्ध सामाजिक सुव्यवस्था हेतु लोकजगत तत्पर हुआ । लौकिक—अलौकिक ,विविध विज्ञान—परा विज्ञान,अध्यात्म के सिद्धहस्त महर्षियों ने स्मृति पटल पर आच्छादित वेद की ऋचाओं को हस्ताक्षरित कर मानवता के श्रेष्ठतर आर्यवत् जीवन-- यापन का मार्ग प्रशस्त किया।

महापंडित राहुल सांस्कृत्यायन की सशक्त धारणा रही है कि

"---"*सप्तसिंधु के ऋषियों की महान प्रथम कृति ऋग्वेद से यह प्रकाशित होता है कि ---ऋगवेदिक आर्य*"

केवल भारत से ही सम्बन्ध नहीं रखते थे,बल्कि उनकी भाषा और पूज्य भावनाओं के सम्बंधी भारत से बाहर के भी थे ।बाहर के सबसे नज़दीक सम्बन्धी ईरानी थे ।सौभाग्य से उनके धार्मिक आचार—विचारों को जानने के लिए अवेस्ता और पारसी धर्म के मानने वाले अब भी मौजूद हैं ।"

यही नहीं जब ईस्वी सन् की चतुर्थ शताब्दी में एक नये असहिष्णु धार्मिक उन्मादियों ने और पुनः सातवीं से १३ वीं शताब्दी के मध्य काल में ख़लीफ़ा के

फरमानों के सिपहसालारों ने जेहादी सभ्यता का रक्त रंजित खंजर के साये में आक्रांती ध्वज लहराया ,तब निरीह निरूपाय पारसियों, यहुदियों ने अपने सनातनी पूर्वजों की मातृभूमि को ही अपना पूजनीय आश्रयस्थली बनाया और सचमुच आर्यावर्तीय सनातनी भारतीय—भाइयों ने उन्हें अपना ही विछुडा भाई समझ कर बाहें फैलाकर स्वागत किया ।आज भी कई लाख यहुदी एवं पारसी सनातनी संस्कृति के पक्षधर भारतभुमि के लाल ,भारत के श्रेष्ठ नागरिकों में प्रसिद्ध हैं।नौसेरवान जी जमशेद जी,जे,आर,डी टाटा, ,सर् हांमी जहांगीर मोदी, प्रसिद्ध सांसद पीलू मोदी ,पद्मश्री रूसी मोदी,पद्म विभूषण रतन टाटा,प्रसिद्ध विधिवेता नानी पालकीवाला आदि अनेकानेक महापुरुषों का महान योगदान – स्वतंत्रता संग्राम से लेकर स्वतंत्र भारत के उत्कर्ष में अविस्मरणीय रहा है।निष्कर्षतः इन सब की जीवन-- शैली मूलतः सनातन--संस्कृति ही रही है ।

वस्तुतः : उनकी सशक्त अभिधारणा रही है ---“ वेद और अवेस्ता के मानने वाले ,अपनी भाषा और धर्म में एक दूसरे के बहुत नज़दीक थे”। ।।ऋग्वैदिक आर्य—पृष्ठ—८)

उनकी उक्त अभिव्यक्ति की सम्पुस्टि विगत कुछ वर्षों पूर्व उत्तरी--ईरान के देयलामन—अफ़ग़ान सीमान्त में पुरातात्विक उत्खनन में प्राप्त, ५—६ वीं शताब्दी की,महिषासुरमर्दिनी माँ दुर्गाजी की रजत प्रतिमा । इटली से ही प्राप्त माता सीता की स्वर्ण प्रतिमा के सामने प्रभु श्रीराम खड़े हैं,-- अश्वमेध यज्ञ का अनुष्ठान दृश्य प्रतीततः । अरमेनिया में प्राप्त स्वस्तिक—कलस एवं अन्य पुरातात्विक अवशेषों से होती है

(भा,सां,इति,-- स्वरचित)

मैं स्वयं,इतिहासविज्ञ कल्पना प्रतिहार, कुमार चन्द्रगुप्त,इतिहास—छात्रा चित्रांगदा सह राजशी के साथ विगत सितम्बर २०२३ ई, में युरोपीय देशों के सांस्कृतिक भ्रमण के दौरान स्वेडन, पेरीस,रोम एवं ऐथेंस आदि देशों के संग्रहालयों,नगरों ,राजपथों आदि में , सनातन संस्कृति की भरपुर उपस्थिति से गद्-- गद् हो गया । कुल सतरह सौ छायाचित्रों में बहुत कुछ कैद कर ले आया । उनमें से कतिपय उदाहरणार्थ --प्राचीन स्वेडन देश की राजधानी स्टोकहोम से ३०—३५ की,मी, दूरस्थ बाल्टीक केनाल के तट पर ,राजमहल के दाहिने—एक पहाड़ी पर प्राचीन काल से स्थापित अष्टधातु लौहनुमा चमचमाती त्रिशूल में अन्योन्याश्रित लिपटा हुआ विषधर नाग , सनातन संस्कृति के अक्षुण्ण आराध्य देवाधिदेव महादेव की पूजा – आराधना ,उस देश में प्राचीन काल में होती थी,यह प्रमाणित करता है । वहां के संग्रहालयों में पुरातात्विक पुरावशेषों में मिट्टी से

निर्मित टेराकोटा-- अनेक कलाकृतियों का कलात्मक रंग—रूप भारतीय चमकदार कलात्मक पात्रों से हू-- बहु मिलता है।उदाहरण स्वरूप उनमें से ही एक अत्याकर्षक पहचान है—चमचमाते मिट्टी के पात्रों में सुमार जलपात्र—घट व सुराही पर उत्कीर्ण सनातन सांस्कृतिक पहचान का आध्यात्मिक स्वरूप "--स्वस्तिक " । निस्संदेह आर्यावर्तीय आध्यात्मिक -- संस्कृति की प्रसिद्ध पहचानों में से एक उत्कृष्ट अवशेषों में उत्कीर्ण स्वस्तिक चित्र ---आधुनिक भारतवासियों के दैनिक जन—जीवन पूजापाट, उपासना से लेकर निवास – स्थानों एवं उपयोगी पात्रों पर आज भी अन्योन्याश्रित सुशोभन है ,अर्मेनिया में उत्खनन में प्राप्त स्वस्तिक कलश | जापान एवं जर्मनी जैसे देशों में भी स्वस्तिक चित्रांकन जन—जीवन का महत्वपूर्ण अंग है । इसी प्रकार गरुड़ , चक्र, कमल पुष्प व नाग—सर्प आदि भी सनातन सांस्कृतिक पहचान का प्रतीक वैश्विक पटल पर आच्छादित है । स्वस्तिक--चिन्ह को बिदेशों में सूर्य का प्रतीक मानते हैं ।ज्ञातव्य है सनातनी संस्कृति की पहचान -स्वस्तिक प्राचीन सूर्यवंशी व चन्द्र वंशी आर्यों के भव्य -भवनों, राजप्रासादों, मंदिरों,यज्ञ अनुष्ठानों ,अन्य पूजा स्थलों की आध्यात्मिक एवं सांस्कृतिक पहचान रही है । देखें—स्वरचित—भा, का सां, इति,—पृष्ठ-- vi—झाँकियाँ एवं रजत प्रतिमा एवं स्वस्तिक—कलश का चित्र, पृ--४६६--)

डां भगवती प्रसाद सिंह सह डां ठाकुर प्रसाद वर्मा कृत---"श्री राम विश्वकोष ",खंड—१,,चित्र संख्या—८,वाराणसी,(१९९२)--- आदि, अनेकानेक पुरातात्विक प्रमाण उपलब्ध हैं |उदाहरणस्वरूप--

प्राचीन रोम साम्राज्य—ईटली—से प्राप्त दुर्लभ प्रमाण---ईसा पूर्व ०६००(बिक्रम पूर्व ५४३)---

" अश्वमेध यज्ञ—महोत्सव—दृष्यांकित ---प्रभु श्री राम मूर्तिवत खड़े हैं और सामने वेदी पर स्वर्ण निर्मित माता सीता जी की प्रतिमा सुशोभित है ।"

" ईराक़ स्थित डरबन नगर के पास बेबुला पहाड़ों की शिखर पर धनुषधारी श्रीराम प्रसन्न मुद्रा में खड़े हैं और श्री हनुमान सामने हाथ जोड़े पैरों पर बैठे हैं।"यह प्रतिमा ६००० छः सहस्र वर्ष पूर्व की है ।

ईशराईल जेरूसलम नगर के पास ---" पुरातात्विक उत्खनन से श्री राम -- मन्दिर का एक विशाल खंडहर, परिसर , ईसा की प्रथम शताब्दी का ध्वंसावशेष सुलभ हुआ है ।"

अमेरिका से श्री राम के आराध्य प्राचीनतम नटराज शिव की प्रतिमा तथा लन्दन टेम्स नदी तट पर से भी भगवान शिव की प्राचीन प्रतिमा मिली है ।

अफ्रीका में भी हिन्दू देवी-- देवताओं,रामायण,महाभारत संदर्भित प्रचूर पुरातात्विक अवशेषों,गुफा—शिलाओं पर उत्कीर्ण घटना प्रधान कलाकृतियाँ देखने योग्य हैं |आदर्श प्रजावत्सल चक्रवर्ती राजाओं में महा यशस्वी इच्छवाकु, हरिश्चंद्र ,मांन्धाता,रघु, श्री राम ,लव व कुश एवं शसविन्दु,शांन्तनु,युदिष्ठिर,श्रीकृष्ण,,वाणासुर,कावभांन्ड,साम्व, सुधन्वा,,रजतसेन,गजसेन,विक्रमादित्य ,चोल नरेश कारकेल,आदि के यशस्वी प्रताप को प्राचीन काल से ही कश्यप,प्रहलाद, ध्रुव, अगस्त,वशिष्ठ ,विश्वामित्र ,वेद -व्यास , कृष्ण द्वैपायन व्यास, शौनक,जैमिनी,गौतम बुद्ध, महावीर, यास्क, पातंजलि, पाणिनी, सुश्रुत, चार्वाक, मुद्रा--राक्षस, चाणक्य, कणाद, बुद्धगुप्त, वराहमिहिर, आर्यभट, शंकराचार्य, आदि महापुरुषों के जीवन- आदर्शों को सूर्यवंशी ,चन्द्र वंशी सह नागवंशी प्रतापी नरेशों ने भूमंडल के एक छोर से दूसरे छोर तक, "वसुधैव कुटुम्कम " का अर्वाचीन संदेश वाहक भारतवर्ष ने आर्यावर्तीय सनातन संस्कृति का प्रतीक पवित्र--केशरिया धर्म—धवज लहराकर, –"कृण्वंतो विश्वं आर्यम"—को चरितार्थ किया था।श्री राम,श्री कृष्ण,बुद्ध,महावीर ,चाणक्य ,विक्रमादित्य,आदि --शंकराचार्य के कल्याणकारी दिव्य सनातनी संदेशों की ओर आज भी शाश्वत शांति की खोज में पिपासु विश्व आशावान है ।कहने की आवश्यकता नहीं कि इन महापुरुषों में श्री राम सर्वोपरि रहे हैं ।जिनका पुण्यधाम—जन्मभूमि –महाराज इक्ष्वाकु की प्राचीन राजधानी अयोध्या नगरी रही थी । प्रथम देवासुर संग्राम के महान विजेता(इच्छवाकु वंशी) अयोध्या नरेश राजा सुदास के वंशज एवं द्वितीय(दाशराज्ञ) देवासुर संग्राम का भी यशस्वी विजेता सूर्यवंशी महाप्रतापी दशरथ के नन्दन एवं महारानी कौशल्या के लाल श्री राम की जन्मभूमि यही अयोध्या नगरी ही रही है।स्वंय भरत माता केकई ,गांधार –ईरान के मध्य अवस्थित केकई देश की थीं । दुर्योधन माता गांधारी --केकई से से संलग्न परन्तु उससे पहले (दक्षिण-पूरव),वर्त्तमान अफगानिस्तान तथा श्री राम पुत्र लव द्वारा स्थापित राजधानी लाहौर(लव+ हार) से आगे का देश से थीं |

10

दक्षिण पूर्व एवं मध्य एशिया के आराध्य देव पुरुषोत्तम श्रीराम,उनकी अयोध्या -

राजधानी ,रामसेतु , वाल्मीकि- रामायण के अस्तित्व के बहाने श्रीराम जन्मभूमि मंदिर निर्माण का विरोध --- उद्येश --उत्कृष्ट आर्यावर्त के मूल—सांस्कृतिक इतिहास के अस्तित्व को चुनौती—पूर्णतः राजनीतिक षडयंत्र—लक्ष्य भ्रष्टाचारी सत्ता- सुख – महान गणतांत्रिक धोखा---

श्री राम को काल्पनिक किरदार करार देने वालों में से कतिपय विद्वानों ने महाकवि बाल्मीकि के मानवीय भौतिक स्वरूप को तथा उनके लेखन –काल को भी संशयपूर्ण कहा है ।प्रश्न उठता है (१) क्या अयोध्या,महर्षि बाल्मीकि,श्रीराम आदि सभी काल्पनिक संज्ञाएँ हैं ?

"क्या आदि कवि बाल्मीकि श्री राम के समकालीन थे ----क्या यह एक संशयपूर्ण तथ्य है ?"

उत्तर है—ये सभी प्रसिद्ध नाम प्राचीन काल से ही सिर्फ़ भारतवर्ष में ही नहीं अपितु वैश्विक स्तर पर स्तुत्य हैं ।प्रामाणिकता की कसौटी पर मुल्यांकन देखें ---

"सर्वप्रथम बाल्मीकि के द्वारा रचित रामायण की वैश्विकता का प्रमाण।"

थाईलैंड स्थित –"राम की अयोध्या "----युनेस्को संरक्षित प्राचीन नगर-- की स्थापना १३५१ ई, में थाईलैंड के –"राजा यू थोंग"-- ने की थी,जिसे (प्राचीन ब्रह्मदेश) आधुनिक वर्मा(वर्त्तमान – म्यंनमार) के सनातन—असहिष्णु अज्ञानियों ने १७६७ ई, में ध्वस्त कर दिया था । १९१९ ई, में राजा वजीराबुद्ध ने इस ध्वस्त नगर का जीर्णोद्धार कराकर इसका मूलनाम -"अयोध्या "--पुन: सुशोभित किया।वहां के सरकारी अधिकारिक गजट में ऐसा ही अधिसूचित है ।उक्त प्राचीन अयुध्या राजधानी में ही श्रीराम पुत्र कुश के वंशज, आधुनिक काल में भी महान श्री राम के गौरवशाली विरूद से अलंकृत राजवंश सुशोभित है। नवां राम भुमिबल अतुल्य तेज सिंहासनारूढ हैं ।स्वंय थाईलैंड देश का(थाई भाषा में १६३ अक्षरों का) संक्षिप्त पुकारू नाम "महेंन्द्र अयुध्या" है ।जिसका अभिप्राय इन्द्र द्वारा संस्थापित महान अयुध्या है।

वहां की बहुसंख्यक जनता थेरूवादी बौद्धधर्मी हैं परन्तु राष्ट्रीय ग्रंथ रामायण ही है,-- नाम है" राम कियेन"(राम-- कीर्ति),जो बाल्मीकि रामायण पर आधारित है ।भीषण बाढ़ में जब १७६७ ई, में,उक्त ग्रंथ नस्ट हो गया तब वहां के श्री राम के महान भक्त प्रथम चक्री(चक्रवर्त्ती)राजा राम प्रथम (१७३६—१८०९ ई,)ने प्रभु श्रीराम एवं महर्षि बाल्मीकि की असीम कृपा,अपनी अद्भुत ईच्छाशक्ति व प्रचंड स्मरण शक्ति के बलपर पुन: राम केनी (राम कथा) की रचना कर ली।थाईलैंड के आर्यावर्तीय लोग अपनी परम्परा व पूर्वजों के पुण्य प्रताप को ,हम भारतीयों की तरह ही शिरोधार्य करते आ रहे हैं ।आज भी वहाँ का सबसे बड़ा उत्सव राम कियेन-- आधारित रामायण—नाटक तथा कठपुतलियों का आकर्षक कलापूर्ण प्रदर्शन धार्मिक महोत्सव ही है।

वहाँ का राष्ट्रीय पक्षी ,गरुड़ , सनातन संस्कृति के आराध्य --लक्ष्मी व विष्णु (के ही अवतार राम) का वाहन है।थाईलैंड के राष्ट्रीय संसद के सामने बिशाल गरुड़ प्रणम्य है।वर्त्तमान राजधानी बैंकाक के वायु पत्तन के सिंहद्वार पर समुद्र - मंथन का स्वर्णिम भव्य - दृश्य दर्शणीय है ।देखें - आवरण पृष्ठ का पीठ स्वरचित भा, सां, इतिहास ।

मैं प्राचीन हिन्दु देश इन्डोनेसिया ,रक्तरंजित जेहादी संस्कृति का शिकार,आधुनिक ,विश्व की सबसे अधिक मुस्लिम आबादी का बहुल देश में , पूर्वजों की महान प्राचीन हिन्दू संस्कृति को बरकरार रखकर वे रामलीला बड़ी धूमधाम से मनाते हैं,बड़े गर्व से वे यह कहते नहीं अघाते कि उनके पूर्वजों ने विवशतावश धर्म बदला था ,परन्तु संस्कृति नहीं।पुनः कतिपय बिदेशी मुस्लिम कट्टरपंथी वहां हावी होने का पुरजोर प्रयत्न कर रहे हैं ।इन्डोनेसिया के करेंसी नोट पर श्री गणेश जी विराजमान हैं ।राजप्रासाद की प्राचीर पर चारों ओर कुल दो सौ छप्पन (२५६) श्री लक्ष्मी --वाहन—पूजनीय गरुड़ जी की मुर्तियां सुशोभित हैं ।वहाँ नवमी शताब्दी में निर्मित(, प्राचीन नगर बोरोवुदुर स्थित) नौ मंजिला बौद्ध मंदिर विश्व का सबसे बिशाल मंदिर वर्गाकार आधार ११८ मीटर ,०२—४९ फीट उंची चट्टान पर स्थित है । गौतमबुद्ध की ५०४ भव्य प्रतिमाएँ तथा कुल २६७२ सांस्कृतिक शिलालेखों से अलंकृत है । इन्डोनेसिया स्थित (क्षीर – सागर) तमनपुरा सागर गर्भगृह में श्री राम के आराध्य श्री विष्णु मंदिर पाँच सहस्र वर्ष प्राचीन है । तमनपुरा के आसपास के प्राचीन मंदिर ,वर्त्तमान बेट द्वारिका गुजरात—भारत की द्वारिका मंदिर परिसर का ही विध्वंस प्रतीत होता है ।

रामानुज लक्ष्मण ,रामराज्य के महाप्रतापी प्रतिहार ,ने वर्त्तमान पाकिस्तान स्थित प्राचीन नगर मुलतान –तावा बाजार चिनाव व रावी नदी के टापू पर विराजमान विश्व का सबसे प्राचीनतम स्वर्ण जडित सूर्य मंदिर का निर्माण , वर्त्तमान काल से लगभग ७०००—७५०० वर्ष पूर्व में कराया था,जिसमें श्री कृष्ण पुत्र साम्व ने ५०००—वर्ष पूर्व—निरंतर बारह वर्षों तक भगवान सूर्य की कठोर आराधना—उपासनाएँ सम्पन्न कर गम्भीर चर्म रोग से मुक्ति पाई थी । मुहम्मद कासिम(७११ ई, एवं मुहम्मद गजनी ने १०००—१०१८-२० ई, में मंदिर की बाहरी दीवारों पर आच्छादित स्वर्ण - पत्र उखाड़कर कर लूट लिया था । महाराजा रणजीत सिंह ने अंतिम बार अफगानों से युद्ध काल(१९ वीं शताब्दी के तीसरे दशक में जीर्णोद्धार कराया था । (पंडित बलदेव प्र,मिस्र कृत राज,का इति,कर्नल टांड का राज का इति,स्वरचित—भा,सांस्कृतिक इति—पृष्ठ - २ - चित्रावली--।

प्राचीन आर्यावर्तीय पश्चिमोत्तर सीमांत पर स्थित देश तुर्किस्तान का पुर्वी भाग मुसलमान धर्म के रक्त रंजित प्रचंड दबाब में गोदान से धीरे-- धीरे खोतान हो गया पर वहाँ की भाषा खोतानी में रामायण कथा की पुस्तक है।उक्त खोतानी रामायण के अनेकानेक स्थल तिब्बेती रामायण के ही समान है परन्तु अनेक स्थलों में वे बिलकुल भिन्न हैं।

विद्वान एच,डब्लु, बेली ने पांडुलिपियों के संग्रहालय पेरीस से खोतानी भाषा में लिपिबद्ध रामायण की प्रति खोजकर वैश्विक स्तर पर प्रकाशित किया ।वह नौवीं शताब्दी की रचना अनुमानित है ।

फिलीपींस की रामकथा में महालादिया लावन, कंपुचिया में रामकेर्ति,मलयेसिया में हिकायत सेरीराम(श्री राम),,- आदि आर्यावर्त के आर्य श्रेष्ठ अयुध्या नंदन प्रभु श्री राम के अनूठे चरित्र की वैश्विक ऐतिहासिकता का ज्वलंत प्रमाण है।आंख रहते दिव्य ज्योतिर्हीनों पर प्रभु श्रीराम की कृपा, बिना आत्मीय समर्पण के असम्भव है।

श्याम—लाओस की सांस्कृतिक उपाख्यानों में श्री राम आदर्श , पूजनीय हैं --- चम्पा सह कम्बोडिया में रामायण का नाम रामकेति == रामकिर्ति तथा स्याम देश में उसका नाम रामकिएन है । जावा की भाषा में प्रचलित रामायण का नाम-" काकविन"- है ।श्री राम की अद्भुत जीवंतता का प्रमाण जावा में प्रचलित अन्य तीन ग्रंथों में भी रामायण कथा के आधार भूत तत्वों की व्यापकता झलकती है | १) सुमन सांतक कोकविन (२)हरिश्रय ककविन (३)मलय पवन का देश – मलय में प्रसिद्ध रामकथा -- संदर्भित ग्रंथ – हिफायत – सेरोराम में भी राम,सीता,लक्ष्मण एवं रावण का चरित्र ,सीता विछुरन एवं अन्तत: राम एवं सीता का मिलन प्रदर्शित है |

पड़ोसी हिन्दू राष्ट्र नेपाल-तिब्बत सीमा में १८५९ ई, में विश्व में अबतक प्राप्त प्रतिमाओं में सबसे प्राचीनतम प्रतिमा मिली है और वह भी ठोस ब्रोंज धातु की कल्प विग्रह—श्री राम के आराध्य --भगवान शिव की है ।। कैलिफोरनिया वि,वि, के शोधकर्ताओं ने रेड कार्बन डेटिंग पद्धति से उपरोक्त ब्रोंज निर्मित शिवजी की प्रतिमा का निर्माण काल वर्तमान काल से लगभग २६०००—२८००० वर्ष प्राचीन अनुमानित किया है ।मात्र ४७-५ ग्राम वजन (लगभग 5-5 cm x 4-5 cm) की है।कल्प विग्रह शिव के एक हाथ में चक्र ,सिर पर नाग भी सुशोभित है।विग्रह कतिपय दिनों तक शुद्ध जल में छोड़कर ,सप्ताह बाद, चरणामृत पान अत्यंत गुणात्मक उर्जा प्रदान करती है ।

ईराक़ देश---- ईराक़ शब्द का अर्थ होता है--- सूर्य । वहां डरबन की बेबुला चट्टानों पर छ: सहस्र वर्ष पूर्व निर्मित राजा श्रीराम की प्रतिमा सह हनुमान जी की प्रतिमा मिली है ।धनुषधारी श्रीराम खड़े हैं एवं सामने हनुमान जी सादर भाव से श्रीराम की ओर देख रहे हैं ।००

पड़ोसी हिन्दू राष्ट्र नेपाल पर प्राचीन काल से सूर्य वंशी इच्क्षवाकु एवं उसकी ही प्रसिद्ध लिच्छवी शाखा का राज्य रहा है। लिच्छवी राजवंश को अपदस्थ

कर वहाँ ११ वीं सदी में भारतीय सोलंकी राजवंश का राज्य स्थापित हुआ था । वहाँ के राष्ट्रीय अभिलेखागार में वाल्मीकि कृत रामायण की दो हस्तलिखित पांडुलिपियों की प्रतियां संरक्षित हैं।इनमें से एक पांडुलिपि के किष्किंधा कांड की पुष्पिका पर तत्कालीन नेपाल नरेश गांगेयदेव एवं लिपिकार तीरभुक्ति(आधुनिक तीरहुत—मिथिलांचल) निवासी कायस्थ पंडित गोपति का हस्ताक्षर अंकित है।इसका रचनाकाल संवत-१०७६(=१०१९ ई,)एवं दूसरे का नेपाली संवत ७९५ वर्ष (=१६७४—७६ ई,) है, नेपाली लोग इसे आदि रामायण के रूप में पूजते हैं । यद्यपि पंडित भानुभक्त कृत रामायण वहाँ अधिक लोकप्रिय है ।पंडित भानुभक्त से भी पहले नेपाल में दो और रामायण-- काव्य प्रचलित रहा था। एक पंडित गुमनी पंत के कर कमलों से एवं अन्य रघुनाथ भट कृत सुन्दर कांड १९ वीं शताब्दी के पूर्वार्ध का है ।

पर्वतराज हिमालय से उत्तर में बसे चीन से भी उत्तर- पश्चिम में बसा देश मंगोलिया प्राचीन काल में हिन्दू संस्कृति सह बौद्ध धर्म से आलोकित रहा था।गौतम बुद्ध का अश्व कनक का भव्य प्रतिमा राजप्रासाद के सामने सुशोभित है । श्री राम के आराध्य शिवजी का त्रिशूल भी स्थापित है । ।वहाँ बौद्ध धर्मी लामाओं के सामाजिक जीवन में प्रचलित वानर—पूजा रामभक्त हनुमान से जुड़ी हुई है। रामकथा से संदर्भित काष्ठ चित्र एवं एवं पांडुलिपियां प्राप्त हुई हैं । दम्दिन सुरेन नामकरः रामभक्त विद्वान ने मंगोलियाई भाषा में लिपिबद्ध विभिन्न रामकथा की चार प्रतियां सुलभ कर एक अनूठा इतिहास रचा है ।कथानक कुछ भिन्न है जो राजा जीवक (रामकथा के दशरथ की पृष्ठभूमि) के जीवन से जुड़ी हुई है ।वे विगत जीवन में बौद्ध सम्राट थे परन्तु पत्नी व पुत्र का परित्याग करने के कारण अभिसप्त होकर अगले जन्म में पुत्र विहीन हुए ।बुद्ध की शरण में पहुंचे ।बुद्ध उनके घर विराजे ।अहिंसा का उपदेश सुलभ हुआ । उनकी तीन रानियाँ थी। पर सबके सब पुत्रहीन ।भविष्यवक्ताओं से प्रेरित होकर वे समुद्र तटीय क्षेत्र में उदुंबरा नामक पुष्प प्राप्त कर ,घर आकर रानी को दिया ।रानी पुष्प खाकर गर्भवती हुई और सुसमय पुत्रवती हुई,वही पुत्र महान राम हुए ।

चीन में बौद्ध धर्म के ग्रंथों में रामकथा—१) अनांमकं जातकम् तथा २) दशरथ कथानम् के रूप में प्रचलित चला आ रहा है। रामकथा के महान विद्वान प्रो,डां फादर कामिल बुल्के (बिहार-- हजारीबाग)के अनुसार अनामकं जातकम् का अनुवाद मूल भारतीय पाठ के आधार पर विद्वान कांग सेंग हुई ने चीनी भाषा में तृतीय ईस्वी शताब्दी में किया था।देखें –विशेष विवरण--स्वरचित—भारतवर्ष का सांस्कृतिक इतिहास,अ---८,,पृष्ठ—१२०,

इसी प्रकार तिब्बत--प्राचीन भारतवर्ष का राजमुकुट लामाओं का देश,जिसे मगध सम्राट विम्बसार कालीन काशी नरेश प्रसेनजीत पुत्र ने वहाँ पहुँच कर बौद्ध धर्म के दिव्य संदेशों से आलोकित किया था ।प्रथम लामा – धर्म गुरू पद पर सुशोभित हुआ ।तिब्बत से संलग्न चीन के उत्तर पश्चिम सीमांत पर स्थित तुन—हुआंग नामक प्राचीन स्थल (भारतवर्ष में प्रतिहार साम्राज्य काल)स्वतंत्र तिब्बत देश (७८७---८४८ ई,) के आधिपत्य में रहा था । वहाँ की प्रामाणिक रामकथा काब्य रस से अलंकृत किंरस—पुंस—पा की है। शिव प्रदत्त वरदान से प्रचंड शक्तिशाली महान शिवभक्त दशग्रीव अश्वमुखी रावण की कथा प्रारम्भ में वर्णित है ।

आधुनिक म्यंनमार (प्राचीन ब्रहमदेश –ब्रिटिश कालीन वर्मा) बुद्धिस्ट देश है। यहाँ रामा को यामा एवं सीता को यामा जतदाव के नाम से रामायण है ।प्राचीन गद्यकृति रामवत्थु १८ वीं शताब्दी की रचना में अयोध्या कांड तक की कथा को छ:अध्यायों में तथा उत्तरकांड तक की कथाऐं अन्य चार अध्यायों में समावेशित हैं ।विद्वान यू—टिन—हट्वे ने श्रमशील परिश्रम से वर्मी भाषा में लिखीत रामकथा संदर्भित सोलह निम्नवत ग्रंथों का नाम प्रकाशित किया है ।यथा---

- रामवत्थु –१७७५ ई, के पूर्व की रचना (२) राम सा ख्यान १७७५ ई, (३)सीता रा-- कान

४) राम रा कान १७८४ (५)राम प्रजात – १७८९ ई, (६)काले-- राम वत्थु (७) महाराम—वत्थु

(८) सीरीराम -१८४९ ई,(९)पुंटोराम प्रजात १८३० ई (१०) रम्मासुअंमुई-१९०४ (११)पुंटोरामलक्खन १९३५

(१२)टा राम—सा—ख्यान १९०६ (13)राम- रूई -१९०७ (१४)राम – वत्थु १९३५ (१५) राम सुम: मुई—१९३--

(१६) राम-वत्थु—आ—ख्यान—१९५७ ई,-- उल्लेखनीय है कि रामवत्थु की मूलकथा यद्यपि बौद्ध मान्यताओं पर आधारित है परन्तु पात्रों की किरदारी चरित्र—चित्रण महर्षि वालमीकि प्रस्तुत आदर्शों के अनुरोप ही है ।थेरावदा बुद्धिष्ठ लोगों की मान्यतानुसार बुद्ध विष्णु के अवतार और राम भी विष्णु के अवतार रहे हैं ।भारतवर्ष में बुद्ध की प्रतिमा ११ वीं सदी से हिन्दुओं के प्रसिद्ध तीर्थों में सुशोभित हैं ।

आर्यावर्तीय भारतवर्ष की कण—कण में ,हर हिन्दू के रोम रोम में राम बसते हैं। उत्तर दक्षिण,पूरब पश्चिम सभी दिशाओं में राम ही राम ,सोते – बैठते बसते हैं ।अधिकांश कथित अनिश्वरवादी साम्यवादी भी घरों में परिवार सहित राम को पूजते हैं ।

• 55 •

11

श्री राम का जन्म काल - देश - विदेश के अनेकानेक रामायणों में -

सनातन शास्त्रानुसार श्री राम का जन्म वर्त्तमान सप्तम मन्वंतर के २४ वें युग के त्रेतायुगीन संध्या व द्वापरयुग पूर्व संक्रमण काल- में हुआ था ।यथा--- वायु पुराण—१८/७२

"-" चतुर्विंशे युगे रामो वशिष्ठेन पुरोधसा ।सप्तमो रावणस्यार्थे जज्ञे दशरथात्मजः।।"
(महाभारत-१२/३)"

परन्तु डां वेदवीर आर्य एवं कतिपय अन्य विद्वानों की (खगोल शास्त्र , ज्योतिष शास्त्र, रेड कार्बन डेटिंग्स--आधारित अभिधारणा है कि –"श्री राम का प्रादुर्भाव २८ वें त्रेतायुग में हुआ था ।"

"संन्ध्यंशे समनुप्राप्ते त्रेताया द्वापरस्य च ,अहं दाशरथी रामो भविष्यामि जगत्पतिः॥
(म,,,भारत—१२/३३९)"

महाप्रतापी यशस्वी श्री राम के मानवीय जीवन- चरित पर देश- विदेश में अनेकानेक शोध कार्य सम्पन्न हुए हैं।त्रेता युग का भोगकाल(ईसा पूर्व ६७७७–५५७७) कुल १२०० वर्षों का एवं उसका संध्याकाल अन्तिम चरण की शताब्दी में ५६७७–५५७७ ईसा पूर्व ,वैज्ञानिक दृष्टिकोण से भी सही सत्यापित बैठता है।

।विभिन्न उदभट्ट विद्वानों ने श्री राम का काल निम्नवत प्रतिस्थापित किया है। तदनुसार—

उनका जन्म (१)---कर्नल जेम्स टांड-----ईसा पूर्व—११०० (पुर्वाग्रह ग्रसित—बाईबिल अनुसार—सृस्टि का उद्भव—मात्र ४००४ वर्ष ईसा पूर्व की समय सीमा का अनुमानित अनुशासन का ध्यान रखकर)

(२) विलियम जोंस---२०२९ ई पू, वर्ष (३) विलफोर्ड----ई पू,—१३६० वर्ष (४) वैनथली----ई पू—९५० वर्ष

(५) प्रो,कानूनगो---ई पू,---४४३३ वर्ष (६) पी, वी, वर्तक –ई,पू, ७३२३ वर्ष (७) सरोजवाला –ई,पू,५११४

(८) प्रो, जे,के, सिंह—मिर्जा पुर—राम की अयोध्या---११ फरवरी ४४३३ ई,पूर्व (९)श्री नरसिंह राव—४४२१ ईसापूर्व ।

(९) नूतन शोध ग्रंथ ---राजा मनु से मराठा साम्राज्य तक—भा,काल,इति—विद्वान डां वेदवीर आर्य,पृष्ठ—७---(क) श्री राम का जन्म—०३ फरवरी----५६७४---ई, पूर्व,--,(ख) जनक नंदनी सीता जी का जन्म-जानकी नवमी—१५/१६ मार्च ५६६७ ई,पू, (ग) श्री राम सह श्री सीता जी का विवाह—विवाह पंचमी –०५ दिस, ५६५४ ई,पू,--(घ)। श्री राम,श्री सीता जी एवं श्री लक्ष्मण जी का अयोध्या परित्याग कर -- वन गमन—२६ नवम्बर ५६४९ ई,पू, (च) पवनसुत श्री हनुमान जी का जन्म –कार्तिक मास -कृष्ण चतुर्दशी मेष लग्न ,स्वाती नक्षत्र।

महापंडित जगतगुरू शंकराचार्य श्री रामभद्राचार्य जी ,चित्रकूट धाम ,के अनुसार--- (छ)----श्री हनुमान जी का लंका से वापसी (श्री सीता जी से श्री राम जी की मुंद्रिका का विनिमय कर--- तिथि—०३ अगस्त ५६३५ ई,पू,

(ज) श्री राम,लक्ष्मण ,हनुमान,जामवंत, सुग्रीव ,अंगद,नल, नील आदि का वानर सेना के साथ श्री लंका देश पर आक्रमण—तिथि—०५ अगस्त ५६३५ ई,पू,

(झ) महाबली रावण का वध---विजय दशमी ---३० नवम्बर ५६३५ ई,पू, (त)श्री राम ,श्री सीता जी,लक्ष्मण ,हनुमान आदि का पुष्पक विमान से अयोध्या आगमन---२० दिसम्बर ५६३५ ई,पू,।

(थ) श्री राम का राज्याभिषेक—२१ दिस, ५६३५ ई,पू,

विद्वानों ने देश – बिदेश में सुलभ अभिलेखों ,पुरातात्विक प्रमाणों , रामकथा संदर्भित अनेकानेक साहित्यिक ग्रंथों आदि आधारित विषद शोधों के आलोक में श्रीराम के जीवन चरित के कालक्रम को निम्नवत संयोजित किया है।

श्रीराम का जन्म त्रेता युग के संध्याकाल सह द्वापर युग के संक्रमण (द्वापर युग प्रारम्भ के पूर्व) काल में अभिधारित किया है । तद्नुसार ईसा पूर्व ५६७४ वर्ष के फरवरी प्रथम सप्ताह का प्रारम्भ में श्रीराम का जन्म ।श्रीराम की आयु मात्र १३ वर्ष थी, श्री सीता जी के साथ स्वंयवर—विवाह—धनुष-- यज्ञ वर्ष में ।विवाह के बारह वर्षों बाद , २५ वर्ष की आयु में ,वे वनवास गए ।सीताहरण तथा श्री लंका बिजय पश्चात,चालीस वर्ष की आयु में अयोध्या के सिंहासन पर विराजमान हुए ।

महान ब्रह्मज्ञानी गुरू वशिष्ठ के मार्गदर्शन में प्रजावत्सल श्री राम का राज्यकाल पचपन वर्षों तक सम्पूर्ण (भारत) आर्यावर्त में रामराज्य की स्थाई सुख,शांन्ति ,सम्वृद्धि की असीम स्थापना हेतु --

—"रघुकुल रीति सदा चलि आई ,प्राण जाय पर वचन न जाई"

के अटल सिद्धांत पर स्थापित पवित्र निर्मल गंगाजल –धारा सदृश सदा सर्वदा प्रवाहित रही ।इच्क्षवाकु वंशी सूर्यवंशियों के राज्य—प्रशासन का अचल मूल सिद्धांत था---

"चंन्द्र टरै --सूरज टरै, टरै जगत व्यवहार , पर सूर्यवंशी राजा का टरै ना सत्य विचार ।"

श्री राम के पूर्वज राजा हरिश्चंद्र ने स्वप्न में सम्पूर्ण राजपाट दान कर दिया था,फलत: अन्तर्यामी राजर्षि विश्वामित्र प्रातःकाल अयोध्या दरबार पहुंचे, राजा को रात के सपने की याद दिलाया ,महान सत्यवादी राजा हरिश्चंद्र ने पूर्वज इच्क्षवाकु निर्मित राजधानी अयोध्या का राजपाट रार्वस्व राजर्षि विश्वामित्र को तत्काल दान कर ,परिवार बच्चे सहित राजमहल,राजधानी ,राजसी वस्त्राभूषणों को त्याग कर ,अध्यात्म की पावन नगरी काशी पहुंचकर रानी शेव्या एवं किशोर पुत्र रोहिताश को अस्मशान – स्वामी एक चांडाल की सेवा में बेच दिया ,स्वंय अस्मशान की रखवाली कर रोज़ी रोटी की व्यवस्था किया । यही नहीं किशोर राजकुमार रोहिताश के सर्पदंश से मृत्यु पर, कफनहीन शव देखकर ,अपनी रानी को बिना कफन शवदाह करने से रोक दिया,फलतः विवस रानी ने अपनी साड़ी का आंचल फाड़ कर कफन दिया।सुर्यवंशियों का यश—प्रताप सचमुच सुर्य समान ज्योतिर्मय रहा है।अयोध्या वासी इसी सुर्यवंश से आगे चलकर हरिश्चंद्र पुत्र रोहिताश ने तत्कालीन मगध की दक्षिणी सीमा पर गंगा एवं सोन नदी के मध्य

लालपहाडी पर ऐतिहासिक रोहितास गढ़ का निर्माण किया ।

सुर्यवंशी राजा रोहिताश के वंश से ही वर्त्तमान आमेर – जयपुर का कच्छवाहा शाखा ,गया,काशी ,कन्नौज,अयोध्या आदि के स्वामी महाप्रतापी गहरवार वंशी विजय चन्द्र ,,जयचन्द्र हुए । दो सहस्र वर्ष पूर्व विक्रम संवत प्रवर्तक सम्राट विक्रमादित्य द्वारा झाड़—जंगलों में ढका – गुमनामी में सुसुप्त अयोध्या का प्रथम पुनर्निर्माण पश्चात ११ वीं शताब्दी (१०१०—१८ ई,)प्रथम चरण , मुहम्मद गजनी काल में, मुस्लिम आक्रांताओं द्वारा ध्वस्त अयोध्या का पुन: जीर्णोद्धार विक्रम संवत १२४२—१२४५ वर्ष में यशस्वी राजा जयचन्द्र ने कराया था ।कनिंघम रिपोर्ट—ए,स,इ,-- देखें) दक्षिण भारत में राष्ट्रकूट व महा प्रतापी चोल वंशी ,पश्चिम भारत के मारवाड व बीकानेर का राठौर राजवंश , एवं मेदपाट्—मेवाड़ाधिपति बप्पारावल का प्रथमत: नागदा एवं वहाँ से फिर –विश्व प्रसिद्ध चित्तौड़गढ़—चित्रकूट में हिन्दवासुर्य महाराणा प्रताप के पूर्वजों का राजवंश प्रस्फुटित हुआ है । विवस्वान मनु पुत्र सूर्यवंशी इच्छवाकु से लगभग तीन सौवीं पीढ़ी में महाराणा महेन्द्र सिंह जी पूर्व सांसद (स्वर्गारोहण—१० नवम्बर २०२४ ई,) के यशस्वी लोकप्रिय पुत्र वर्तमान महाराणा विश्वराज सिंह -- विधायक श्री नाथद्वारा तथा इनके ताउ जी राणा अरविंद सिंह के युवराज कुंवर लक्ष्यराज सिंह जी(उदयपुर राजमहल) हैं ।

उसी प्रकार रामराज्य के परम प्रतापी सर्वाधिकारी प्रतिहार रामानुज लक्ष्मण ,जिन्होंने—" रघुकुल रीति सदा चलि आई प्राण जाई पर वचन न जाई "" का अनुपालन कर ---महाराजा राम के आदेश पर सरयु नदी में जलसमाधि लिया था---विक्रम संवत पुर्व ५५३३ वर्ष (५५९० ईसा पुर्व)में ,के दो पुत्रों से प्रतिहार वंश का प्रादुर्भाव हुआ। तत्सम्बंधी अनेकानेक शिलालेख एवं ताम्रपत्र प्रतिहार सम्राटों के मंडोवर, ग्वालियर,कन्नौज,ओसियां,घटियाला,आदि से प्राप्त हुए हैं । मध्यकालीन भारत का सर्वोत्तम साम्राज्य का स्वामी महाप्रतापी प्रतिहार राजवंश ने लगभग तीन सौ वर्षों तक उत्तर--पश्चिम भारत पर रामराज्य के सिद्धांतानुसार सम्पन्न कर सनातन संस्कृति की पुरजोर रक्षा की ।

उनके शिलालेखों ,ताम्रपत्रों एवं सारगर्भित प्राचीन अभिलेखों के आलोक में इक्ष्वाकु वंशी श्री राम के दो पुत्रों लव व कुश से कच्छवाह, गहरवार,राठौड,बुन्देला ,आदि ,तथा रामानुज लक्ष्मण के दो पुत्रों अंगद एवं चन्द्रकेतु से प्रतिहार , बड़गुजर, आदि का उद्भव हुआ है ।उसी प्रकार भरत के दो पुत्रों तक्ष एवं से भरतवंशी हुए ।श्री राम ने तीनों अनुजों तथा भरत जी के केकई देश वासी मामा की सलाह से अपने पुत्रों तथा छ:भतीजों के बीच बिशाल रामराज्य का भौगोलिक बंटवारा अपने

जीवन काल में ही कर दिया था ।

रामराज्य के परम प्रतापी प्रतिहार श्री लक्ष्मण का प्रतिहार वंश महाभारत काल में कारापथ व धन्वदेश में राज कर रहा था । यज्ञ परिहार का नाम लक्ष्मण वंश में १२६ वीं पीढ़ी में वर्णित है—यज्ञ परिहार से राजा अयामक तक ९३ तेरानवे पीढ़ी से आगे तक की सूची भा,सां, इतिहास में वर्णित है ,। जिनके महान प्रतापी वंशजों ने मध्यकालीन भारतवर्ष के इतिहास के प्रारम्भिक चरण में तीन सौ वर्षों तक प्रचंड शक्तिशाली प्रतिहार साम्राज्य की स्थापना कर(७११--१०१८ ई,) भारत में तीन सौ वर्षों तक बिदेशी बर्बर मुसलमानों की जेहादि संस्कृति को पांव प्रसारने नहीं दिया । रामानुज लक्ष्मण के अन्य दो भाइयों भरत व शत्रुघ्न की सहायता से इक्ष्वाकु वंश का यश ध्वज दिग् – दिगंत तक फहराया ।

रामराज्य के महान आदर्श की गौरवगाथा वाल्मिकी,कम्बन,वशिष्ठ,भवभूति,अश्वघोष,कालिदास एवं तुलसीदासजी सहित अनेकानेक कवियों , लेखकों ने रामकथा का यशगान मुक्त कंठ से वर्णित किया है। सभी ने कहा है –

--" दैहिक दैविक भौतिक तापा ,रामराज काहू नहीं व्यापा । "

अन्तिम चरण में महान यशस्वी इक्ष्वाकु कुलदीपक , प्रजापालक श्री राम ने ,अनुज भरत जी के मामा केकई नरेश एवं सगे भाइयों के परामर्श से - अपने दो पुत्रों एवं तीन भाइयों के छ: भतीजों के बीच सम्पूर्ण तत्कालीन आर्यावर्त का सौहार्दपूर्ण विभाजन किया।अन्त में महाप्रयान काल में भी ऋषि रूप में पधारे स्वंय महाकाल तथा अत्रिपुत्र महर्षि दुर्वाशा जी को दिए गये वचन के अनुपालन हेतु --- "रघुकुल रीति सदा चलि आई ,प्राण जाय पर वचन न जाई—"---के अभूतपूर्व सिद्धान्त का अनुपालन कर प्राणों से प्रिय अनुज श्री लक्ष्मण जी को प्राणदंड दिया ।

(द)राज्याभिषेक वर्ष से ५५ वर्ष बाद ,ईरा पूर्व ५५९० वर्ष में --मुनि वेश में पधारे महाकाल एवं अत्रिपुत्र महर्षि दुर्वासा के महाश्राप से पूर्वजों से पोषित सहस्रों वर्षों से प्राणप्यारी पुत्रवत प्रजा --अयोध्या वासियों के विनाश से रक्षा हेतु , श्रीरामराज्य दरबार परम भटाटारक महाप्रतापी प्रतिहार लक्ष्मण ने,प्रतिहार पद के महान दायित्व का निर्वहन हेतु ,अपने भावी प्राणदंड को तुच्छ समझा और विवसतावश पुरुषोत्तम,महा यशस्वी, महा तेजस्वी श्री राम के आदेश की अवहेलना की ,फलतः मर्यादा पुरुषोत्तम श्रीराम ने रघुकुल रीति सदा चलि आई,प्राण जाय पर वचन न जाई के अनुपालन हेतु ,ऋषि रूप में पधारे महाकाल को दिए गए वचन की पूर्ती हेतु तत्काल प्रभाव से अनुज लक्ष्मण को महाप्रयाण करने का आदेश दिया , तदनुसार प्रतिहार लक्ष्मण ने तत्काल -सरयु नदी में जलसमाधि –ली ,यह

अभूतपूर्व घटना ई,पूर्व ५५३० वर्ष में घटित हुई ।प्रजापालक रामराज्य-- प्रतिहार लक्ष्मण की संतानों के वंशज उक्त महान घटना के बाद से यशस्वी प्रतिहार वंश कुल के नाम से प्रसिद्ध हुआ ।सौभाग्य वश प्रस्तुत लेखक स्वंय लक्ष्मण वंशी प्रतिहार ही हैं ।लक्ष्मण की प्रसिद्धि तथा राम – रावण, मेघनाद महारण की सत्यता व वास्तविकता का प्रमाण है,------"सिंहली--तमिल भाषा में आज भी लक्ष्मण शब्द का भावार्थ—है---

अरे वाह , अतुल्य, आश्चर्यजनक,उद्भट योद्धा,अद्भुत वीर, अनोखा,विष्मयपूर्ण अद्भुत शक्तिवाला,अमेजिंग,,मैजिक ,अप्रतिम आदि।"—(देखें – भा,सां,इतिहास—अ-१,पृष्ठ –६)

भारतीय संस्कृति के महान पोषक यशस्वी राजाओं को प्रजा अपने आराध्य देवता के समान ,पूजती थी,

"मनु स्मृति—७/८---बालोउपि नावमन्तव्यो मनुष्य इतिभुमिपः
।महती देवता ह्येषा नररूपेण तिष्ठति ।।
चाणक्य अर्थशास्त्र---अधि---१,अ---१९,श्लोक—४/५-----
प्रजा सुखे सुखं राजः,प्रजानांच हिते हितम् ।
न्यायं प्रियं हितं राजः प्रजानां तु प्रियं हितम् ।।"

12

श्री रामानुज - लक्ष्मण की सर्व प्रथम जलसमाधि पश्चात श्री राम सहित अन्य तीनों भाइयों की जल समाधि पवित्र सरयू नदी -

पवित्र ग्रंथ रामायण की सबसे महानतम घटना ----प्रजावत्सल ,देवता स्वरूप पूजनीय श्री राम चारों भाइयों ने प्राणों से अधिक प्रिय प्रजा के लिए ,जीवन के अन्तिम क्षणों में पवित्र सरयु नदी में जलसमाधि ले लिया था ।महाकाल के ज्योतिर्मय मुनि-- परिवेश में तथा दुर्वासा मुनि का २०० शिष्यों के साथ सहस्त्रों वर्षों की तपस्या व उपवास पश्चात श्रीराम के हाथों भोजन करने की क्षुदा—पिपासा हेतु राम दरबार में पधारना और श्रीराम से तत्काल मिलने की उत्कंठा---मुनि वेश में आए महाकाल व श्रीराम की गुप्त वार्त्ताकाल में प्रतिहार लक्ष्मण के प्रवेश पर मृत्यु दंड-----का प्रकरण --

श्री मद् वाल्मीकि रामायण,आदिकाव्य—उत्तर कांड,सर्ग –१०३--- ,१०४,१०५,१०६,१०७ आदि

"यः शृणोति निरीक्षेद् वा स वध्यो भविता तव ।
भवेद वै मुनि मुख्यस्य वचनं यद्ध्यवे से ॥१३॥
तथेति च प्रतिज्ञाय रामो लक्ष्मणम् व्रवीत ।
द्वारितिष्ठ महाबाहो प्रतिहारे विसर्जय : ॥१४॥"

"सर्ग—१०५---
तथा तयो: संवदतोर्दुर्वासा भगवानृपि: ।
रामस्य दर्शनाकांक्षी राजद्वारमुपागतम् ॥१॥

६) अस्मिन क्षणे मां सौमित्रे रामाय प्रति वेय । अस्मिन क्षणे मां
सौमित्रे न निवेदयसे यदि ॥
विषयं त्वां पुरं चैव शापिप्ये राघवं तथा ।
७) भरतं चैय सौमित्रे युप्माकं या च संतति: । न हि शक्ष्याम्यहं
भूयोमन्युं धारयतुं हृदि ॥

सर्ग--१०) लक्ष्मणस्य वच: श्रुत्वा राम: काल विसृज्य च । नि:
सृत्य त्वरितो राजा अत्रे : पुत्रं ददर्श ह ॥

सर्ग—१०५—तस्मिन् गते मुनिवरे स्वाश्रमं लक्ष्मणग्र : ।संस्मृत्यु
काल वाक्यानी ततो दुरवामुपागमत्॥१६ ॥

सर्ग –१०६—जहि मां सौम्य विस्त्रब्धं प्रतिज्ञां परिपालय ।हीन
प्रतिज्ञा: काकुत्स्थ प्रयान्ति नरकं नरा: ॥३॥

सर्ग-१०६/३---विसर्जये त्वां सौमित्रे मा भूद् धर्मषिपयर्था ।त्यागो
वधो वा विदित:साधूनां हप भयं समम् ॥
सर्ग-- स गत्वा सरयुतीरंमुपस्पृश्यं कृतांजलि ।
नि :, श्वासं न मुमोच ह ॥ ---"

कृपया देखें--- स्वरचित भा,सांस्कृतिक इतिहास,अ--,२४,पृष्ठ—३२६,
महाकवि राजशेखर ने बाल्मीकि को - "अद्भुत कवित्व - प्रतिभा का धनी
व्यक्तित्व सह काव्यरस का महान पारखी कहा है ।"

बाल्मीकि रामायण के अनुसार श्री राम --पुत्र लव-- कुश का जन्म महर्षि
बाल्मीकि के आश्रम में ही हुआ । दक्षिण पूर्व एशियाई देशों में रामायण के
साथ-साथ बाल्मीकि के प्रतिमा की भी पूजा होती है । कथाओं की मूल धारा तो
राम,सीता,लक्ष्मण ,हनुमान ,रावण के इर्द – गीर्द ही घुमती है, परन्तु कतिपय
भिन्नता भी दृष्टिगोचर होती है ।सातवीं शताब्दी में दक्षिण पूर्व एशियाई देश

चम्पा में चम्पा नरेश प्रकाश धर्म ने महर्षि बालमीकि की कवित्व प्रतिभा एवं रामकथा से भावविभोर होकर वाल्मिकी की भव्य प्रतिमा स्थापित की थी ।

बाल्मीकि प्रतिमा पद--पाट पर, तत्कालीन चम्पा में, निम्नवत श्रद्धापुष्प उत्कीर्ण कराया था ।

-" यस्य शोकात् समुत्पन्नम श्लोकं ब्रह्मभाभिपूजित् ।विष्णु: पुंस: पुराणमानुपस्यात्मरूपिण : ॥"

महाराज दशरथ कालीन अयोध्या एवं केकई- देश का भौगोलिक निरूपण ----महाराज दशरथ के स्वर्गारोहण पर ब्रह्मर्षि बशिस्ठ ने युवराज भरत को बुलाने उनके ननिहाल केकई देश दूत भेजा था। दूत का यात्रा-- मार्ग निम्नांकित पदावली में आलोकित है ।बाल्मीकि रामायण के निम्नवत श्लोक से तत्कालीन आर्यावर्तीय-----भौगोलिक स्थिति के साथ --साथ अयोध्या की भौगोलिक स्थिति का आभास सुलभ है।

" सस प्रांडँ मुखो राज गृहादभिनीयार्य वीर्यवान । तत: सुदामा
धुतिमान संत्यार्वेक्ष्य तां नदीम ।
हृदिनी दुरपारा च प्रत्यक श्रोत: तरिगिनिम । शतद्रु अतरत
सीगता नदी इक्ष्वाकु नंदन:॥
एलाधने नदी तित्वा प्राप्य च अपर पर्वतान ।शिला अकुवर्ती
तित्वा आग्रेय शल्य कर्सनम् ।।
अभ्यगात्स महाशैलवन चैत्ररथ प्रति । सरस्वति च गंगा च
युग्मेंन प्रति पध च ।
उत्तरा वीर मत्स्याना भारूण्ड प्राविशेवनम् ।।"

13

संयुक्त राष्ट्र संघ - का संशक्त संकल्प(१९४८ दिसंबर ०९)

एवं यूरोपियन संघ का भी उक्त आशय का संकल्प (२४ अप्रेल १९९८) - बी, बी, सी, का जनमत संग्रह - विगत शताब्दियों में - असभ्य बिदेशी जातियों द्वारा दूसरे देशों की सांस्कृतिक विध्वंस एवं भयंकर नर संहारों के विरूद्ध - "स्मरणीय तिरष्कार मोनूमेंट एवं सांस्कृतिक पुणरूद्धार" की स्वतंत्र -

विगत तेरह सौ वर्षों से भारत पर विदेशी आक्रांताओं का भयंकर लूटपाट, आगजनी, विध्वंस भारत की सांस्कृतिक विरासतों को ध्वस्त करने का प्रयास निरंतर चलता रहा। फलत: प्राचीन भव्य मंदिरों एवं अनेकों संग्रहालय, विश्वविद्यालय ध्वस्त कर उन स्थानों पर मस्जिद , अन्य मिनारें आदि ध्वस्त मंदिरों एवं अन्य भव्य महलों की मलबों से खड़े किए गए। सांस्कृतिक पहचान परिवर्तित करने का पुरज़ोर प्रयास बिदेशी विधर्मी शक्तियों ने निरंतर जारी रखा । सहस्रों वर्षों की भयंकर विडंबनाओं से त्रस्त पहचान—परिवर्तित अनेकानेक नगरों, राजधानियों की सांस्कृतिक खोज, अन्वेशन , उत्खनन आदि १९ वीं शताब्दी से ही जारी है। भारतीय पुरातत्त्व विभाग एवं रोयाल एशियाटिक सोसायटी ने पुरातात्विक अन्वेषण के साथ—साथ संरक्षण का गुरूतर दायित्व निभाया ।

भार,पुरातत्व विभाग के प्रथम प्रधान जेनरल कनिंघम का योगदान स्मरणीय है । ध्वस्त – प्राचीन मन्दिरों,भव्य भवनों,विद्यालयों,विश्वविद्यालयों ,राज प्रासादों के मलवो से निर्मित इस्लामिक मस्जिदों,मिनारों,भवनों की दीवारों में चुनवाई गई हिन्दू,देवी देवताओं कि भव्य आकर्षक प्रतिमाएं,अन्य बहुमुल्य सनातन हिन्दू सांस्कृतिक कला कृतियाँ आदि मूक होकर भी सैकड़ों वर्षों से आक्रांताओं के द्वारा मलवों से निर्मित उपरोक्त दीवारों से आज भी झांक रही हैं ,जीर्णोद्धार हेतु नज़र पड़ते ही अट्टहास कर उठती हैं ,महान निष्ठावान सर्वेक्षक जेनरल कनिंघम, फ्युहरर एवं अन्य की नजरों से वे बच नहीं सके और आए दिन नित्य—प्रति सहस्त्रों अन्वेषकों एवं सामान्य दर्शकों के कैमरों में कैद होकर अखबारों की सुखियों में सुशोभित होकर नव नूतन शोधों के साथ-- साथ नवीन धार्मिक विवादों की विषय – वस्तु बनती हैं ,उसी की कीर्तिमान उपजों में ज्वलंत सुमार रहा है -- विगत सैकड़ों वर्षों में उद्घाटित श्री रामजन्मभूमि विवाद,काशी विशेश्वर मन्दिर, ज्ञानवापी -- मन्दिर, मथुरा श्री कृष्ण मन्दिर, कुतुब मीनार , सहस्त्र स्तम्भ विष्णु मन्दिर, द्वापर युग कालीन पांडव किला ,सँभल स्थित हरिहर मन्दिर, तेजोमहल आगरा, अनेकानेक हैं।१८७४ ई, में स्थापित रोयाल एसोसिएटिक सोसायटी,आरकोलोजिकल सोसा,ओफ इन्डिया आदि की दुर्लभ बहुमुल्य भोल्युमों में संग्रहित रिपोर्ट्स, भारत के सांस्कृतिक इतिहास के स्वर्णिम हस्ताक्षर हैं ,पठनीय तो हैं ही |

यहाँ उल्लेखनीय है कि ०९ दिसम्बर १९४८ ई,को संयुक्त राष्ट्र संघ द्वारा कौमी/ रेसियल नर संहार के विरूद्ध पीड़ित राष्ट्रों द्वारा राष्ट्रीय नर संहार दिवस मनाने हेतु स्पस्ट पारित सशक्त संकल्प के बावजूद गणतंत्र भारत यथावत किंकर्तव्य विमूढ अबतक हाथ पर हाथ धरे बैठा है,जबकि लगभग सारे के सारे पीड़ित राष्ट्रों द्वारा मातृभूमि पर बलिदान होने वाले बलिदानियों के नाम बिशाल –भव्य-- स्मारक एवं उनकी पुण्य स्मृति में नई पीढ़ी की चिर -स्मरणीय प्रेरणा हेतु ,राष्ट्रीय नर संहार दिवस मनाया जाता है,पर भारत में कोई अप्रतिम-- स्मरणीय प्रयास नहीं ।

यू,एन,ओ, के उपर्युक्त सशक्त संकल्प के तत्वावधान में विश्व के विभिन्न देशों,महादेशों की भिन्न-- भिन्न जातियों द्वारा अपनी- अपनी संस्कृति के संहारक –विदेशी धार्मिक उन्मादी नरसंहारकों के विरूद्ध, उनकी अमानवीय कुकृत्यों की पुरजोर कटु भर्त्सना कर-" होलोकास्ट डे-“ मनाया गया |

२० वीं शताब्दी के नरसंहारों में आर्मेनियन कौम का नरसंहार भी भयंकर था ,आंटोमन साम्राज्य तहस—नहस हो गया था,अधिकांश भारत में शरणार्थी हुए |

कांसिल आंफ युरोपियन पार्लियामेंट्री एसेम्बली ने २४ अप्रेल १९९८ को , संस्कृति संरक्षक--लाखों शहीदों के सम्मान में –"प्रथम शताब्दी नर संहार दिवस-" मनाया । लगभग २५ देशों में १३५ विशाल नरसंहार स्मृति स्मारक स्थापित कर ,संदेश प्रसारित हुआ कि कोई बिदेशी शक्ति किसी देश की भविष्य में संस्कृति का विध्वंस करने की जुरत नहीं करे। येरेवन नगर में ४४ मिटर उंची स्मारक ज्योतिर्मय ध्वजवाहक है—भर्त्सना की ---अन्य मानवता के ऐसे दुर्दांत धार्मिक कट्टरता के सिरफिरे खून के प्यासे उन्मादियों के लिए | प्रत्येक वर्ष २४ अप्रैल को सहस्त्रों राष्ट्रभक्त वहां पहुंचकर श्रद्धां—सुमन अर्पित करते हैं ।

इसी प्रकार असंख्य यहूदियों का नरसंहार नाजियों द्वारा किये जाने के कारण , यहूदियों ने एकवद्ध होकर २७ जनवरी २००२ ई, को पूरे युरोप में –"होलोकास्ट डे"-- मनाया । बी,बी,सी, लंदन ने इसके औचित्य पर ,विश्व पटल पर बुद्धि जिवीयों का ओन लाइन मनतव्य संग्रहित किया ----

वैश्विक समुह की अभिव्यक्ति हुई--- ऐसे पीड़ित कौम को दुनियां के भयंकर नरसंहारों की घोर – भर्त्सना कर ,सांस्कृतिक जीर्णोद्धार सह भव्य नरसंहार स्मारकों का निर्माण कर होलोकास्ट डे मनाकर –दुनियां को यह संदेश देना चाहिए – "जिससे भविष्य में कोई कौम किसी दूसरे कौम ,राष्ट्र,संस्कृति,सम्प्रभूता को विनस्ट करने का दुस्साहस न करे ।"

सोचनीय है ----भ्रष्ट ,भीरू, अकर्मन्य, अक्षम सत्तासीन राजनेताओं की अदूरदर्शिता के आगोस में मरणासन्न स्वर्ण गरूढ सा फरफराता भारत ७५ वर्ष के अमृत महोत्सव के शुभावसर पर ,हाथ पर हाथ धरे किंमकर्तव्य विमूढ बैठा है ,एक सौ पच्चीस करोड़ सनातनी मन्दिर—मन्दिर घूम—घूम कर अदालतों की चौखट चूम रहा है और दूसरी ओर कई मस्जिदों की सीढ़ियों से करोड़ों-सनातनियों के आराध्य अभी भी धार्मिक उन्मादी विध्वंसकों के वंशजों के पैरों तले नित्य कुचले जा रहे हैं।सनातन संस्कृति की अमृतवाणी—" वसुधैव कुटुम्कम " – उनके लिए – एक सगूफा है । महान आर्यों की उत्कृष्ट न्याय प्रणाली से कोसों दूर वंश पोषक, धन-- लोलुप ,भोगवादी,भ्रष्ट न्यायपालिका औंधे मुँह गिरी पड़ी है,कभी – कभी तो यह ये संविधान प्रहरि संरक्षक नहीं प्रत्यक्ष -भक्षक प्रतीत होते हैं |

14

राम-- कथा, पुरुषोत्तम राम के महान धवल -- चरित्र का सुस्पष्ट वैश्विक दिग्दर्शन -

१९७५ ई, में भारतीय साहित्य एकेडमी ,दिल्ली ने रामायण के अद्भुत वैश्विक इतिहास से प्रेरित होकर विश्व भर के विद्वान इतिहासकारों का एक अभूतपूर्त अंतरराष्ट्रीय इतिहास परिषद -का अधिवेशन दिल्ली में आयोजित किया था । जिसमें ११ देशों के चालीस विद्वानों ने दिव्य रामकथा पर अपना वक्तव्य प्रस्तुत किया था ।आश्चर्य जनक था वह सम्मेलन—स्वतंत्र भारत सबसे बड़ी त्रासदी—आपातकाल की दौर ले गुजर रहा था,नागरिकों का सारा संवैधानिक अधिकार—अनधिकृत था।अत: वैसे दुर्भाग्यपूर्ण दुर्दिन में संविधान संरक्षक विद्वान --प्रहरियों को राष्ट्र हितार्थ—श्रीराम का पावन स्मरण ही समाधान का मार्ग प्रशस्त कर सकता । निस्संदेह श्रीराम की ही विशेष कृपा से मानव—संस्कृति प्रहरियों ने वह ऐतिहासिक यज्ञ सफल किया होगा ।

"विषय था रामायण परंपरा इन एशिया।"

उक्त अधिवेशन में अनेक देशों के उद्भट रामकथा विशेषज्ञों ने अपने --अपने ज्ञानकोष की प्रस्तुति से श्री श्री राम की अनुपम गौरव गाथा को सर्वप्रथम विश्व पटल के प्रत्यक्ष पटल पर रखा। मुक्त कंठ से उपस्थित विद्वानों ने यह प्रतिपादित किया कि –

"श्रीराम का महान चरित्र एशिया के लगभग सभी देशों में परंपरागत सामाजिक जीवन शैली का अभिन्न अंग के रूप में रच --पच गया है। जो सहस्त्रों वर्ष से अविरल-- धारा सदृश प्रवाहित है ।"

तदनुसार ऐतिहासिक अधिवेशन में उपस्थित इतिहास विशेषज्ञों का आलेख एक सुन्दर ग्रंथ के रूप में -१९८० ई, में प्रकाशित हुआ ।भारतीय संस्कृति के शिखर पुरुष डां भी,राघवन ने अध्यक्षता की थी । लन्दन मूल के महान रामभक्त भारतवासी फादर श्री कामिल बुल्के,हजारीबाग ,बिहार भी सक्रिय रहे ।ज्ञातव्य है कि श्री कामिल बुल्के को किशोरावस्था में १३ वर्ष की उम्र में अपनी मां से राम की महिमा सुनकर रामकथा अध्ययन की असीम उत्कंठा हुई और वे भारत पधारे यहाँ कलकत्ता वि,वि, से स्नातक एवं स्नातकोत्तर तक की पहले पढ़ाई पूरी करनी पड़ी, फिर प्रचंड विद्वान डां हजारी प्रसाद द्विवेदी के सानिध्य में ,हिन्दी विभाग बी,एच,यू, से पी,एच,डी ,किया ,तत्कालीन बिहार हजारीबाग में रामायण के विख्यात विद्वान व्याख्याता रहे ।दिनांक 08 दिसम्बर से 12 दिसम्बर 1975(भारत में आपातकाल लागू था) तक ,दश सत्रों में सफलतापूर्वक सम्पन्न हुआ ।देश विदेश के लगभग पच्चास विद्वानों ने शिरकत की थी

They Overwhelmingly propounded ---

–" RAMAYAN" is essentially the Story of how man becomes God."

Many of them spoke eloquently –"–Ramayan is the heart and Soul of India .""

They also Viewed ----

–As long as India Continues to remember---

—" RAMA"—and the ideals of life Which he exemplified ,I am satisfied that India is India "--

In my view – " The depth of Various Elements of multi facet history of Devine humanity can very well be assessed from The tearful Tragedies enshrined in RAMAYAN but at the same time it also tells us –"as to how a mighty proudly man, has to face his malti facet disastrous end, how much learned he may be, matter does not.

,arise."

For that About Valmiki Ramayan—Poet Kamban very rightly exclaimed—

As a cat standing at the shore of an Ocean of milk thinks it can lick up the Whole Ocean,I hope to retell the Ramayan Storyalready told by Valmiki.

The Ramayan Tradition in Asia , edited by Shri V, Raghvan.,Sahitya Academy- Cover page ,------(Outcome of Intnl Seminar on the Ramayan Tradition in Asia ,held in 1975 ,Delhi .)

"The story of Ram has pervaded deep into almost all regions,faiths,and languages of Asia,enfluencing not only the literature,but also the social customes and cultural development of nationalities of Asia.—"(1980)

Oxford Dictionary—The Word---"-RAMA"------

Defined as -----"Major Hindu Deity--.The name became associated with Ramchandra,the seventh incarnation of Vishnu,Whose story is told in Ramayan,Conceived as a model of reason.Virtue,and right action, Rama was one of the chief objects of Bhakti Cults,He is often depicted as a standing figure ,holding an arrow in his right hand and a bow in his left .

In temples his image is attended by the figures of his wife SITA ,his half brother Laxman and the monkey general ,HANUMAN.."

15

पुरातात्त्विक सर्वेक्षण, उत्खनन, पुरावशेषों की प्राप्ति-

बनारस हिन्दू वि, वि, काशी नरेश डां विभूति नारायण सिंह की स्वर्णिम प्रेरणा से डां ए,के,घोष के नेतृत्व में - १९८९, डां वी, वी, लाल, डां बी. पी. सिन्हा, डां श्री भगवान सिंह, डां कृष्ण देव आदि सहयोगी - फाहियान, हुएनसांग, फ्यूहरर, ए कनिंघम आदि के रिपोर्टानुसार-

इसी क्रम में अयोध्या की खोज के साथ-- साथ श्रीरामजन्मभूमि की खोज बिगत सौ वर्षों से चलती रही। ऐन इनसाइक्लोपीडिया औफ इंडियन आरकोलॉजी भाग-- दो पृ—३१, के अनुसार अयोध्या 26 डिग्री 48 सेकेंड एवं बेरासी डिग्री 14 सेकेंड अक्षांश -देशांतर पर स्थित है ।पुराना जिला फ़ैज़ाबाद वर्तमान अयोध्या के नाम से ही प्रसिद्ध है। श्री ए,के, घोष द्वारा संपादित उक्त पुस्तक(१९८९) के अनुसार अयोध्या कौशल देश की राजधानी श्रीराम ,जो विष्णु के अवतार थे, की नगरी थी,ऐसा प्राचीन अखंड भारत के करोड़ों हिंदुओं की मान्यता रही है । अयोध्या की चर्चा बौद्ध एवं जैन ग्रंथों में भी रही है, यहाँ जैन धर्म के प्रथम एवं चतुर्थ तीर्थंकर का भी जन्म भी हुआ था । गौतम बुद्ध एवं तीर्थंकर महावीर भी अपने अपने जीवन काल में ,विशेष कर चौमासा--- प्रवास काल में रूका करते थे ।

ऐसा विवरण जैन एवं बौद्ध ग्रन्थों में स्पस्ट है । चीनी यात्री फाहियान एवं हुएन सांग ने भी अपने- अपने यात्रा—विवरण में उनके काल में पाए गए ,तत्कालीन मंदिरों,मूर्तियों, स्थलों,मठों,बिहारों आदि का लेखा-- जोखा दिया है |

संपादक श्री ए .के. घोष के नेतृत्व में अयोध्या की पुरातत्विक खोज ए. ऐस. आई. एवं इंडियन इन्स्टिट्यूट ऑफ ऐडवान्स स्टडीज के संयुक्त तत्वावधान में हुआ था। उसके पूर्व बनारस हिंदू विश्वविद्यालय के तत्वावधान में पुरातात्विक विशेषज्ञों द्वारा भी, वहाँ जमीन पर ट्रेन्च खोदे गए थे। अयोध्या के ध्वंसावशेष लगभग चार पांच वर्ग किलोमीटर तक फैले थे तथा अनेकों टिल्हे भी विद्यमान पाये गये थे ,जो अधिकांशत: लगभग 10 मीटर ऊंचे पाए गए थे। उन्हीं में एक स्थान को प्रसिद्ध जन्मभूमि स्थल कहा जाता था, उससे सटा हुआ कथित जामा मस्जिद, हनुमान गढ़ी, सीता की रसोई आदि स्थल पाया गया। उत्खनन में एन,बी,पी,डब्लू(११:१४) स्टील ग्रे, नीला, एवं सोने के पुरावशेष भी पाए गए थे।जिनमें कुछ प्राचीन कालीन तथा अन्यान् बाद के प्रतीत हुए थे।लोहा एवं तांबा दोनों धातुओं का उपयोग हुआ था ।भवनों में पक्की ईंटो का उपयोग नहीं दिखा था । उन दिनों तक अयोध्या का कार्बन काल डेटिंग नहीं हुआ था, ऐसा भी कहा गया है। उत्खनन के दौरान विभिन्न स्तरों की खुदाई में अनेक पंन्च मार्क्ड, अलेखित कास्टेड कांपर, अभिलेखित तांबा—का सिक्का ,टेराकोटा -- सील्स आदि भी सुलभ हुए थे जो राजा मूलदेव, राजा वायुदेव एवं राजा विजयमित्र कालीन थे । अयोध्या क्षेत्र से ,मानव शास्त्र की प्राचीनतम राजधानी की जीवन –धारा सरयू नदी से होकर छपरा के पास सम्पूर्ण आर्यावर्त—ब्रह्मावर्त की जीवन धारा पावन --गंगा जी में समाहित होकर अविरल बहती बंगाल की खाड़ी से हिन्द महासागर होकर देश—देशांतर तक वैश्विक -- व्यापार-- विनिमय में प्रयुक्त होनेवाली अनेकानेक सामग्रियां भी सुलभ हुई।प्राप्त सामग्रियों के आलोक में इस्वी सन् की चतुर्थ शताब्दी तक मुक्त वैश्विक --व्यापार संभावित प्रतीत हुआ। पंचम से दसवीं शताब्दी के मध्य काल का कोई पुरावशेष सुलभ नहीं हुआ यद्यपि आस- पास के क्षेत्रों की गतिविधियों से प्रतीत हुआ की गुप्तसाम्राज्य काल तक मानव सभ्यता विद्यमान रही होगी। पाँचवी इस्वी शताब्दी में चीनी यात्री फ़ाहियान एवं सातवीं शताब्दी में चीनी यात्री हुएन-- सॉन्ग ने(६२९—६४५ ई) अयोध्या पधार कर तत्कालीन विवरण लिखा है। हुएनसांग ने सांगला से जालंधर की ओर जाने की राह में प्राचीन लाहौर , श्री राम पुत्र लव द्वारा निर्मित—विशाल परकोटा से सुरक्षित नगर व किला को देखा था ।जो हुएन सॉग के वहाँ के भ्रमण वर्ष से पूर्व विक्रम संवत की प्रथम – द्वितीय शताब्दी में पुन: निर्माण कराया गया था ।लव

भ्राता कुश द्वारा कुशुर बसाया गया था और उत्तर—पश्चिमी काश्मीर सीमांत पर भरत पुत्र तक्ष द्वारा तक्षशिला का निर्माण कराया गया,ऐसी चर्चा सनातन शास्त्रों के अतिरिक्त अन्य ग्रंथों में भी ,विक्रमे संवत की 12 वीं शताब्दी के प्रथम चरण में सनातन संस्कृति की स्वर्णिम ऐश्वर्य शाली भव्य राजधानी अयोध्या एक प्रसिद्ध नगर था, परन्तु उसी काल से मनु पुत्र यशस्वी महाराज इच्क्षवाकु की यह प्राचीन नगरी रक्त पिपासु जेहादी संस्कृति के संस्थापक--आक्राताओं के हाथों भीषण विध्वंस एवं नरसंहार का शिकार रहा था। उसी प्रकार लाहौर राजधानी का हिन्दू शासक भी १०२२ ई, में महमूद गजनवी द्वारा पदच्युत कर दिया गया था ।परन्तु बाद में अयोध्या मन्दिर का वहाँ पुन: निर्माण कराया गया था ।ऐसा डां, श्री बी,बी, लाल प्रसिद्ध पुरातात्विक इतिहासकार ने भी कहा है ।

यहाँ यह उल्लेखनीय है की उपरोक्त उत्खनन काल से कतिपय वर्ष पूर्व काशी नरेश डॉक्टर विभूति नारायण सिंह के आवाहन पर , उनके राम नगर ,बनारस स्थित राजमहल में डॉक्टर बी,बी, लाल, डॉक्टर श्री भगवान सिंह,डां, बी,पी, सिन्हा पुरातत्ववेता एवं डां कृष्णदेव दोनों पटना वि,वि, ,आचार्य बलदेव उपाध्याय, एस पी गुप्ता राष्ट्रीय संग्रहालय, ललन जी गोपाल एवं डां डां पी,के, अग्रवाल, दोनों काशी विश्वविद्यालय आदि ने अयोध्या रामजन्मभूमि के स्थल विशेष की खोज के संदर्भ में गंभीर परिचर्चा की थी। डॉक्टर श्री भगवान सिंह ने उपरोक्त विद्वानों का ध्यान अयोध्या के संबंध में विद्वान फ्यूहरर के उस रिपोर्ट की ओर ध्यान आकृष्ट किया, जिसमें उसने यह चर्चा किया था कि अयोध्या मैं श्री राम मंदिर का अवशेष उसके सहयोगियों ने देखा था।वस्तुतः महान पुरातत्ववेता फ्यूहरर के अनुरोध पर जॉर्ज बॉयलर ने अयोध्या का सर्वेक्षण दौरान , वहां हरि विष्णु -- संदर्भित एक शिलालेख देखा था।"

तत्संदर्भित रिपोर्ट के अनुसार अयोध्या में एक प्राचीन हरि विष्णु शिलालेख मिला था, जिसमें गहरवार वंशी राजा बिजयचंद्र पुत्र जयचंद द्वारा राम मंदिर निर्माण का उल्लेख था। उक्त शिलालेखानुसार वह श्री विष्णु भगवान को समर्पित था ,जिनका अवतार लेकर श्रीराम ने अयोध्या में जन्म लिया था। आगे डॉक्टर श्री भगवान सिंह के अनुरोध पर उसी दिन विद्वानों ने संकल्प लिया कि स्वयं अयोध्या जाकर वैज्ञानिक अन्वेषण करना श्रेयस्कर होगा। फलत: डॉक्टर बीबी लाल एवं प्रो, डॉक्टर श्रीभगवान सिंह जीप से उसी दिन अयोध्या पहुँच कर प्रथम दृष्टया तथाकथित राम जन्म भुमि परिषर में अनेकानेक पुरातात्विक प्राचीन पुरावशेषों को देखकर उत्साहित हुए और कथित राम जन्मभूमि स्थल के विधिवत सारगर्भित उत्खनन हेतु सक्रिय सशक्त पहल प्रारम्भ किया गया ।फ्युहरर का

उक्त अति संवेदनशील महत्वपूर्ण रिपोर्ट --- एनसिएंट मोन्युमेंटल एन्टीक्युटीज ओफ नौर्थ ---वेस्टर्न प्रोविंसेज में पठनीय है । विद्वान डां बी,बी, लाल ने स्वंय उपर्युक्त श्री हरि विष्णु शिलालेख लखनव स्थित राष्ट्रीय संग्रहालय में सुशोभित, को गम्भीरता से देखा ,पढा ,चिंतन कर संतुष्ट होकर सारगर्भित उत्खनन हेतु सरकार से गुहार तो लगवाई ही , साथ-साथ ,उच्च न्यायालय के समक्ष उपरोक्त अति महत्वपूर्ण संवेदनशील श्री विष्णु हरि विष्णु शिलालेख एवं पुरातत्वविद अंगेज़ विद्वान फ्युहरर,लखनव राष्ट्रीय पुरातात्विक संग्रहालय ,क्यूरेटर के रिपोर्ट का प्रामाणिक प्रमाण प्रस्तुत करने की याचना , राम मंदिर पक्षकारों की ओर से ,करने का अनुरोध कर ,अग्रिम लेटेस्ट वैज्ञानिक पुरातात्विक उत्खनन कराने हेतु मांग रखी गई ।

उपर्युक्त विन्दु पर ही ,तत्कालीन पुरातात्विक -विभाग के सर्वेसर्वा जेनरल कनिंघम के आर्कियोलॉजिकल रिपोर्ट,वोल्यूम—१,पृष्ठ—३१७,के अनुसार—सर्वेक्षण काल में ---वस्तु – स्थिति---

अयोध्या (अयुध्या) , प्रसिद्ध तीर्थस्थल-- हवेली अवध परगना के तहसील फैजाबाद के अन्तर्गत१) घाघरा नदी के दायां तट पर अक्षांस—२६ डि,४७ सेक, एन,देशांतर—८२ डि,१५ सेक,ई, मुख्यालय से दो किलोमीटर दूरस्त है। घाघरा को ही रामायण में सरयू नदी कहा गया है ।अयोध्या नगर की परिधि बारह योजन बताई गई है।गुप्तार घाट—नगर के पश्चिम दिशा(में रामायण कालीन लक्ष्मण का जलसमाधि स्थल) से राम घाट पूरब दिशा में सीधी रेखा में ६ मील की दूरी पर है ।नगर की दक्षिणी सीमांत पर ६ कोस दूरस्थ भरतकुंड—भदरसा के पास अवस्थित है।

आईने– अकबरी में वर्णित विवरणानुसार (अकबर कालीन—१५५६—१६०५)) अयोध्या(राज्य)१४८ कोरा लम्बा एतं ३६ कोस चौड़ा था ।तात्पर्य यह कि अकबर कालीन अयोध्या का भौगोलिक क्षेत्र घाघरा- नदी के दक्षिणी भूभाग का सम्पूर्ण अवध प्रदेश था ।कनिंघम के काल में श्री रामचन्द्र की प्राचीन अयोध्या नगरी की उत्तरी—पश्चिमी दिशा में सिमटकर मात्र दो मील लम्बा और ०३/४ मील चौड़े क्षेत्र में बचा हुआ था ।परन्तु उक्त बसावट वाले भूखंड पर भी आधा क्षेत्र में ही भवनादि थे बाक़ी उजाड़ सा था।पुरानी आबादी वाले क्षेत्र की भवनों के खंडहरों के गढ़े दिखाई पड़ रहे थे ,कारण की, उनकी ईंटों से पास का शहर फैजाबाद आबाद हुआ,जिसके लगभग सम्पूर्ण शहर का मकानात श्री राम के पुराने अयोध्या नगर की खंडहरों से ही बने हुए थे। नगर—द्वे अयोध्या एवं फैजाबाद उक्त सर्वेक्षण काल में क़रीब ६:वर्गमील पर फैला हुआ था, जो श्रीराम कालीन अयोध्या का लगभग आधा था

"।",ऐसा विवरण कनिंघम ने लिखा है ।

कनिंघम ने लिखा है कि रामायण के अनुसार अयोध्या नगर की स्थापना मानव जाति के जन्मदाता मनु ने किया था।राजा दशरथ ने चारों ओर बुर्ज,सिंह द्वार सहित किलानुमा बनाकर ,जलपूर्ण गहरी खाई बनवाई ।परन्तु कनिंघम के समक्ष वैसा कोई चिन्ह विद्यमान नहीं था।उसके विवरण में यह स्पस्ट कहा गया है कि जनश्रुति के अनुसार राजा वृहद्बल(महाभारत—चक्रव्यूह भेदन रण में अभिमन्यु के हाथों वीरगति) की मृत्यु के बाद अयोध्या नगर का श्रीहीन हो गया था ।इसने सहस्रों वर्षों तक अनेक उतार—चढ़ाव देखे । विशेष विवरण पुस्तक के अन्तिम भाग राम व लक्ष्मण के वंशजों का इतिहास में देखें । लगभग दो हज़ार वर्ष पूर्व उज्जैनी के राजा विक्रमादित्य ने उसका जीर्णोद्धार कराया ।महत्वपूर्ण है कि विक्रमादित्य काल के कुछ दशक पूर्व इक्ष्वाकु की १३५ पीढ़ी के राजा विजय ने अयोध्या त्याग कर सौराष्ट्र—सरावली क्षेत्र व वल्लभी की ओर कूच किया था। सरावली से ही एक समूह दीर्घबाहु की कोरिया जाकर वहीं बस गया । । राजा विजय के पुत्र पद्मादित्य (पद्मसेन) से ही विक्रमादित्य ने अपनी बहन मैनावती का विवाह किया था,जिससे महान संत गोपीचंद का जन्म हुए थे ।

अत: यह प्रसंग ऐतिहासिक तथ्यों पर आधारित , विश्वसनीय एवं सत्य प्रतीत होता है कि सम्राट विक्रमादित्य ने सर्प्रथम आज से लगभग दो सहस्त्र बेरासी वर्ष पूर्व प्राचीन अयोध्या की खोज करते हुए वहां पधार कर झाड़ियों – जंगलों से आच्छादित जीर्ण—शीर्ण अयोध्या का जीर्णोद्धार वहां तीन सौ साठ भव्य मन मोहक मन्दिरों का निर्माण तब कराया जब वह घनघोर झाड़--जंगलों से ढंका छिपा हुआ था,ग्रंथों में स्वर्णाक्षरित है कि विक्रमादित्य महान ने ऐसा ही महान सांस्कृतिक जीर्णोद्धार का कार्य तत्कालीन आर्यावर्त के लगभग सभी धामों का किया था ,उनमें ही एक था कावा का मक्केश्वर मन्दिर जहाँ तीन सौ साठ मन्दिरों का राजा विक्रमादित्य ने सर्वप्रथम वहाँ श्रीराम की स्मृति में- "रामगढ"-नामक एक गढ़ तथा श्रीराम की जीवन गाथा से संदर्भित कुल ३६० मन्दिरों का भी निर्माण कराया । राजा गंधर्वसेन—पुत्र विक्रमादित्य महान ,विक्रम संवत प्रवर्त्तक का काल भारतीय इतिहास में ५७ ईस्वी पूर्व माना जाता है। तात्पर्य यह कि वर्त्तमान कालावधि से- २०८१ से पूर्व महाराजा विक्रमादित्य ने अयोध्या नगर का जीर्णोद्धार कराया।यहाँ यह उल्लेखनीय है कि कनिंघम ने विक्रमादित्य((परमार कुलभूषण) को गुप्तवंशीय सम्राट चन्द्रगुप्त—२ मानकर ,उनका शासनकाल ३७५—४१५ ई, माना है ।जो आधुनिक शोधानुसार बिलकुल अशुद्ध है। देखें-स्वरचित-भारतवर्ष का इतिहास-प्रस्तावना-----

पृष्ठ—XLVI ----(श्रोत-- मैसुर बीजापुर—एहोल शिलालेख—चालुक्य = सालुक्य ==सालुंकी क्षत्रिय राजपूत--पुलकेसिन—२ कृत)

कनिंघम ने अयोध्या में अनेक हिन्दू एवं जैन मंदिरों को भी देखा था,जो प्राचीन नहीं थे परन्तु वे मुसलमानों द्वारा जमीनदोज किये गये प्राचीन मंदिरों के स्थलों पर ही थे ।उसने प्राचीन उंचे टिल्हे पर अयोध्या नगर के पूर्व दिशा में रामकोट एवं हनुमान गढ़ी को एक छोटे दिवाल से घिरा फोर्ट में देखा था ।जो पहले बिशाल भूभाग पर , श्री राम के बीस महान योद्धा—सेनापतियों के मातहत सैनिक छावनियों (बुर्जों)से संरक्षित थे ।उन बीस प्रसिद्ध सेनापतियों का नाम लोगों को कंठस्थ था जो कनिंघम ने भी जाना । किला के अन्दर आठ महलों में महाराजा दशरथ सहित रानियां एवं पुत्र रामादि रहा करते थे ।रामकोट नाम से जितना पुराना लगता था उतना पुराना था नहीं।बल्कि हनुमान गढ़ी औरंगज़ेब काल (१६५८--१७०७ ई,)से भी अधिक पुराना प्रतीत हुआ था।

कनिंघम के अनुसार नगर के उत्तर—पूर्व में रामघाट(राम का स्नान—स्थल) एवं उत्तर – पश्चिम में स्वर्गाद्वारम ,जिसे राम दरबार भी कहा जाता था,वह स्थल था ,जहाँ श्रीराम का दाह संस्कार हुआ था ।कनिंघम ने आगे लिखा है कि त्रेता के ठाकुर नामक एक प्रसिद्ध स्थान है जहाँ श्री राम ने महान त्याग किया था --- "वहाँ सीता के साथ श्रीराम ने अपनी प्रतिमा भी स्थापित की थी ।"—वहीं पास में लक्ष्मण घाट है जहाँ उन्होंने स्नान किया था ।

कनिंघम के कथनानुसार लक्ष्मण घाट से कुछ ही दूरी पर(एक क्वाटर मील दूरस्थ) नगर-- हृदय में बसा हुआ है—"श्री रामजन्मभूमि"--- है जिसे जन्मस्थानम् कहते हैं ।वहाँ से पाँच मील दूरस्थ पश्चिम दिशा में –"गुप्तार घाट”-- है जहाँ से लक्ष्मण गुप्त / अदृश्य हो गये (जलसमाधि पश्चात अन्तर्धान हो गयें--

बाल्मीकि रामायण उत्तर कांड-१४,सर्ग-१०३—१०७---)

सर्ग—१०६/३ "-विसर्जये त्वां सौमित्रे मा भूद् धर्मषिपर्यथा।त्यागो वधो वाविदित: साधूनां हप भयं समम्।।"

सर्ग—१०५---"स गत्वा सरयू तीरमुपस्पृश्य कृतांजलि ।------- नि: श्वासं न मुमोच।"

(स्वरचित भा,सां,इति,अ-२५,पृष्ठ--३२७)

कनिंघम ने स्वंय अयोध्या में पाँच दिगम्बर जैन तीर्थंकरों अदिनाथ,अजीतनाथ,अभिनंदननाथ,सुमतिनाथ एवं अनन्त नाथ का जन्मस्थान होने के उपलक्ष्य में उनके नाम की मन्दिरों को देखा था, जो बि,संवत १७८४ में

अवध - नबाब सुजाउद्धीन के काल में देखा था ।१८८१ ई,में निर्मित एक श्वेताम्बर मंदिर भी तीर्थंकर अजीतनाथ जी के नाम का है।

उपर कथित " स्वर्गादृवार स्थल"-- के सटे टिल्हा पर आदिनाथ जी –मंदिर है, जिसे जेहादी लुटेरा सहाबुद्दीन ने तोड़ा था।उस टीला पर बाद में मुस्लिमों के अनेक मकानात बनाये गये ।कनिंघम ने सशक्त शब्दों में स्पस्ट लिखा है कि स्थानीय लोगों की प्रचंड अभिधारणानानुसार मुसलमानों के उपरोक्त आक्रमान काल में भी अयोध्या में तीन प्राचीन हिन्दू मंदिर विद्यमान था—यथा(१)—श्रीराम जन्मस्थानम्(२),स्वर्गादृवारम् एवं(३) त्रेता के ठाकुर का था।जिसमें ---" बाबर के सहयोगी मीर खां ने श्री रामजन्मस्थानम् मन्दिर को तोड़कर हिजरी सन् ९३०(१५२८) में उसके मलवों से वहाँ मस्जिद बनवाया।कनिंघम ने लिखा है कि --" प्राचीन रामजन्मस्थानम मंदिर अत्यंत ऐश्वर्यपूर्ण भव्य रहा होगा जैसा कि उसके कांलम,दीवारों, स्तम्भों आदि पर आच्छादित सुन्दर कलाकृतियों की छाप, उक्त मस्जिद पर साफ़ दिखती हैं ।" देखें—आर्कियोलॉजिकल रिपोर्ट (न्यु सिरीज़)भो—१,पेज—६७"

These are of strong ,close—grained ,dark—coloured, or black Stone, called by the natives-- KASAUTI--, " touch –stone— Slate "and carved with different devices ;they are from seven to eight feet long ,square at the base ,centre and capital ,and round or octagonal intermediately the second and third.

Alexander Cunningham' report speaks eloquently about subsequent destruction of Ayodhya by Aurangzeb(1658—1707), It also appears in clear terms that Aurangzeb too ,used the Malbasa (garbage) of destructed temples in constructing masjid in nearby Faizabad ,

Sri Kishor Kunal IPS has vividly explained about the entire episodes of ups n downs of Ayodhya in his book – "Ayodhya Revisited ",which also finds details of destruction of Ayodhya by Aurangzeb,

Cunnigham has explained about the most important evidence – relating to a Fragmentary Inscription of King JAYCHANDRA of KANAUJ ,dated SAMVAT -1241 with reference to recording the erection of a TEMPLE of VISHNU ,Which was rescued from the ruins of Aurangjeb 's masjid ,known as –"TRETA KE THAKUR"—and is now in the FAIZABAD Museum.(see---

Arch.Reports(New series--)Vol-1,page—68)

डां श्री भगवान सिंह ने सर्वप्रथम राजा जयचंद कन्नौज के उपरोक्त शिलालेख,जो अयोध्या मन्दिर का था और विध्वंश पश्चात औरंगज़ेब दावारा फैजाबाद मस्जिद में लगवाया था ,की ओर ही डां बी,बी लाल सहित विद्वत मंडली का ध्यान आकर्षित किया था ,काशी नरेश डां विभुति नारायण सिंह के रामनगर राजमहल में ।

By above version -----based on Cunningham' own Survey, it becomes as clear as crystals that the said Vast Sriram Temple complex's partly destructed portions might have been renovated again long after Babar (but before Aurangjeb undoubtedly (in the favourable religious climate of –"Din -e—Elahi—" created during Akbar—' s last period 1580---1605 AD.) by Maharaja Mansingh Kuchhwah (descendant of Suryavanshi SRIRAM) of Amer , History of various inscriptions relating to renovation of ancient temples, speaks itself that He had got renovated and constructed Several temples in different parts of India like Haridwar,

Vrindavan, Mathura beautiful red stone --Govind Temple ,Vaidhyanathan Jyotirlinga ,(1595AD---Bihar-- now in Jharkhand built by Maharaja Puranmal Singh Chandel of Gidhaur) and Baikunthpur Shiva temple near Patna,in the memory of his great pious mother,as she died there ,when she was being taken towards Amer,in her last days. He had developed so many ancient places in the regional area of his governess one of the most famous is on the bank of River Gangaes--; Sitakund (Where Sita ji 's foot prints carved out on rocky-- Stone preserved , had performed Surya – upasana ,; Shashti pujan near ancient Shringi Rishi . Actually Man Singh had been Subedar of Bihar ,Bengal n Orisa .

कनिंघम ने अयोध्या नगर से दक्षिण--दिशा में एक मील से कम ही दूरी पर तीन उंचे -उंचे टिल्हे देखे थे – नाम था—मणि पर्वत,कुबेर पर्वत(उंचाई—२८ फ़ीट—ईंटें निकाली हुई अनेक गढ़हें)एवं सुग्रीव पर्वत ।मणि पर्वत , ऊँचाई ६५ फ़ीट ,कंकड़ों तथा ईंटों (11:5"X3") से ढंका हुआ । मणि पर्वत से ५०० फ़ीट पर दक्षिण दिशा में कुवेर पर्वत का टील्हा पास में पौराणिक गणेश कुंड , उसके बाद सुग्रीव पर्वत १० फीट उंचा है, यह टीला दो भाग में बँटा हुआ है ।ईंटे प्राचीन ०८:५ वर्ग फीट। मणि पर्वत एवं कुवेर पर्वत के मध्य—६४'X ४७' भूखण्ड पर पुरानें ईंटों

से बनी ,दो मुसलमानी दरगाह हैं,जिसकी चर्चा आईने अकबरी में भी है । वहां से करीब एक मील दूरस्थ थाना से नज़दीक प्रसिद्ध नूह की दरगाह है। उपरोक्त मिट्टी के टील्हों के पास से ही गुजरने वाली तत्कालीन रोड ही प्राचीन राजपथ रहा होगा,जिसका प्रमाण है वह प्राचीन पुल जिसके नीचे तीन मेहराव बने हुए हैं और यही रोड आगे बढ़ कर अयोध्या नगर के दक्षिणी दिशा से भरतकुंड होकर सुल्तानपुर(प्राचीन --कुशपुर) –प्रयागराज की तरफ़ जाती है।उपर्युक्त मणि पर्वत के टील्हे के पास से (लखनव के नबाव नसीरूद्दीन काल में) एक अभिलेख मिला था ,जो मगध नरेश नन्दी वर्धन का था ,ऐसा श्री कनिंघम ने लिखा है ।

श्री कनिंघम के अनुसार हुएनसंग (–६२९–६४५)(पी सो किया अथवा विसाखा यही अयोध्या ही है,यद्यपि कतिपय विद्वानों ने इसे हुएनसांग का--- ओ यू तो ---॥८६.८६.को माना है ।हुएनसांग के अनुसार उसके --- अयोध्या दर्शन काल में(देखें—इतिहासकार बिल कृत अनुवाद,पृ –२३०----

- सम्पूर्ण अयोध्या १६ ली की परिधि में (०२:६ मील लगभग) थी।

- २० संघागार , ५० हिन्दू मन्दिरें एवं (३०००) तीन सहस्त्र हिन्दू पुरोहित रहा करते थे ।तात्पर्य कि विक्रमादित्य निर्मित ३५० मन्दिरों में सिर्फ़ पच्चास ही बचे थे।

- बौद्ध मठों की स्थिति अच्छी थी एवं जितने बौद्ध भिक्षु बनारस में उनदिनों रहा करते थे लगभग अयोध्या में भी वे उतनी ही संख्या में कनिंघम को दिखाई दिए ।

- हुएनसांग ने अयोध्या के जिस प्रथम संघाराम का वर्णन किया था ,वही उपर वर्णित नगर से दक्षिण दिशा में सुग्रीव पर्वत के उस विशाल ५००’X ३००’ टिल्हा वाला खंडहर--स्थल था।

- हुएनसांग कथित अशोक स्तम्भ २००’ उंचाई,वाला स्थल ,जहाँ बुद्ध ने छः वर्ष के अन्तराल में निवास व उपदेश दिया था ,कनिंघम के अनुसार वह उपरोक्त मणि पर्वत का ६५’ उंचाई वाला टिल्हा ही था। कनिंघम के अनुसार वह स्थान का उपरी सतह पर अशोक स्तूप जो हुएनसांग ने देखा था ,निस्सन्देह उसके नीचे का मिट्टी का सतह,बुद्ध कालीन रहा होगा जहाँ अशोक ने अपने काल में स्मृति स्तूप का निर्माण कराया |

- हुएनसांग ने अयोध्या नगर के उपरोक्त अशोक स्तूप के पास बिशाल(नीम पेड़)दांत धोने का दातून—पेड़ के पास --चार जैन(गलती से बौद्ध संन्यासी लिखा है)संतों का जन्म स्थान,योग- व्यायाम स्थल,परिक्रमा स्थल आदि के

साथ-साथ,उनके पैरों का पदचाप चिन्हों को देखा था,वही स्थल कनिंघम काल में खंडहरनुमा स्थल पर उपरोक्त दो दरगाह वाला स्थान है ।परन्तु संतों का कथित पदचाप उन्हें नहीं दिखाई दिया।

• इसी प्रकार उपरोक्त कुबेर पर्वत का जो टिल्हा कनिंघम ने देखा था, वहाँ पहले हर्ष वर्धन काल में हुएन सांग ने(६३०—४४ ई) अन्तिम स्मारक के रूप में एक अशोक स्तूप देखा था , जिसमें भगवान बुद्ध की दांत एवं केश राशि रखे होने की बात उसने लिखी थी ,वहीं १९ वीं शताब्दी में कनिंघम ने दो दरगाह पुरानी ईंटों से बनाई गई देखी ।स्पस्टतः हुएनसांग ने सातवीं शताब्दी के चतुर्थ -पंचम दशक के मध्य में अयोध्या में दो अशोक स्तम्भ देखा था जिसमें एक बिशाल संघाराम के निकट मणि पर्वत पर और दूसरा कुबेर पर्वत पर था ।

कनिंघम ने साफ़ साफ लिखा है कि हुएनसांग कालीन उपर वर्णित सारे के सारे भवनें ,संघाराम,स्तूपें ,मन्दिरें कुछ भी इनके काल में वहाँ उपलव्ध नहीं था ,क्योंकि उन सभी को ध्वस्त कर उसके मलवों की ईंटें एवं अन्य सामग्रियों से मुसलमानों ने असंख्य टोम्स,मस्जिद,खनकाह ,पास का पुल आदि बनवाए ।

Further large reports speak eloquently about presence of most ancient. (bricks ,dihas,Tilhas,Dhuhas ,but not placed in their ancient original places rather in installed in various muslim mosques,tombs,dargahas,endowments ,houses in large scales – found in abundance around Ayodhya Nagar – encircled in about more than fifty Kms area containing 100 villages of Ayodhya to Faizabad (latitude 26 degrees 47 '-----Longitude 82 degrees 11' E)

कनिंघम—रिपोर्टानुसार ---संदर्भित --जरनल ,एशियाटिक सोसायटी औफ बंगाल,वोल्युम – X –पृष्ठ–९८ एवं इन्डियन एन्टीक्योरी – वोल्युम—XV,पृष्ठ—१० ---

A COPPER PLATE GRANT of JAYACHCHHANDRA of KANAUJ ,dtd—Samvat 1243 was found near FAIZAVAD in 1841 AD,; The original plate is(was) now in the library of Royal Asiatic Society ,Londan,

अयोध्या के प्रथम बार श्रीहीन होने का काल , ज्ञात श्रोतों के मुताबिक युद्धिष्ठिर संवत एवं कलि संवत प्रारम्भिक काल के मध्य , उज्जैन के राजा बिक्रमादित्य से ३०८०-- ३०४४ वर्ष पूर्व ।

श्री राम सेतु विवाद – श्री राम का अस्तित्व समूल विनस्ट करने का अथक प्रयास-- –भारतीय हिन्दु गद्दारों में तथाकथित चोटी के वामपंथी इतिहासकार एवं कतिपय राष्ट्रीय स्तर के राजनेता---- आश्चर्यजनक व हास्यास्पद--जग ज़ाहिर तथ्य तो यह है कि तत्कालीन भारत सरकार रामेश्वरम् स्थित रामसेतु को बिदेशी दुश्मनों के हाथों की कठपुतली बनकर वामपंथियों के साये में जब उसे विध्वंस करने हेतु आतुर थी और अबोध बालक सद्दश उच्चतम न्यायालय के समक्ष सरकार की ओर से शपथपत्र दायर कर दो टूक बयान दी थी कि श्रीराम ,रामायण में वर्णित (भारतीय संस्कृति के) एक काल्पनिक छद्म नायक रहे हैं ,न कि जीता जागता कोई हाड़ --मांस का मानव, इसलिए तथाकथित रामसेतु को विध्वंस कर व्यापारिक यातायात के मार्ग में जो वैश्विक समाज को कठिनाईयां झेलननी पड़ रही है ,उससे मुक्ति दिलाई जाय । सनातनियों के उपरोक्त प्रचंड प्रामाणिक विरोध आदि के परिपेक्ष्य में सौभाग्य से माननीय उच्चतम न्यायालय ने तत्कालीन कांग्रेसी सरकार की कुकृत्य पर पानी ही नहीं फेरा अपितु वह भारत ही नहीं ,सम्पूर्ण विश्व के समक्ष भारत के --सांस्कृतिक विध्वंस का खूंखार रक्तपिपासु शिकारी प्रमाणित हुआ । मन्दिरों के विध्वंस का जो दुष्कर्म बिदेशी दुर्दान्त जेहादी आक्रांताओं ने सहस्त्र वर्षों में तक सम्पूर्ण भारत में किया था,उससे भी बड़ा पाप कांग्रेस—सरकार ने तब किया,जब श्री रामजन्मभूमि ,अयोध्या विवाद की त्वरित सुनवाई के वर्षों पूर्व रामेश्वरम् स्थित रामसेतु विवाद में माननीय उच्चतम न्यायालय में हलफनामा दायर कर --- लिखित बयान समर्पित कर कहा कि--- "श्री राम एक काल्पनिक पुरूष थे "।

उपर्युक्त परिस्थितियों में ही श्री राम जन्मभूमि मंदिर विवाद में न्यायालय के समक्ष, ,उपर वर्णित विन्दुवार – तथ्यात्मक ज्योतिर्मय साक्ष्यों के आलोक में टर्निंग प्वाइंट ही नहीं आयां अपितु षड्यंत्रकारी वामपंथी इतिहासकारों ,जिसके सरगना विद्वान डां ईरफान हबीब आदि थे ,के द्वारा प्रस्तावित काले करतूतों पर पानी फिर गया। न्यायालय सह तत्कालीन सरकार की सहमति पर गठित पुरातात्त्विक विशेषज्ञों के दल द्वारा ,सर्वेक्षण – मनतव्य में छेड़छाड कर ,सरकार उत्प्रेरित झूठ का पुलिंदा -- रिपोर्ट समर्पण ,जैसा कि तत्कालीन प्रधानमंत्री श्री नरसिम्हा राव के निजि सचिव योगेन्द्र नारायण के संस्मरण एवं न्यायालय आदेश पर वैज्ञानिक पुरातात्विक उत्खनन के सदस्यों में से एक श्री के,के,मुराद कृत –" न्यांन एन्ना भारतियांन"----(मैं भी भारतीय हूँ) के प्रामाणिक साक्ष्य आधारित अभिधारित अभिव्यक्ति से सुस्पष्ट उद्घाटित हुआ है ।(देखें—स्वरचित—भारतवर्ष   का   सांस्कृतिक

इतिहास,अ—२५(क)—पृष्ठ—३२९—३३४),

कहने की आवश्यकता नहीं समझता कि डां बी,बी, लाल सह डां श्री भगवान सिंह की उत्साह वर्धक पहल पर पुनः पुरातात्विक विषारद उद्भट विद्वानों ने अयोध्या नगरी में ही महत्वपूर्ण ऐतिहासिक सेमिनार पुरातात्विक सह इतिहास चेता विद्वानों का आयोजित किया, जिसमें पटना विश्वविद्यालय के पुरातात्विक इतिहासकार डां रमेश ,डां बी,बी, लाल,डां श्री भगवान सिंह आदि सक्रिय रहे । इन सभी सांस्कृतिक संरक्षक विद्वानों का दिन रात का इमानदार श्रमशील बौद्धिक परिश्रम से ही पुरातत्वविदों का विशाल समूह प्रचंड उर्जावान होकर अग्रसर हुआ था,इतिहास में समुचित सम्मान के अधिकारी ,इतिहास से परे हैं,यह एक ऐतिहासिक विडंबना है |

डॉक्टर श्री भगवान सिंह ने मुझे यह भी सूचना दी की गहरवार नरेश जयचंद की रानी प्रभावती ने उन्हीं दिनों अयोध्या राममंदिर निर्माण काल में सारनाथ में एक बौद्ध बिहार का भी निर्माण कराया था। तत्संबंधी विवरण पुरातात्विक इतिहास जर्नल में छपा था।

||सनातन सांस्कृतिक इतिहासानुसार श्रेष्ठ गुणों से परिपूर्ण मानव समुदाय ही आर्यवर ,आर्यश्रेस्ठ कहे जाते थे |ऋगवेद मंडल—३ (इच्क्षवाकु वंशी --विश्वामित्र कृत)—आर्यवर क्षत्रिय –राजपूत-- संततियों को इंगित कर कहा गया है ----

–“---व्रध्यतां राजपुत्रास्च बाहु राजन्य कृत ।बध्यतां राजपुत्रांणा क्रन्दता मिततेरम ।“

भारतवर्षीय सर्वमान्य सनातन सांस्कृतिक परम्परागतानुसार वर्त्तमान कलियुग सातवें मन्वन्तर में चल रहा है। प्रत्येक सनातनी विभिन्न विशाल – विशाल अश्वमेध ,राजसुय, दुर्गा पूजा,सत्य नारायण, कार्तिक—उद्यापन-यज्ञ अनुष्ठानों से लेकर वार्षिक सह दैनिक पूजा अनुष्ठानों में जब-जब सामुहिक या व्यक्तिगत संकल्प लेता है तब-तब अत्यंत महत्वपूर्ण मंत्रोचारण करता है --- मंत्रोच्चारण में पूजा स्थल विशेष का भौगोलिक स्थान सह , मन्वन्तर विशेष का नाम,कल्प--काल विशेष , प्रदेश विशेष, नदी तट विशेष, मास,तिथि ,रोज आदि का उद्घाटन भी करते हैं ।तदनुसार वर्त्तमान ,यथा---

- ॐ नमः परमात्मने ,श्री ब्रह्मणो द्विवतीयपरार्ध श्री श्वेत वाराह कल्पे वैवस्वत मन्वन्तरे अष्टाविंशतितमे कलियुगे प्रथम चरणे जम्बुद्विपे भारतवर्ष भरतखंडे आर्यावर्तन्तर्गत ब्रह्मावर्त्तक देशे पुण्य प्रदेशे-- बौद्धावतारे वर्त्तमाने यथानाम संवतसरे अमुकायने------

- आधुनिक विद्वानों ने तत्कालीन लौकिक साहित्य सह ऐतिहासिक एवं अन्त्यरिक्षीय सह अन्य महत्वपूर्ण खगोलीय गतिविधियों पर आधारित अवधारणा प्रतिपादित कर मनु द्वारा सरयू नदी तट पर अयोध्या बस्ती की स्थापना-काल १३७४३ विक्रम संवत पूर्व अनुमानित किया है । अथर्ववेद में अयोध्या को देवों की राजधानी कहा गया है ,तदनुसार अयोध्या राजधानी केन्द्रित प्रथम देवासुर संग्राम काल १३५४३ से १२५४३ विक्रम संवत पूर्व अनुमानित है ।

-

"अथर्ववेदानुसार-----" माता भूमि: पुत्रोअहं पृथिव्या:"—"

मगध सम्राट चन्द्रगुप्त मौर्य कालीन ग्रीक राजपूत मेगास्थनीज ने प्रसिद्ध ग्रंथ इन्डिका में कहा है--- --" " भारतवर्ष आर्यों का मूल देश है ||"

"बाल्मीकि रामायण,बालकांड—०६/४७, एवं ०५/०२
--" आदि राजो मनुरिव प्रजानाम प्रतिरक्षिता "---
आदि राजा (तात्पर्य कि प्रथम राजा) मनु से प्रतिरक्षित प्रजा ।
वायु पुराण—१८/७२---
चतुर्विंशे युगे रामो वसिष्ठेन पुरोधसा , रावणस्यार्थे यज्ञे
दशरथात्मज: ।
पुन: महाभारत में----"

--"संध्यंशे समनुप्राप्ते त्रेताया द्वापरस्य च, अहं दाशरथी रामो भविष्यामि जगत्पति:॥"

शतपथ ब्राह्मण १३/४/३/३ ,,महाभारत आदिपर्व—७०/१३—१४ , हरिवंशपुराण ०१/१०/१—२,ब्रह्मांड पुराण –०३/३०/२३,मत्स्य पुराण ११/४१ एवं विष्णुपुराण आदि से भी मनु द्वारा अयोध्या नगरी बसाने तथा उनके पुत्रों की जानकारी सुलभ है । विष्णुपुराणानुसार मनु के दश पुत्रों में ज्येष्ठ इच्क्षवाकु ने पिता द्वारा बसाये गये अयोध्या को राजधानी स्वरूप समुन्नत किया ।मनु का ही अन्य नाम श्रधदेव भी था । इच्क्षवाकु के सौ पुत्रों में ज्येष्ठ विकुक्षि अयोध्या एवं निमि विदेह (मिथिलों) का राजा हुए ।इसी प्रकार राजा इच्क्षवाकु के सौ पुत्रों में पच्चास उत्तरापथ तथा अन्य पच्चास दक्षिणापथ के शासक हुए ।

प्राचीन सनातन शास्त्र वांगमयानुसार इस पृथ्वी का नाम इच्वाकु वंशी अयोध्या नरेश राजा वेण(अनेना) के पुत्र राजा पृथु के नाम पर ही पड़ा ।राजा पृथु को ही ग्रीक मैथोलोजी में डायोनिसस Dynosus कहा जाता है। पृथ्वी माता(सबों की जन्मदात्री) को

जिस विवस्वान सूर्य पुत्र मनु के पुत्र इक्ष्वाकु से छठी पीढ़ी में राजा पृथवी हुए, उसी वंश में मनु से ५७ वीं /६१ पीढ़ी में अयोध्या नरेश दशरथ नंदन के महायशस्वी पुत्र (५८/६२) वीं पीढ़ी श्री राम हुए |(बाल्मीकि रामायण ,कालिदास कृत रघुवंशम्,राजशेखर कृत काव्य मिमांशा,कल्हण कृत राजतरंगिणी,,मुंहणोत नैनसी री ख्यात,कल्पद्रुम,अमरकाव्यम् एवं राजप्रशस्ति,बलदेव प्रसाद मिश्र कृत राजस्थान का इति,कृष्ण द्वैपायन व्यास कृत महाभारत, रघुनाथ सिंह कृत क्षत्रिय राजपूत तथा स्वरचित भारतवर्ष का सांस्कृतिक इतिहास-अ-२५ ,पृष्ठ-३३९,)

महाभारत महारण में वीर बालक अभिमन्यु के हाथों --अयोध्या नरेश वृहदवल (श्री राम से लगभग ३२ वीं पीढ़ी) ने चक्रव्यूह भेदन रण में वीरगति पाया था। सम्भावित काल ३०८० विक्रम पूर्व |विक्रमादित्य महान ने स्वंय अयोध्या का जीर्णोद्धार विक्रम -प्रथम शताब्दी में किया,श्री राम मन्दिर सहित लगभग ३०० अन्य मन्दिरों का निर्माण भी। जिसमें से पच्चास मन्दिरों को हुएनसांग(६३०-४३ ई) ने भी स्वंय देखा था।परन्तु आसमानी किताब के बन्दों की कुकृत्यों के फल से फ्यूहरर, महाशय कनिंघम आदि के काल में एक भी मन्दिर का अस्तित्व वहॉ नहीं था ।

16

महाराज जयचंन्द्र गहरवार का एक ताम्रपत्र एवं दो--तीन शिलालेखों से विष्णु अवतार श्री राम की जन्मभूमि अयोध्या (संवत--१२४१–१२४५) जीवंत

गहरवंशी राजा जयचंद (काशी सह कन्नौज का)का कुल तीन अभिलेख,दो शिलालेख एवं एक ताम्रपट लेख अयोध्या में मिला ,जो पुरातात्विक इतिहास की सर्वोपरि साक्ष्य है ।उपरोक्त तीन अभिलेखों में दो कनिंघम के काल में तथा तीसरा माननीय न्यायालय के आदेश पर पुरातात्विक उत्खनन कर्त्ता दल को डां के,के, मुहम्मद सदस्य काल में ।

(१)कन्नोज नरेश जयचंद का पहला शिलालेख(टूटा हुआ)संवत १२४१ वर्ष का ,औरंगज़ेब निर्मित मस्जिद के मलवे से मिला था। इसी शिलालेख में , उस स्थल पर जयचंद द्वारा त्रेता के ठाकुर का मन्दिर (तात्पर्य विष्णु के अवतार) निर्माण का विवरण है ।ज्ञातव्य है कि इसी विष्णु -मन्दिर को तोड़कर औरंगज़ेब(१६५८---१७०७ ई,) ने वहाँ मस्जिद बनवा दिया था । कनिंघम के रिपोर्टानुसार वह फैजाबाद (वर्तमान परिवर्तित अयोध्या) संग्रहालय में संरक्षित था।

(२)कन्नौज नरेश जयचंद का ही एक ताम्रपत्र—(दानपत्र) संवत १२४३ वर्ष का फैजाबाद के पास(जहाँ अयोध्या मन्दिर परिसर का विध्वंस कर मलवे से जो मस्जिदें एवं अन्य मुस्लिम मकानात आदि बनावाये गये थे ,उनके मलवों से १८४१ ई, मिला था ।जो रोयाल एसिएटिक सोसायटी लंदन के पुस्तकालय में संरक्षित है। ऐसा पेज—३०१, आर्कियोलॉजिकल सर्व लिस्ट्स ,अवध पर वर्णित है। जरनल एसिएटिक सोसायटी औफ बंगाल,भोल्युम—X,पेज-९८, एवं इन्डियन एन्टीक्युरी ,भो-XV,पेज—१० से उद्धृत।

(३) पुन: कन्नौज नरेश महाप्रतापी जयचंद का ही,

तीसरा महत्वपूर्ण शिलालेख—" प्रसिद्ध—" श्री विष्णु हरि शिलालेख" --- पुरातात्विकविदों(डां के के मोहम्मद आदि) के उस दल को मिला, जो,मान,न्यायालय के आदेश पर विधिवत गठित की गईं थीं ।

तात्पर्य कि अयोध्या में(क) जैन तीर्थंकरों के कुल छ: मंदिरें जिनमें पाँच दिगम्बर मंदिरें एवं एक श्वेताम्बर मंदिर थे ।उसके पूर्वकाल से (ख) चार अतिरिक्त प्राचीन प्रसिद्ध मंदिर स्थापित किये गये थे,जो(१) जन्मस्थानम् मंदिर , जहाँ श्री राम ने जन्म लिया था । Archaeological Reports (New series) Vol—1,,page-67 के अनुसार इसी श्रीराम जन्मस्थान मन्दिर को तोड़कर बादशाह बाबर के सेनापति मीर खां ने हिजरी ९३० वर्ष में मस्जिद बनवा दिया था ।

उपर्युक्त ऐतिहासिक तथ्यों की सम्पुस्टि मुगल राजवंश संस्थापक बादशाह बाबर (१५२६—३० ई,) ने स्वंय बाबरनामा में तथा उसके पौत्र बादशाह अकबर के दरबारी नवरत्नों में प्रसिद्ध सेनापति, सलाहकार एवं कवि अबुल फजल(जो स्वंय जहांगीर -- के पड्यंत्र का शिकार(१६०३), जहांगीर के विश्वास पात्र सेनापति वीर सिंह बुन्देला के सहयोगी योद्धा भगवंतराय के प्राणघातक भाले का हुआ था ,जब वह बादशाह पिता के काल में तत्कालीन एलाहाबाद (वर्तमान प्रयागराज) का सूबेदार था) ने अकबर नामा में किया है ।अकबरनामा में वर्तमान उत्तर

प्रदेश स्थित सँभल , जहाँ महान सम्राट पृथ्वी राज के चौहानवंशी पूर्वजों का मूल राजधानी था, भावी कल्कि अवतार का भव्य विशाल मन्दिर सहस्त्रों वर्ष प्राचीन था , उसे भी विध्वंस कर उसके मलवे से मस्जिद निर्माण का वर्णन स्वयं विध्वंसक बादशाह बाबर ने किया था ,ऐसा विवरण भी अबुल फजल ने सुस्पष्ट शब्दों में किया है ।

यशस्वी प्रसिद्ध अधिवक्ता श्री विष्णु शंकर जैन एवं उनके पिता वरीय अधिवक्ता की सक्रियता पर प्राचीन कालीन सम्भल में विगत माह से न्यायालय के आदेशानुसार सर्वेक्षण तथा उत्खनन में प्राचीन मन्दिरों का पुरातात्विक अवशेषों का भंडार निकल रहा है।

इस प्रकार अयोध्या के प्राचीन ध्वंसावशेषों में उपरोक्त मन्दिर के अतिरिक्त --निम्नलिखित जीर्ण-सीर्ण मन्दिरों का अस्तित्व दिखाई पड़ा । यथा--(१)गुप्तार घाट मंदिर(जहां से लक्ष्मण जी जलसमाधि पश्चात अन्तर्ध्यान हुए,,(२)स्वर्गाद्वारम मंदिर(जहां से श्री राम का स्वर्गारोहण हुआ) एवं (३) अति महत्त्वपूर्ण मंदिर ,जिसे —" त्रेता के ठाकुर मंदिर " कहा जाता था,जो श्री राम ने स्वंय निर्माण कराया था – और वह था माता सीता जी एवं श्री रामजी का स्वंय का ।प्राचीनतम स्वर्गाद्वारम मंदिर एवं त्रेता के ठाकुर मंदिर ,दोनों मंदिरों को तोड़कर क्रूर पितृ व भ्रातृहंता मूर्ति भंजक औरंगज़ेब ने वहां मस्जिदें बनवाई थी। जो कनिंघम के पुरातात्विक सर्वेक्षण काल में काल के थपेड़े से ध्वस्त ध्वंसावशेष ढूहों में पड़े थे ।

इन सभी मंदिरों के अतिरिक्त अनेकानेक मंदिरें,बौद्ध विहारें,मठें,सभागार, संग्रहालय,संत महात्माओं की कुटियायें वहां थीं ,जिनमें श्री रामभक्त हनुमान जी का भी मंदिर व मठ आदि (हनुमान गढ़ी में) एक था,उसका जीर्णोद्धारित अंश आज भी दर्शनीय है ।

शिलालेख ,ताम्रपत्राभिलेख--- पुरातात्विक अभिलेखों में तीन अत्यंत महत्वपूर्ण श्रेणी के श्री कनिंघम ,फ्युरर आदि को सर्वेक्षण सह उत्खनन में प्राप्त हुए थे ।एक अयोध्या मणि पर्वत से शिलालेख एवं दूसरा १२४५ संवत का कुबेर पर्वत से प्राप्त (शिलालेख)तथा एक अन्य कांपर प्लेट भी श्री विष्णु हरि(जिनके अवतार श्रीराम स्वंय हुए थे)--- मन्दिर निर्माण सम्बंधित, की सुलभ हुई थी और

|Archaeological Reports (New Series),Vol—1,page—68 vide Archaeological Survey Lists Audh--,page—295—302—

Be pleased to find most burning proof of a grant dedicated for maintaining and looking after the Ayodhya Sriram Janmabhumi temple etc ,granted by famous Raja Jaychand of Kannauj (his two other Stone inscriptions regarding erection of aforesaid temples also found , as already detailed in forgoing paragraphs,)--the Archaeological Survey lists also finds reference of Journal ,Asiatic Society of Bengal ,Vol—X,page-98 and Indian Antiquary,Vol—XV-, page—10-

Arch,Survey Lists, page—301—--"A copper plate grant of Jaychchandra of Kannauj ,dated Samvat—1243 ,was found near Faizabad in A,D,1841,;the original plate is now in the library of the Royal Asiatic Society ,Londan"---,

17

"मगध सम्राट नन्दि
वर्धन - अभिलेख एवं
महापद्मनन्द काल में
अयोध्या की राजनैतिक
स्थिति"-(२) श्री
रामकालीन मुख्य
घटनाओं का काल
निरूपण - विचारन

Arch,Survey Lists page-298-para—1,last line-

An inscription of Raja Nandivardhan of Magadh,is said to have been discovered buried in this this mound(Sri Ram kalin Mani parvat ,ancient dwelling houses of Monkeys ,brigade of Sri Ram' sena), during rule of local chief Nasir uddin Haider of Lakhnao,but the inscription been never published and the original plate cannot now be traced,

Here it is to be pointed out that Ayodhya was conquered by Mahapadmanand of Magadh in 17 th cent,B,C,E,as told by a grp of historians ,but according to recent research work of Dr Vedveer Arya (An Out line of Indian Chronology ,page---12—) ,Nandivardhan,from Shishunag vansh was ruler of Magadh(1715—1707 B,C,E), as after reconquering Rajgriha ,he founded the rule of Shishunag Dynasty in Magadh ,Where as Mahapadmanand ,became founder of Nanda Dynasty of Magadh in seventeenth cent,; 1664 B.C.E.,In entire detailed archaeological reports of Alexander Cunningham about Ayodhya,I couldnot find any point to connect Mahapadmanand's invasion and rule on Ayodhya ,though the possibility cannot be ruled out.

.According to Dr Vedvir Arya ,the last king of Ikshvaku Dynasty in Ayodhya ; Raja Sumati was dethroned by King Mahapadmanand (1662—1608 BCE) १६०५—१५५१ विक्रम संवत पूर्व ,who got Ayodhya annexed with Magadh as its part(The Arch.History of Ayodhya—page--6).Dr,Kanwar lal in Bharatottar Rajvanshon ka Itihas "and Dr Prof,Dr Jitendra Kumar Singh ,मिर्जापुर ,अहोरी—बरहर कृत श्रीराम की अयोध्या के अनुसार डां वेदवीर आर्य कृत श्रीराम का जन्मकाल से लेकर अन्य संदर्भित महत्वपूर्ण कालक्रमिक घटनाओं का तथ्यात्मक इतिहास की काल गणनाओं में लगभग १२०० वर्ष का अन्तर (से पहले घटित) दृष्टिगोचर होता है ।इस विन्दु पर गम्भीर शोध की नितांत आवश्यकता है ।इसी परिपेक्ष्य में महाराज युदिधष्ठिर का राज्याभिषेक काल से पांचवीं पीढ़ी में (हस्तिनापुर के बाढ़ में विनाश पश्चात) कौशाम्बी राजधानी में सिंहासनारूढ़ राजा अधिसीम कृष्ण का काल में ऋषि शौनक के कुलपतित्व में नैमिषारण्य में आयोजित बिशाल दीर्घ संसद का काल महाभारत बाद तीन सौ वर्ष एवं युदिधष्ठिर संवत से २६४ वर्ष में आयोजित काल में अयोध्या के राजा इच्क्षवाकु वंशी दिवाकर तथा मगध के जरासंघ के राजवंश में राजा सेनाजीत थे।तथा युदिधष्ठिर से अन्तिम तीसवीं पीढ़ी के राजा --पांडव बंशी राजा क्षेमक तक कुल ११०० वर्ष माह—११ एवं दस दिनों का कर्नल टांड एवं पंडित बलदेव प्रसाद मिश्र ने (राज इति,--१९०५-पृष्ठ –२४) माना है ।

इसी प्रकार श्री कृष्ण का काल कतिपय विद्वानों ने महाप्रयान—मोक्षावरण का दिवस १७ फरवरी ३१०२ माना है,(देखें --डां नारायण सिंह कृत एवं हरि सिंह कृत गजनी से जैसलमेर)।

प्रसिद्ध फ्रेंच विद्वान न्यायाधीश लुई जकालियट ने १५५ वर्ष पूर्व १८६९ ई, में ला बाइबिल डैंस एल इन्डे La Bible Dans L' Inde (हिन्दी अनुवाद विद्वान संतराम—भारत में बाइबिल- 1870) में कहा—

"--" India has been the cradle of Mankind "—

--" मानव जाति का पालना – तेरी जय हो, तेरी जय हो ,तेरी जय

हो—"|

कालिदास कृत रघुवंशम् ---सर्ग—१

रघुणामन्वयं वक्ष्ये तनुवाग्विभवोऽपि सन् ।

तद्गुणैः कर्णमागत्य चापलाय प्रचोदितः ॥९॥

क्व सूर्यप्रभवो वंशः क्व चाल्पविषया मतिः ।

तितीर्षुर्दुस्तरं मोहादुडुपेनास्मि सागरम् ।। १२॥"

कालिदास कृत रघुवंशम में अयोध्या के सुर्यवंशी राजा दिलीप से राजा अग्निवर्ण तक कुल २९ राजाओं का नाम ,अयोध्या के शाषक-- रूप में चिन्हांकित हैं ।(भूमिका—पृष्ठ—अ,अनुवा—सीताराम चतुर्वेदी),

आर्यावर्तीय सनातन शास्त्रों में सर्वत्र सर्वमान्य ऐतिहासिक तथ्य सर्वविदित है कि दशरथ नंदन श्री राम का जन्म त्रेता युग में विवस्मान् मनु आत्मज अयोध्या नरेश इच्छवाकु के विश्व प्रसिद्ध सूर्यवंश में हुआ था । महाकवि बाल्मीकि कृत रामायण सर्वप्रथम सर्वमान्य ऐतिहासिक ग्रंथ संस्कृत भाषा में है । प्राचीन आर्यावर्तीय लगभग सतरह द्विपों में महायशस्वी मर्यादा पुरूषोत्तम श्रीराम की पुण्य स्मृति में रामकथा आधारित रामलीला आज भी प्रचलित है । आश्चर्यजनक ऐतिहासिक तथ्य तो यह है कि रामलीला की परम्परागत प्रथा अनेक ऐसे देशों में आज भी दम- खम के साथ प्रचलित है ,जो सैकड़ों वर्ष पूर्व इस्लामिक राष्ट्र हो चुका है --- ऐसे देशों में मलेसिया, थायलैंड,वियतनाम,,इन्डोनेसिया आदि अग्रणीय हैं ।

महाभारत के वनपर्व --१८ अध्यायों में-- बालमीकि रामायण की रामकथा अध्याय २७४—२९२ का कथानक २२६ श्लोकों में उद्धृत है |देखें रामायण—महाभारत –पृष्ठ १२०--ले, वासुदेव पोद्धार ।

18

प्रामाणिक -सांस्कृतिक इतिहास के अस्तित्व को चुनौती।

रामेश्वरम – स्थित श्री राम कृत रामसेतु - विध्वंस हेतु -वैश्विक षडयंत्र । श्रीराम को काल्पनिक नायक प्रमाणित करने का कुकृत्य -। न्यायालय में चुनौति - हारते-- हारते जीत - एपेक्स कोर्ट - निर्णय दि, 31 अगस्त २००७ , पुनः रामसेतु को राष्ट्रीय सम्पदा घोषित करने से एपेक्स कोर्ट का परहेज-

श्री राम , जामवंत, नल,नील,सुग्रीव,हनुमान आदि वानरी सेना के द्वारा रामेश्वरम् से श्री लंका के मध्य निर्मित रामसेतु मानव निर्मित सेतु ही है न कि प्रकृति प्रदत्त ,ऐसा विश्व प्रसिद्ध वैज्ञानिक शोध संस्थान नासा ने भी स्वीकार कर लिया है तथा उसका निर्माण काल भी आधुनिक काल से लगभग सात हज़ार वर्ष पूर्व का ही है ,सनातन शास्त्राधारित कालगणनानुसार आधुनिक विद्वानों ने भी ऐसा ही अनुमोदित किया है | देखें स्वरचित—भारतवर्ष का सांस्कृतिक इतिहास अ,–१४,१८,२४,२५ आदि।

वायु पुराण (२९/३८३) के अनुसार गुप्तकालीन भारत की प्रारम्भिक राज्यसीमा में मगध ,काशी (वाराणशी),प्रयाग एवं साकेत(अयोध्या) का वर्णन सुलभ है —देखें—

-"अनुगंगाप्रयागं च साकेतं मगधस्था ।एतांजनपदां सर्वान् भोक्ष्यन्ते गुप्तवंशजा :।"

गुप्त कालीन राजाओं ने काशी,प्रयागराज,अयोध्या (साकेत), जनपदों को समाप्त कर अपने राज्य तंत्र में मिला लिया था।

मद्रास प्रेसीडेंसी गजेटियर (१८४२ वर्ष,पृष्ठ—१५८ के अनुसार) १४५० ई, तक मद्रास(वर्त्तमान चेन्नई की ओर से लोग उपरोक्त राम सेतु पर होकर पैदल श्री लंका की ओर आया-- जाया करते थे ,किसी भयंकर सुनामी-- पश्चात सेतु का उपरी सतह लगभग चार फ़ीट क्षैतिज तल पर उपर - उपर बह गया ,फलत: प्राचीन रामसेतु के उपरी सतह पर वर्त्तमान में ३—४ फीट जल—स्तर स्पस्ट दिखता है । अत: निष्कर्षत: श्री राम आधुनिक काल से लगभग सात हज़ार वर्ष पूर्व हुए हैं तथा श्री लंका विजय हेतु उन्होंने रामसेतु का निर्माण किया था । तात्पर्य यह कि रामायण कथा का सार कवि की कल्पना नहीं अपितु सत्य घटना --प्रधान ऐतिहासिक तथ्य है ।

मैक्समूलर ,वैवस्टर,मैकडोनाल्ड,कीथ आदि ने,--“ जिस महाभारत की बीस अध्यायों में बाल्मीकि कृत रामायण आधारित इतिहास पुनस्थापित है”-- उसके अस्तित्व पर संदेह प्रगट किया ।यही नहीं आर्यों का देश भारत को नहीं मानकर ,अपितु २४०० ईसा पूर्व के लगभग भारत में आर्यों का आगमन कहकर ,तथाकथित प्रसिद्ध थ्योरी —“ आर्यन—इनभेसन औफ इन्डिया” का प्रतिपादित--सिद्धांत गढ़कर,आर्यों के महान देश भारतवर्ष के मूल प्राकृतिक स्वरूप को ही नकार दिया । आश्चर्यजनक तो यह है कि तत्कालीन इतिहास पुरुष विद्वानों ने भी उसे शिरोधार्य कर भारतवर्ष के प्रागैतिहासिक से प्राचीन व मध्यकालीन इतिहास की वास्तविक धारा को आमूल—चूल परिवर्तित कर दिया । मनमानी कालगणना प्रतिपादित कर, महत्वपूर्ण ऐतिहासिक घटनाओं को भी संदिग्ध जामा पहनाया ।

भारतीय इतिहास का हास्यास्पद सह खेदजनक कालखंड तब स्पष्ट हो गया जब—“ भारत की खोज” के सुनामधन्य कथित प्रसिद्ध इतिहासकार श्री जवाहर लाल नेहरू ने स्वंय उक्त पुस्तक -- (अनुवाद) पृष्ठ – १०६, में कहा ----“–जिस प्रकार युनानी,चीनी और अरव वाले भूतकाल में इतिहास वेत्ता थे,उस प्रकार-- भारतीय इतिहास वेत्ता नहीं थे ।“

पृष्ठ---१०९---- -"कुछ भी हो,यह सत्य है कि भारतीय लोग परम्परा और रिपोर्ट को बिना सूक्ष्म विवेचन और पूर्ण परीक्षण के ,इतिहास मान लेने के विचित्र रूप से भागी हैं ।“

पृष्ठ—११२ -----“ भारत आर्य जाति का मन गढ़ंत संस्थापक था । “

प्रसिद्ध विद्वान श्री के,एम, मुंशी (संस्कृति – इतिहास संरक्षण – पुरोधाओं में सर्वमान्य ने कहा)—-"इन द पास्ट —इन्डियन्स लेड लिट्ल स्टोर बाई हिस्ट्री "—-

सर यदुनाथ सरकार --- ए न्यू हिस्ट्री औफ द इन्डियन पिपल् ,भो,---- ६,पृष्ठ—१—(अनुवाद)

"अबतक हमारे ऐतिहासिकों की पूंजी पवित्र कहानियॉ ,युगों की सड़ी परम्परा ,अतीत – स्तुति की कविताएँ और घटनाएँ तथा कल्पनाओं के सम्मिश्रण के नवीन काल की रचनाएं रही हैं । हमारे भूतकाल हिन्दुयुग--, जो दो सहस्र वर्षों का था और अंधकारमय था और यह अंधकार संस्कृत काव्य नाटकों के मिथ्या प्रकाश द्वारा प्राय: उल्टी दिशा को ले जाने वाला हो जाता था ।"----

"--

उपरोक्त पाश्चात्य सह भारतीय विद्वानों की कथित सुनियोजित ,भ्रामक अवधारणाओं के विपरित--- उन्हीं दिनों कतिपय पाश्चात्य सह राष्ट्रीय -- विद्वानों ने प्रतिकार स्वरूप अग्राह्य करार कर ,यथार्थ व सत्य का अनुशरण कर सत्य इतिहास स्थापित करने का प्रयास किया था |

विद्वान विंटर्निट्ज ---" Nevertheless ,one must not believe ,as it has been so Often asserted ,that, the Historical sense is entirely lacking in the Indians, In India ,too, their has been historical writing,; and in any case ,we find in India, numerous accurately dated inscriptions ,Which could hardly be the case, if the Indians had no sense of History at all." ----A.H.Literature ,Calcutta ,page----29-30(1927)

वस्तुत: ब्रिटिश कालीन पाश्चात्य विद्वानों एवं उनके अनुशरणकर्त्ता विद्वानों ने रामायण एवं महाभारत को इतिहास ग्रंथ के रूप में स्वीकार नहीं किया, अपितु विलक्षण प्रतिभा के धनी उद्भट् -- विद्वानों की कल्पना का मानस पुत्र कहा , साथ साथ यह भी कहा कि भारत में भूतकाल में इतिहास – लेखन का प्रचलन ही नहीं था । राजशेखर कृत काव्य मिमांशानुसार इतिहास के दो महत्वपूर्ण परन्तु भिन्न – भिन्न विभाग हैं – एक परिक्रिया एवं दूसरा परिकल्प । परिक्रिया विभाग से तात्पर्य है ,वह इतिहास, जिसका नायक मात्र एक ही व्यक्ति होता है—जैसे रामायण—में रामचंद्र और पुराकल्प से तात्पर्य है वह इतिहास जिसमें अनेक नायकों से संदर्भित इतिहास वर्णित हो |

परिक्रिया पुराकल्प: इतिहास – गतिर्द्विधा।

स्यादेक – नायका पूर्वा द्वितीया बहुनायका ।।

यहाँ यह उद्घाटित करना अत्यावश्यक ऐतिहासिक तथ्य यह है कि वेदों में वर्णित आर्यावर्तीय (भारतवर्षीय) आर्यों का इतिहास सहित ,रामायण व महाभारत वर्णित कालक्रमिक इतिहास लगभग दस सहस्र वर्षों का ,कम से कम है तथा पाश्चात्य जातियों का बाईबिल आधारित सभ्यता का इतिहास मात्र ४००८ वर्ष ईसा पूर्व का है ,जो निस्संदेह कपोल कल्वित अवैज्ञानिक है—ईर्ष्यालु पुर्वाग्रह से ग्रसित पाश्चात्य विद्वानों ने --- इन्हीं कारणों से (१)भारत को आर्यों का देश नहीं माना(२) रामायण एवं महाभारत जैसे हजारों वर्ष प्राचीन महान सत्य सांस्कृतिक इतिहास को झुठलाया । हद तो तब हुई ,जब हमारे भारतीय विद्वानों ने इतिहास वेताओं की प्रथम पंक्ति में प्रतिस्थापित होने की दौर में अपने महान पूर्वजों की धवल स्वर्णाक्षरित गौरव गाथा को नकार कर ,अपने ही पैरों पर कुल्हाड़ी मार कर, षडयंत्र कारी इतिहास पर हस्ताक्षर कर दिया । विवसता थी कैम्ब्रीज, ओक्सफोर्ड,हार्वर्ड के तत्वावधान में नामी-- गामी चम- चमाती डिग्रियां हासिल करने की ,उन दिनों अन्य विकल्प भी सुलभ नहीं था ।

हर्षातिरेक से आप्लावित होने का क्षण स्वागत योग्य दस्तक दे रहा है—सम्पूर्ण वैश्विक जगत के निस्पक्ष विद्वानों की अधिकांश समुदायों ने यह स्वीकार करना प्रारंभ कर दिया है कि विद्वान न्यायाधीश लुई जकालियट ने १८६९ ई, --- "भारत में बाईबिल " में बिलकुल सही कहा था --- "भारत मानव जाति का प्रथम पालना(डोला) रहा है ।"

अधिकांश पाश्चात्य विद्वानों ने अब यह भी स्वीकार कर लिया---कि--- आर्यावर्त के मौर्य सम्राट चन्द्र गुप्त की विश्व प्रसिद्ध मगध--पाटलीपुत्र स्थित राजधानी में सुशोभित ग्रीक विद्वान राजदूत मेगास्थनिज ने (कम से कम) २३०० वर्ष पूर्व बिलकुल सही कहा था --- "आर्यों का मूल देश भारत ही है "॥ और इसी क्रम में अब सम्पूर्ण वैश्विक जगत यह मानने हेतु सहर्ष तत्पर है कि रामायण एवं महाभारत ,आर्यावर्तीय महान आर्यों का सांस्कृतिक इतिहास है न कि गल्प कथाएं ।

महाभारत एवं महाभारतोत्तर कालीन अयोध्या एवं समकालीन हस्तिनापुर व मगध के राजवंश----

रामायण कालीन भारतवर्ष के उत्तरभारतीय प्रसिद्ध नगरों में अयोध्या,जनकपुर एवं मगध का गिरीव्रज (राजग्रीह),वैशाली एवं जनकपुर आदि था ।लक्ष्मण एवं शत्रुघ्न की माँ सुमित्रा के पिता राजा सुमित तत्कालीन मगधक्षेत्र के राजा थे ।

सूर्यवंशी श्री राम से ३६ वीं पीढ़ी बाद अयोध्या नरेश राजा दिवाकर के समकालीन चन्द्र वंशी पांडववंशी (भीषण बाढ़ से ध्वस्त हस्तिनापुर से कौशाम्बी—सारनाथ—कन्नौज के पास नई राजधानी) राजा अधिसोम कृष्ण एवं हर्यक वंशी जरासंघ पुत्र सहदेव के वंशज मगध नरेश सेनाजीत काल, युद्धिष्ठिर संवत २६४ –२६६ में नैमिषारण्य में ऋषि शौनक के कुलपतित्व में विशाल दीर्घ—(धर्म) संसद में आर्यावर्त के ८८००० विद्वानों ने सक्रिय योगदान सांस्कृतिक वाद- विवाद,परिचर्चा कर दीक्षांत – समारोह सम्पन्न किया था। ।।महापुराण –१/१/४

मार्कण्डेय पुराण आधारित दुर्गा सप्तशती—13/30 में वर्णित सूर्यवंशी सावर्णि मनुकुलोत्पन्न राजा सुरथ(सुरध),,अयोध्या राजधानी संस्थापक राजा इक्ष्वाकु से ११६ व श्री राम से ५८ वीं पीढ़ी में हुए। राजा सुरथ के पुत्र राजा सुमित(सुमित्र--- १७६०—१७३० ई, पूर्व) थे। परन्तु डां वेदवीर आर्य के नव नूतन शोधानुसार ,अयोध्या राज संस्थापक राजा ईक्ष्वाकु सूर्यवंशी, से अन्तिम राजा १४४ वीं पीढ़ी में राजा सुमित का राज्यकाल में, मगध सम्राट महापद्मनन्द (१६६४—१६०८ ई,पू,) ने अयोध्या पर आक्रमण कर, अयोध्या को अधिकृत किया था,कालक्रम (—१७३०—१६६२ ईसा पूर्व) आंका है।

--“एवं देव्यावरं लव्धवा सुरथ: क्षत्रियर्षभ : । सुर्याजन्म समासाध्य सावर्णिभंविता मनु :॥“--

इस प्रकार श्री राम के मानवीय स्वरूप की प्रामाणिकता का सर्वोत्तम पुरातात्विक प्रमाण --उपरवर्णित रामसेतु तो है ही साथ साथ-साथ उसका प्रामाणिक --काल ,वर्त्तमान विश्व की सर्वश्रेष्ठ वैज्ञानिक प्रयोगशाला,अमेरिका स्थित नासा द्वारा स्थापित,वर्त्तमान काल से, लगभग सात हजार वर्ष पूर्व की है |विशाल श्रृंखलागत सनातन शास्त्रानुसार भी दशरथ नंदन राम का काल वही सात हज़ार वर्ष विभिन्न आधुनिक विद्वानों ने अनुमानित किया है |

खगोलीय नक्षत्रों की अन्त्यरीक्षिय गतिविधियों के आलोक में ,काल गणना के आधार पर—डां वेदवीर आर्य की अवधारणानुसार श्री राम का राज्याभिषेक २१ दिसम्बर ५६३५ ईसा पूर्व अनुमानित है। मेरे विषद शोधानुसार श्रृष्टि के प्रारम्भ से तेरह लाख वर्ष पश्चात श्रीराम संवत का प्रादुर्भाव----हुआ था और वह शुभ अवसर था---राम जब जनक नंदनी माता सीता जी , अनुज लक्ष्मण ,मित्र हनुमान व विभीषन जी के साथ पुष्पक विमान से(श्री लंका विजय कर) वापस अयोध्या पधारे और चैत्र शुक्ल प्रतिपदा, को राजसुई यज्ञ सम्पन्न किया ,उसी दिन ।यद्यपि कतिपय विद्वानों ने तेरह लाख वर्ष पर भिन्न --भिन्न अवधारणाएं

प्रतिपादित की हैं ।(देखें–स्वरचित भा,सांस्कृतिक इतिहास–पृ–१८ एवं –९ आदि)

विक्रमादित्य महान का काल युदि्धष्ठिर संवत् राजसूय यज्ञ सम्पन्न होने की की तिथि पाँच फरवरी सन्(८२ ई,पू, से ०१ ई,पू,), ३१३७ ईसा पूर्व का था ।सनातनी ग्रंथों एवं कर्नल टांड आदि अनेक विद्वानों के अनुसार विक्रमादित्य महान ने रामायण कालीन परम प्रतापी प्रतिहार लक्ष्मण द्वारा निर्मित हिन्दू तीर्थों का पुनर्निर्माण किया था ।जिनमें कावा का मक्केश्वर मंन्दिर,उज्जैन का महाकालेश्वर मंन्दिर ,अयोध्या का राम व लक्ष्मण --मंन्दिर,मूलतान का सूर्य मंन्दिर,हिंगलाज माता मंन्दिर ,गंगा सागर ,व चारो धामों का मंन्दिर था।महाकालेश्वर एवं मक्केश्वर मंन्दिर में स्वर्ण पट,व कलश आदि भी स्थापित किया ।इन दोनों मन्दिरों में गर्भगृह के ताखे पर स्वर्ण—थाल में महाकालों के काल आदिदेव महादेव की महिमा उत्कीर्ण कराया,जो स्मरणीय तथा पूजनीय है।

-"आकाशे--तारका--लिंगम्,पाताले मधुकेश्वरम्,मृत्यु लोके महाकालम् ,सर्व लिंगे नमस्तुते।"

तदनुसार त्रेता युग –काल—में रामायण काल—६७७७---५७७७ ईसा पूर्व तथा महाभारत सहित द्वापर काल—५७७७---३१७७ ईसा पूर्व--,कलि संवत काल--- श्रीकृष्ण महाप्रयाण १७ फ़रवरी ३१०२ ईसा पूर्व, महाराज युदि्धष्ठिर का राजसूय यज्ञ विक्रम पूर्व ३१३१ वर्ष तथा विक्रम संवत का प्रादुर्भाव(श्री कृष्ण महा प्रयाण १७ फरवरी ३१०२ वर्ष से) कलि संवत से ३०४४ एवं युदि्धष्ठिर संवत का प्रारम्भ(राज्यारोहण--महाभारत महारण में विजय प्राप्ति के बाद) , विक्रम संवत से ३०८० वर्ष पूर्व माना जाता है । तदनुसार उत्तरापथ नाथ श्री हर्ष के बिजय अभियान को नर्मदा के उत्तरी तट पर रूकने को विवस करने वाले विजेता पुलकेसिन –२(सूर्यवंशी क्षत्रिय चालुक्य -कुलोत्पन्न)के एहोल शिलालेख में उत्कीर्ण तिथि कलि संवत ३७३५ एवं शक संवत ६३६ ==६९३ बि,संवत सही ही प्रतीत होता है ।

"वायु पुराण—९९/४२८---
यस्मिन कृष्णो दिवंगत, यातस्तस्मिन्नैव तदा दिने।
प्रतिपन्न: कलियुगस्तस्य संख्यां निवोद्धत् ।।"

एहोल शिलालेख---मैसुर–बीजापुर क्षेत्र से प्राप्त–पुलकेसिन –२(चालुक्य –सुलंकी)---उत्कीर्ण–काल–कलि ३७३५ वर्ष(विक्रम–६९३ वर्ष == शकाब्द—५५६ वर्ष ।

"त्रिंशत्सु त्रिसहस्त्रेषु भारता दाह वाहित :।
सप्ताब्द शत युक्तेषु गतेष्वदेषु पंचसु ।।३३।।
पंचाशत्सु कलौ काले षट्सु पंचशतासु च ।
समासु समतीतासु शकानामपि भू—भुजाम् ।।३४॥
मैसुर—बीजापुर क्षेत्र से प्राप्त शिला,----(ए,ई,भा—६, पृष्ठ—3)"

(पुराणों में भा,वंश,पृ—२, डां कंवरलाल व्याससशिष्य तथा लेखक स्वरचित भा,सां,
इतिहास,पृ—१२,अ—२)

"श्री ए,के,उपाध्याय कृत --श्री राम का काल----ईसा पूर्व—४४२१

श्री नरसिंह राव कृत------ डेट औफ श्री राम—ईसा पूर्व--- ४४२१
वर्ष

श्री जे के सिंह कृत--- श्री राम की अयोध्या(पृ-१४३)---श्री राम का
जन्म—११ फरवरी ४४३३ ई,पू,"

श्री वेदवीर आर्य--- मनु से महाभारत कालक्रमिक इतिहास-- श्री राम का जन्म ०३
फर, ५६७४ ई,पू----स्वंयम्भू मनु काल------१६५०० ई,पू, तथा सप्तम मन्वन्तर
के प्रथम पुरुष वैवस्वत मनु काल---११२००—११००० ईसा पूर्व -----
अनुमानित—अन्त्यरीक्षीय तत्कालीन गतिमान ग्रह- नक्षत्रों की दशा व दिशा
विशेष के नव नूतन खगोलीय अध्ययनोपरांत ---स्थापित की जा रही है ।डां
वेदवीर आर्य के अनुसार रामायण कालीन खगोलीय नक्षत्रों की गतिविधियों के
आलोक में – -लक्ष्मण ने राम से कहा – " धूमकेतु का प्रवेश मूल नक्षत्र में हो रहा
है, यह राक्षसों के विनाश का द्योतक है ।"

त्रेतायुग—६७७७—५५७७ ईसा पूर्व। रामायण की घटनाएँ—५६७७ '५५७७(
१०० वर्ष)के मध्य--

वाल्मीकि रामायण,कालीदास कृत रघुवंशम,स्कन्द पुराण,राम चरित मानस
आदि अनेकानेक ग्रंथों में रामसेतु की सशक्त चर्चा है ।सेतु वक्राकार है ,न कि सीधा
।वैज्ञानिकों का कथन है कि लगभग विगत चार हज़ार वर्षों में सेतु के जड़ों में धीरे
—धीरे रेत के टील्हे जमा हो रहे हैं ।सनातनी ग्रंथों में रामसेतु कुल पांच दिनों में
बनकर तैयार हुआ,ऐसी चर्चा है।

नासा वैज्ञानिक संस्थान के शोधकर्त्ताओं ने प्रतिपादित किया है कि(आदम
सेतु के नाम से विख्यात रामसेतु की लम्बाई सौ योजन लगभग रामेश्वरम् से श्री
लंका के मध्य सैंड स्टोन—बलुवा—पत्थर तथा गाड़ा से मानव--निर्मित है, न कि

प्रकृति-प्रदत्त । नासा के विशेषज्ञों ने रेड कार्बन डेटिंग पद्यति से गणना कर, इसका निर्माण --काल लगभग ७००० वर्ष(ईसा पूर्व ५००० वर्ष) प्राचीन माना है । साईन्स चैनल पर भी कई बार इन तथ्यों की प्रस्तुति हो चुकी है ।

एक अंग्रेज विद्वान ने लिखा है कि ईस्वी सन् १४५० ई,तक कथित अदम ब्रीज पर चलकर --लोग मद्रास की ओर से श्रीलंका की ओर पांव पैदल ही आना-जाना किया करते थे परन्तु किसी भयंकर सुनामी में ,सेतु का उपरी सतह लगभग चार फीट पानी में नीचे समा गया । देखें--मद्रास प्रेसिडेंसी गजेटियर –१४२,पृष्ठ—१८४२।जुलोजिकल इनसाइक्लोपिडिया में भी अदम ब्रीज --वर्णनित है ।

२१ वीं शताब्दी के प्रारम्भिक वर्षों में यह चर्चा वैस्विक जगत में उभरी कि भारत एवं श्रीलंका की समुद्री-- सीमाओं को जोड़ने वाली अदम ब्रीज सामुद्रिक वाणिज्यिक जलपोतों के सुगम आवागमन में बहुत बड़ी वाणिज्यिक-वाधा बनी हुई है – इसके कारण सैकड़ों जलपोतों को हजारों की,मीटर घुमावदार रास्ते से आवागमन के कारण करोड़ों – करोड़ का नुक़सान नित्य प्रति झेलना पड़ रहा है। जब केन्द्र में कांग्रेस के नेतृत्व में वामपंथी--कम्युनिस्ट समर्थित यू,पी,ए, सरकार थी ,तभी 2004 ईस्वी में अन्तर्राष्ट्रीय षड्यंत्र के तहत् एक शर्मनाक योजना बनी – नाम था, शेतु समुद्रम योजना ,जो वस्तुत: राम सेतु को विध्वंस कर सनातन सांस्कृतिक विरासत को ध्वस्त करना था। बुद्धिजीवियों का ध्यान आकृष्ट हुआ ।मा, सुप्रीम कोर्ट में एक याचिका दायर कर राम सेतु विध्वंस को रोकने का प्रचंड प्रतिरोध किया गया। २००७ ई, में कांग्रेसी सरकार के द्वारा एक अभूतपूर्व शपथ--पत्र समर्पित कर, कहा गया कि

---कि "इस बात का कोई वैज्ञानिक प्रमाण नहीं है कि साढ़े छ: हजार वर्ष पूर्व भगवान राम ने वह पुल बनवाया था ।"

बहस में कहा गया कि महाकाव्यों में चर्चित श्रीराम एक काल्पनिक पुरुष नायक थे , उनका कोई भौतिक मानवीय स्वरूप नहीं था । रामसेतु है ही नहीं और ना वहाँ कोई मानव निर्मित सेतू है । कांग्रेसी सरकार की ओर से तथा भारतीय पुरातत्त्विक विभाग की ओर से भी यह कहा गया की उक्त शेतु प्रकृति प्रदत्त है। विद्वान अधिवक्ता श्री सुब्रमण्यम स्वामी की पहल पर संदर्भित ऐतिहासिक तथ्यों को प्रस्तुत कर या कहा गया की श्रीराम सनातन संस्कृति के महान प्रणेता रहे हैं और उक्त सेतु श्रीराम द्वारा निर्मित है , उसे तोड़ना भारतीय संस्कृति को धूल चटाने के बराबर है।भारत एवं पड़ोसी देशों में १२ सितम्बर २००७ को चक्का जाम किया गया – सेतु समुन्द्रम के परियोजना के विरोध में।माननीय

उच्चतम न्यायालय ने सभी पक्षों व संदर्भित लेखों तथा ,नासा के वैज्ञानिक जांच प्रतिवेदन के आधार पर ,यह माना की उक्त ब्रिज प्रकृति प्रदत्त नहीं है अपितु मानव निर्मित है। इस प्रकार प्रतीत होता है कि श्रीराम सेतु का विध्वंस, -- वैश्विक षड्यंत्र से बच गया। आर्यावर्त के महान पुरुषोत्तम राम के अस्तित्व की परिपुष्टि माननीय उच्चतम न्यायालय ने स्थापित की।कांग्रेस की यू,पी,ए, सरकार ने सेतु समुन्द्रम परियोजना प्रस्तावित कर रामसेतु का विध्वंस का भरपुर प्रयत्न किया था,परन्तु अन्ततः मान,सुप्रीम कोर्ट ने सरकारी पक्ष एवं सहयोगी की याचना ध्वस्त।माननीय वरीय अधिवक्ता सह विद्वान सांसद ,पूर्व के,मंत्री श्री सुव्रमनियम स्वामी की राष्ट्र भक्ति अपरिमेय प्रमाणित हुई ।इसी क्रम में रामसेतु को राष्ट्रीय धरोहर घोषित करने हेतु ,जो याचिका श्री स्वामी ने दायर किया है ,उसमें वर्तमान बी,जे,पी,सरकार विगत आठ वर्षों से कोई जबाब दाखिल करने से कतरा रही है---श्री स्वामी ने कड़ा विरोध किया है।

मेरे ६० वर्षों के अध्ययन कोश के आलोक में--रामायण एवं अन्य ग्रंथों के आलेखों से यह स्पष्ट प्रतीत होता है की श्रीराम एवं उनके तीन भाई लक्ष्मण भरत, शत्रुघ्न सबों के सरजू- नदी में जल समाधि के पश्चात् श्रीराम पुत्र कुश ने सर्वप्रथम (लगभग ५०००—५५०० विक्रम संवत पूर्व) अयोध्या में श्री राम मंदिर का निर्माण कराया था। जैसा कि ऊपर वर्णित है -- लगभग 2000 वर्ष पूर्व सम्राट विक्रमादित्य ने उज्जैन से अयोध्या जाकर , जब अयोध्या के खंडहरों को झाड़ – जंगल से आच्छादित देखा तब अयोध्या का जीर्णोद्धार किया और वहाँ 360 भव्य मंदिरों का निर्माण किया। हुएन साँग ने सात वीं शताब्दी में(६२९—४३ ई,) अयोध्या में मात्र 60 मंदिरों को देखा था।ऐसा कनिंघम ने लिखा है ।तत्पश्चात यशोंवर्मन् ने आठवीं शताब्दी ई, के मध्यान में श्री राम मंदिर सहित अयोध्या का पूणर्उद्धार किया था। पुनः 12 वीं शताब्दी में कन्नौज,काशी,अयोध्या के गहरवार राजवंशी विजय चन्द्र एवं जयचंद्र के काल में अयोध्या में श्री राम मंदिर ,विष्णु मंदिर, हरि मंदिर आदि का निर्माण हुआ। 1528 ई, में मुगल बादशाह बाबर के आदेश पर --सिपह- सालार मीर वाकी ने श्रीराम मंदिर का विध्वंस कर --वहाँ मस्जिद बनवा दिया। अकबर काल में आमेर नरेश महाराजा मान सिंह ने प्राचीन तीर्थों के कतिपय मंदिरों को द्वादश ज्योतिर्लिंगम बैद्यनाथ धाम, बिहार,बैकुंठ धाम,पटना, मथुरा(भव्य गोविंद मन्दिर),काशी(ज्ञानवापी),संभल(कल्की मंदिर) एवं अयोध्या आदि स्थानों पर जीर्णोद्धार करवाया ।महाप्रतापी बुद्धिमान महाराज मान सिंह का दब—दबा एवं ओरछा नरेश मधुकर शाह के पुत्र युवा योद्धा वीर सिंह बुन्देला का गुप्त सहयोग उन्हें सुलभ हुआ होगा । वीर

सिंह बुन्देला ने आगे चलकर बादशाह जहांगीर काल(१६०५—१६२८ ई, फरवरी) सम्पूर्ण तत्कालीन यमुना नदी से नर्मदा नदी के मध्य बुन्देल खंड एवं बघेलखंड में लगभग बत्तीस किला ,भव्य महलों एवं सैकड़ों मन्दिरों का निर्माण व जीर्णोद्धार किया था । जहांगीर के अभिन्न मित्र वीर सिंह बुंदेला राजा के प्रबल प्रताप के बल पर ही सलीम जहांगीर ने महाप्रतापी पिता अकबर के विरूद्ध ज़बर्दस्त विद्रोह किया था । अकबर चाह कर भी वीर मान सिंह ,वीर सिंह बुन्देला या खुद विद्रोही पुत्र जहांगीर का बाल बांका भी नहीं कर सका । मुगल खानदान का सबसे प्रतापी बादशाह अकबर का सबसे बड़ा अपमान तब हुआ जब वीर सिंह बुन्देला ने १६०३ ई, में अपनी तलवार की धाक दिखाने व बादशाह अकबर को नीचा दिखाने हेतु, जहांगीर के इसारे पर खुले युद्ध में एलाहाबाद से दक्षिण बुन्देलखंड की सीमा पर अकबर के अभिन्न मित्र व नवरत्नों में सुमार ,सलाहकार (अकबर नामा का कूचीकार) विद्वान अबुल फजल का सिर काटकर एक सुन्दर थाली में सजाकर भेंट किया था ,एलाहाबाद का सुबेदार जहाँगीर को ।उनदिनों जहाँगीर सम्पूर्ण पूर्वांचल प्रदेशों का सरताज सूबेदार था । उपर्युक्त ऐतिहासिक शर्मनाक पृष्ठभूमि से पांचो साम का नवाजी विधर्मी कट्टर मुसलमान औरंगजेब स्वंय एवं कट्टर उग्रपंथी उलेमा समुदाय कई दशकों से जलभुन कर आग का शोला बना मौके की ताक में था , और वह मौका उन्हें मिला जब राजा मान सिंह १६१४ ई,,वीर सिंह बुन्देला १६२५ ई , सनातन धर्मी दारा शिकोह १६५८ ई(उपनिषदों का फारसी अनुवादक) एवं पिता शाहजहाँ को कैद में बन्द किया (१६५८) ।---फलत: ढोंगी,क्रूर, धोखेबाज,बेशर्म आलमगीर जिसने अपने सगे अग्रज दारा शिकोह को नंगे पांव पहले राजधानी में हाथी पर घुमाया ,फिर नजर कैद में जल्लादों को भेजकर उस समय सिर कटवाया (२९ अगस्त १६५९ ई,),जब वह लाचार,असहाय अपने किशोर बेटे के साथ ,कई दिन की भूख मिटाने हेतु मूंग की दाल बना रहा था। वह मौका भी उसे दुर्दांत हत्यारों ने नहीं दिया और उसका सिर एक थाल में सजाकर आलमगीर के पास जब पहुँचाया गया,अल्लाह का परम पीर आलमगीर ने दारा का मुँह देख कर पहले उस पर थूक दिया ,फिर वही सिर समेत थाल कैदी पिता बादशाह शाहेजहां के पास भेजा ,जिसे देखकर वह वृद्ध बेजुबान,बेजान बादशाह वहीं गिर पड़ा । इसीने अपने अन्य दो भाइयों मुराद एवं शुजा को भी छल व बल से काम तमाम कर दिया । मुस्लिम धर्मी टोपी सिलकर अपनी रोटी सेंकने वाले बादशाह ने उन सभी प्राचीन तीर्थस्थलों अयोध्या,मथुरा,काशी आदि की मंदिरों को तोड़ कर मस्जिदें,अन्य इस्लामी ईमारतें बनवाई , उद्देश्य था एक ओर हिन्दुओं का मनोबल को धूल धुसरित कर मुसलमानों का मनोबल सातवें आसमान में

पहुंचाकर प्रथम विध्वंसक बाबर द्वारा स्थापित मुस्लिम देश को स्थायित्व प्रदान करना ।परन्तु इतिहास साक्षी है – प्राचीनतम सनातनी – तीर्थधामों का विध्वंसक मुग़ल राजवंश की कब्र १७०७ ई में उसी दिन दफन हो गई, जिसदिन वह खुद तत्कालीन दौलताबाद – औरंगाबाद में दफन हुआ था ।परन्तु प्रश्न शेष है – क्या तथाकथित राजनीतिक सत्ता परिवर्तन ही स्वतंत्रता प्राप्ति का लक्ष्य था। कदापि नहीं – वस्तुतः परतंत्रता हमारी राष्ट्रीय सांस्कृतिक स्वतंत्रता की थी, अमुल्य सांस्कृतिक धरोहरों की थी । संस्कृति नहीं तो राष्ट्र नहीं। सांस्कृतिक विरासतों का पुनर्निर्माण,पुनर्वास,पुनर्रोद्धार सर्वप्रथम दायित्व गणतंत्र भारत की है ।

उपर्युक्त दुःखद भयंकर त्राशादी के परिप्रेक्ष्य में अमेरिकन विद्वान विल ड्यू यू वॉन्ट ने कहा - (स्टोरी औफ सिभिलाइजेसन—अनुवाद) - "इतिहास में इस्लाम द्वारा भारत की विजय के इतिहास की कहानी संभवतः सर्वाधिक रक्तरंजित है। यह एक अति निराशाजनक कहानी है। क्योंकि इसका प्रत्यक्ष आदर्श व निष्कर्ष यही है की सभ्यताएं इतनी महत्वपूर्ण व महान हैं , जिसमें शांति और स्वतंत्रता, संस्कृति और शांति का इतना कोमल मिश्रण है, उसे कोई भी विदेशी बर्बर आक्रमणकारी अथवा भीतर ही बढ़ जाने वाले, पनप जाने वाले आतताई, किसी भी क्षण नष्ट, भ्रष्ट व समाप्त कर सकते हैं।"

इसी प्रकार प्रसिद्ध विद्वान स्टेफेन क्नेप ने कहा---

११०० वर्षों तक जेहादी धर्मान्ध की त्रासदी एवं भयंकर नरसंहार का शिकार भारतीय हिंदू समुदाय हुआ है, जो विश्व का सबसे बड़ा नरसंहार था। हिंदुओं को बर्थडे की भावना से न सही पर, हजारों लाखों शहीदों के सम्मान में, पवित्र प्रीति म स्मारकों का निर्माण, शहीद दिवस मनाना चाहिए।

स्वामी विवेकानंद ने कहा - उनके ही अपने ऐतिहासिक लेखो के अनुसार जब पहली बार मुसलमान भारत आए, तो भारत में हिंदुओं की जनसंख्या शॉर्ट करोड़ थी किंतु अब वे हिंदू घटकर मात्र 20 करोड़ रह गए हैं। (कंप्लीट वर्क्स ऑफ विवेकानंद, खंड- पांच पृष्ठ-- 233)

खेदजनक है अबतक उपरोक्त राष्ट्रीय संस्कृति विध्वंसकों के सहस्र वर्षों के अमिट अमानवीय कुकृत्वों की लोक—भर्तसना न संविधान में की गई और न ७५ वर्षों के कथित राजनैतिक स्वतंत्रता के लम्बे अन्तराल में और न स्वतंत्रता के अमृत महोत्सव के शुभावसर (२०२२ ई) पर । सिर्फ एक शौर्य स्मारक

दिनांक १४ अक्तूवर २०१६ को भोपाल में माननीय लोकप्रिय प्रधानमंत्री नरेन्द्र दामोदर मोदी द्वारा उद्घाटित को छोड़कर ।परन्तु विधर्मियों के भीषण कुकृत्य नरसंहारों की भर्तसना,नाम विशेष से संदर्भित शिलालेख के बिना ।जो विघटनकारी

शक्तियों को तत्काल कुचलने हेतु , राष्ट्र हितार्थ परम अत्यावश्यक संदेश होता ।

असंख्य यहूदियों का नरसंहार नाजियों ने किया। यहूदियों ने भावी पीढ़ी के हृदय में उन हृदय विदारक रक्तरंजित नरसंहारों को ताजा करने के लिए 27 फरवरी 2002 को पूरे यूरोप में होलोकॉस्ट डे मनाया। प्रत्येक वर्ष 2 जनवरी को वे जहां –जहां रहते , होलोकॉस्ट डे मनाया करते हैं। उद्देश्य है अरेमिनियन कॉम को दुनिया की भयंकर नरसंहारों की भर्त्सना करना । जिससे कोई विदेशी कॉ किसी दूसरे कॉम , राष्ट्र ,संस्कृति ,संप्रभुता को नष्ट करने का प्रयास नहीं करे । 20 वीं शताब्दी के नरसंहारों में आर्मेनियन कॉम का नरसंहार भयावह था। कारण की विशाल औटोमन साम्राज्य पूर्णरूपेण नस्त-- नाबूत करने का अथक प्रयास किया गया था।फलत: भुक्तभोगी लाखों ऑरमेनियन्स भारत आकर बम्बई, मद्रास,,कलकत्ता व दिल्ली आदि में शरणागत हुए। अब वो कॉम पुनः जीवित हो रहा है। काउन्सल ऑफ यूरोपियन पार्लियामेंट्री असेंबली ने 24 अप्रैल 1998 को 20 वीं सदी के प्रथम नरसंहार की स्वीकृति में लाखों शहीदों के सम्मान हेतु प्रथम प्रथम नरसंहार दिवस मनाया। लगभग 25 देशों में 135 भव्य स्मारकों का निर्माण किया गया। येरेवन नगर में चौवालिस मीटर ऊँचा स्मारक स्थापित किया गया। स्मारक के शीर्ष पर अखंड ज्योति प्रज्वलित है तथा सभी शहीदों के नाम भी उत्कीर्ण हैं। क्या स्वतंत्र भारत में ऐसे स्मारकों का निर्माण भावी पीढ़ी के लिए एक महत्वपूर्ण संदेश नहीं होगा।

यू,एन,ओ, ने पचहत्तर वर्षों पूर्व नौ सितम्बर १९४८ को पारित सशक्त संकल्प में स्पस्ट संदेश जारी किया है—कौमी, रेसियल , धर्मान्ध नरसंहारों के विरूद्ध राष्ट्रीय नर संहार दिवस एवं सांस्कृतिक जीर्णोद्धार का मार्ग प्रशस्त करने हेतु ,हम स्वतंत्र हैं । फिर भी हम ७५ वर्षों से संविधान संसोधन कर न उपरोक्त भयंकर नरसंहारों की भर्त्सना करते हैं और न समस्त प्राचीन प्रसिद्ध मन्दिरों के जीर्णोद्धार हेतु एक सांस्कृतिक संकल्प लेकर जहां --जहाँ प्राचीन मन्दिरों का विध्वंस हुआ है, वहाँ-- वहॉ आवश्यकतानुसार निर्माण व कायाकल्प हेतु आवश्यक कदम --अविलम्ब उठाने का पुरजोर प्रयास ।

कहने की आवश्यकता नहीं समझता कि १२५० वर्षों के अनवरत करोड़ों हिन्दुओं के नरसंहारों की घोर भर्त्सना एवं सहस्त्रों प्राचीन तीर्थों के जीर्णोद्धार की बात तो दूर ,उलटे एक सौ पच्चास करोड़ जनता की सहिष्णु आँखों में धूल झोंक कर , राष्ट्रीय राजधानी के राजपथों का नामाकरण व अनेकानेक प्राचीन नगरों के नाम उपरोक्त संस्कृति व स्वतंत्रता के कुख्यात विध्वंसकों के नाम अबतक जानबूझकर स्मरणीय व दर्शनीय रखा गया है---“ हमारी सनातन संस्कृति एवं

इतिहास के अस्तित्व को सदा – सर्वदा के लिए मिटाने के लिए है।"

यही नहीं उलटे अनेकानेक कानूनों की झूठी झड़ी लगाकर कौमी दुर्दांतों की कुकृत्यों को प्रशय देकर उन्हें संरक्षित कर फलने फूलने का मार्ग प्रशस्त किया गया है । सात दशक बाद सीधे-- सादे सरल भारतीयों को अब आभास हो रहा है --- राजनेताओं का एकमात्र लक्ष्य है --झूठे छद्म --गणराज्य की राजगद्दी-- षडयंत्र कारी संस्कृति विध्वंसकों एवं छद्म राष्ट्र विरोधी धाराओं से विमुखों का वोट—बैंक बटोरकर, सत्ता सिंहासन पर कब्जा बनाये रखने हेतु जाति,धर्म,वर्ण ,सुवर्ण आदि के भ्रमजाल में उलझाकर रखना ।

देखें ---हुएनसांग यात्रा वृतांत,,कनिंघम रिपोर्ट्स, फ्युहर रिपोर्ट,लक्ष्मण सिंह कृत --ओरछा का इतिहास, डां कुणाल किशोर आई,पी,एस,, कृत अयोध्या रिविजीटेड ,,डां जे,के,सिंह कृत राम की अयोध्या एवं स्वरचित भारतवर्ष का सांस्कृतिक इतिहास आदि ।

19

१८५२--५३ ई,--- से
१९४९ नवम्बर २२ /२३
की रात्रि - श्री राम
जन्मभूमि मन्दिर स्थल
पर पुनः पूजा,अर्चना का
प्रयास एवं तत्सम्बंधी -
इतिहास ।

१९४९ में फैजाबाद (आधुनिक अयोध्या) सीटी मैजिस्ट्रेट
गुरूदत्त सिंह एवं ज़िलाधिकारी श्री के,के,नैयर समर्पित
रामभक्ति एवं निर्भयतापूर्ण दायित्व निर्वहन –प्रधान मंत्री श्री
जवाहर लाल नेहरू तथा मुख्यमंत्री पंडित गोविंद वल्लभ पंत -
का दबाब श्री हीन -

उपर्युक्त राजनीतिक एवं सांस्कृतिक परिप्रेक्ष्य में मुगल एवं ब्रिटिश इस्ट इन्डिया कंपनी कालीन सांस्कृतिक एवं राजनीतिक क्षरण के विरूद्ध त्रस्त जनता द्वारा किए गए लगभग एक सौ रक्त रंजित जनविद्रोह –(१८५२–५३ ई, तक), सम्पूर्ण भारतवर्ष में पतनोन्मुख सांस्कृतिक मुल्यों के पुनरुद्धार हेतु ,विभिन्न भौगोलिक भूभागों में कुचल दिये गये थे । मुगलों की सत्ता लचर-- पचर स्थिति में दिल्ली के लालकिले के परकोटे की सीमा में ही,बाबर की १९ वीं पीढ़ी में , बूढ़े बादशाह बहादुर शाह जफर –की करूणा पूर्ण शायरियों में कुलाचें मार रही थीं । फरेबी धूर्त्त अंग्रेजों के कुचक्र में हिन्दुओं व मुसलमानों का आपसी सम्बंध धार्मिक उन्मादों से सुलग रहा था । उनदिनों सम्पूर्ण भारत में प्रथम सशस्त्र स्वतंत्रता संग्राम की तैयारी चल रही थीं ।

१५२८ ई में बाबर एवं १६६० ई,में औरंगजेब द्वारा अयोध्या रामलला व अन्य प्रमुख मन्दिरों के विध्वंस बाद से अयोध्या के आसपास के हजारों सुर्यवंशी परिवार के लोगों ने प्रतिज्ञा जारी रखी थी कि जबतक रामलला की प्रतिमा –का प्राण प्रतिष्ठा पुन: नहीं कर लेंगे तबतक सम्मान का प्रतीक पगड़ी व जूता नहीं पहनेंगे ।जिसे हजारों सूर्यवंशियों ने चार सौ वर्षों तक निभाया – ऐसा अनेकानेक विडियो–साक्षात्कार में भी उन्होंने सम्पुस्ट किया ।

प्रथम हिन्दू मुस्लिम दंगा-- उक्त दुरूह परिस्थितियों में – उत्तर भारत की प्रथम राजधानी स्वर्ग से प्यारी अयोध्या नगरी, जिसका निर्माण मनु पुत्र इच्क्षवाकु ने ११२०० –११२५० ईसा पूर्व वर्ष में तब किया था जब मानव जाति की सभ्यता का सुर्योदय हो रहा था, सम्पूर्ण मानव जाति की अरबों अरब संततियों की कालजयी पवित्र पूजास्थली में श्री राम के अस्तित्व को चुनौती देने वाली सनातन संस्कृति संहारक सिरफिरे जेहादी अज्ञानियों का प्रचंड प्रतिकार कर १८५३ ई, में श्री राम लला की जन्मभूमि अयोध्या के सांस्कृतिक जागरण एवं श्रीरामलला की जन्मभूमि में सनातनी पूजा -- अर्चना प्रारम्भ करने की पेशकश पर हिन्दुओं एवं मुसलमानों के बीच भयंकर दंगा हुआ था । तभी १८५७ ई,का प्रथम सशस्त्र स्वतंत्रता संग्राम हुआ जो १८६१—६३ तक चलता रहा। भयाक्रांत इस्ट इन्डिया कंपनी १८६१ में बोरिया बिस्तर बांध कर चली गईं और भारतवर्ष का शासन सूत्र प्रत्यक्ष रूप से ब्रिटिश सम्राट के सिंहासन की छत्रछाया में आ गया ।१८८५ ई, में अखिल भारतीय कांग्रेस की स्थापना हुई । भारतीय पुरातत्व विभाग की स्थापना हेस्टिंग्स काल में ही १७८०—८३ ई में ही हो चुकी थी ।तत्कालीन भारतवर्ष में गजनी,लाहौर,पेशावर,गुजरात,राजस्थान,अयोध्या ,काशी,प्रयागराज आदि प्राचीन सांस्कृतिक स्थलों पर सक्रिय खोज श्री कनिंघम प्रथम डायरेक्टर

जेनरल के मातहत प्रारम्भ हो चुका था ,उसी क्रम में १८५०: ई, से ही पुरातात्विक अन्वेषण,उत्खनन,शोध,खोज अयोध्या धाम में भी प्रारंम्भ हुआ था।उपर वर्णित -- उत्खनन में प्राप्त, प्रतिमाएँ जनमानस को १९ वीं सदी के अन्तिम चरण से झकझोर रहीं थीं,सांस्कृतिक जीर्णोद्धार की लालसा दिनोंदिन बलवती होती गई । अन्तत: डाँ विभुति नारायण सिंह काशी नरेश का प्रयास भी रंग लाया । देखें उपर वर्णित तथ्यवार-- विन्दुवार उत्खनन लेख ,कनिंघम , फ्युहरर एवं बी,बी,लाल,डाँ श्री भगवान सिंह आदि का प्रचंड प्रयास ।

वर्ष १८८५ ई, में सर्व प्रथम महंत रघुवर दास के नेतृत्व में हिन्दुओं ने फैजाबाद फ़ौजदारी न्यायालय में श्रीराम लला जन्म स्थान पर पूजा -- अर्चना की इजाजत हेतु आवेदन दायर किया था ।परन्तु आन्दोलन फलदायक नहीं रहा ।

१९४९ ई,----रात्रि – २२—२३ दिसम्बर-+---घोर शीतकालीन कंप--कंपी वाली ठंढ --रामजन्मभूमि के पास भक्त वत्सल श्रीराम की प्राचीन प्रतिमा एवं अन्य प्रतिमाएँ प्रगट मिलीं ,भाव विभोर भक्तों ने ,राम जन्मभुमि पर उसी रात्रि में एक टेंट खड़ा कर रामलला को , स्थापित कर पूजा—अर्चना प्रारम्भ कर दिया । सम्पूर्ण भूमंडल के आराध्य श्रीराम लला उसी टेंट में विराजमान रहे ।

उनदिनों फैजाबाद (आजकल अयोध्या) के सीटी मैजिस्ट्रेट ठाकुर श्री गुरूदत्त सिंह तथा जिलाधीश श्री के,के,नायर थे ।तत्कालीन उत्तर प्रदेश के मुख्यमंत्री श्री गोविंद वल्लभ पंत का उन्हें तात्कालिक आदेश ,रामलला की जन्मभूमि से मुर्ति हंटाने का मिला । दोनों पदाधिकारियों ने रामलला की मूर्ति हटाने से गंभीर परिस्थितयों का वाला हवाला देख कर देख मूर्तियाँ हटाने सी इनकार कर दिया। जी मुख्यमंत्री स्विंग लखनऊ से फैज़ाबाद पहुंचे तभी फैज़ाबाद की सीमा पर सहादत गंज मैं सिटी में गुरूदत्तसिंह ने कानून एवं व्यवस्था संवेदनशील होने का हवाला देकर उन्हें अयोध्या प्रवेश से रोक दिया। कारण था अयोध्या में आस पास के सैकड़ों गांव शेख रामलला की रक्षा हेतु लगभग 50,000 रामभक्तों का उत्साही उद्घोष। अपमानित वो असहाय मुख्यमंत्री ने उन्हें चेतावनी दी कि या तो रामलला की मूर्ति राम जन्मभूमि पर विराजमान रहेगी या फिर आप दोनों फैज़ाबाद में बिराजमान नहीं रहेंगे । प्रधानमंत्री जवाहरलाल नेहरू ने स्वंय जिलाधीश को प्रभु श्रीराम की मूर्ति हटाने का आदेश दूरभाष पर दिया परन्तु श्री के के नायर ने अपना प्रभार सिटी मजिस्ट्रेट ठाकुर गुरूदत्त सिंह देकर, अपनी लाचारी दिखाकर अवकाश ले लिया। मजिस्ट्रेट ठाकुर गुरूदत्तसिंह ने आव देखा ना ताव , तत्काल ४८ घंटा के भीतर धारा 144 अपराध(- दंड--) प्रक्रिया संहिता के तहत निषेधाज्ञा सम्पूर्ण फ़ैज़ाबाद अनुमंडल में तात्कालिक प्रभाव से लागू कर दिया और साथ-- साथ

रामलला विराजमान की पूजा अर्चना और भोग --राग की व्यवस्था यथावत जारी रहने का आदेश पारित किया।

तीसरी सबसे महान ऐतिहासिक वीरत्व का क्षत्रियोचित कार्य उन्होंने यह किया कि अपने पद से सेवा मुक्ति हेतु आवेदन पत्र समर्पित कर दिया। फलतः उन्हें सपरिवार सरकारी आवास तत्काल खाली कर , घंटे भर में , उस रात्रि में ही अपने परिचित के निवास पर शरण लेना पड़ा। सम्पूर्ण देश में कर्णाकर्णी खबर दावानल की लहर की तरह फैल गई। रामलला रामजन्मभूमि में चार सौ वर्षों बाद प्राकट्य हुए हैं ।चलो अयोध्या—रामलला विराजमान का भव्य दर्शन करने ।

ठाकुर गुरुदत्त सिंह पुर्व सीटी मैजिस्ट्रेट को फ़ैजाबाद की जनता श्रीराम को भक्तवत्सल समझ कर अपना आराध्य बना ली। वे 1952 में फैज़ाबाद सिटी बोर्ड के अध्यक्ष निर्वाचित हुए। राष्ट्रप्रेम में तल्लीन हो कर संस्कृति की रक्षा हेतु वे तत्कालीन जनसंघ के संस्थापक अध्यक्ष श्री श्यामा प्रसाद मुखर्जी का सहयोगी होकर कश्मीर चलो अभियान में शामिल हुए और जेल यात्रा का सौभाग्य भी प्राप्त किया।तभी राष्ट्र सह संस्कृति संरक्षक श्यामा प्रसाद मुखर्जी कीं संदिग्धावस्था में मात्र एक माह कुछ दिन कारावास काल में ही कश्मीर में ही हो गई । इधर ठाकुर गुरूदत्त सिंह का पेंसन प्रधानमंत्री नेहरू की सरकार के इशारे पर उत्तर प्रदेश सरकार ने तत्काल प्रभाव से रोक दिया। फिर भी वो विचलित नहीं हुए।समर्पित राष्ट्रप्रेमी श्री सिंह 1955 में जनसंघ का जिलाध्यक्ष नियुक्त किये गए ।श्री अटल बिहारी वाजपेयी उनके बेहद करीबी रहे थे । परन्तु उन्हें कभी भी विधायक या सांसद होकर राष्ट्रीय हितार्थ गुरूतर उत्तरदायित्व निर्वहन का सुअवसर नहीं मिला ।यद्यपि वे इतना लोकप्रिय थे कि निस्संदेह जीत सुनिश्चित रहती । वे १९७१ ई, में श्री राम की शरण में लीन हो गए । सिविल लाइंस स्थित उनका आवास-- राम भवन मन्दिर का पर्याय वाची होकर , सहस्त्रों रामभवतों की शरणस्थली दशकों तक यथावत बना रहा और – स्थानीय सनातनियों के लिए आज भी स्तुत्य है । अयोध्या वासियों का कथन है कि रामजन्मभूमि में २२/२३ दिसम्बर १९४९ की धोर रात्रि में रामलला के मुर्ति की स्थापना ,पुजा अर्चना ,की व्यवस्था आदि सबकुछ तत्कालीन सीटी मजिस्ट्रेट ठाकुर गुरूदत्त सिंह की ही महान देन है, जिसका साक्षात ज्योतिर्मय आभास ,श्रीराम के प्रगट होने के पुर्व की रात्रि में स्वप्नावस्था में उन्हें तब हुआ था जब, श्रीराम ने दिव्य दर्शन देकर अभय मुद्रा में आशीर्वाद दिया था ।उक्त दिव्य दर्शन ने उन्हें श्रीराममय कर दिया था ।वे प्रबल स्वर्गिक प्रेरणा से अभय होकर ब्रह्मलीन हो चुके थे । सनातनी --संस्कृति का सौदा कर सिंहासन पर चिपके रहने वाले प्रधान मंत्री या मुख्यमंत्री के आदेश की परवाह

, नहीं थी ।

; निस्संदेह ,यही वह बुनियाद की ईंट थी --जिसपर आज साक्षात् रामलला विराजमान हैं । अपने भव्य शौर्यपूर्ण शोभा मण्डल का दर्शन करोड़ों करोड़ भक्त को कराकर सकारात्मक जीवन जीने का संदेश प्रवाहित कर रहे हैं। यदि उस रात्रि को रामलला प्रकट नहीं होते और न राम जन्मभूमि पर विराजमान होते तो आज सनातन संस्कृति का सर्वोत्कृष्ट श्री राम मंदिर वैश्विक पटल पर शोभायमान नहीं हो पाता ।धन्य हैं श्री के के नैयर एवं श्री ठाकुर गुरूदत्त सिंह ,श्री रामलला जन्मभूमि मन्दिर के दो स्वर्णिम नींव की ईंटें ,जो अदृश्य होकर भी अयोध्या वासियों की कंठ पर सुभाषित हैं और करोड़ों सनातनियों के मन मष्तिस्क में छाये हैं ,भले ही राजनीतिक सौदागरों ने उन्हें भुला दिया है ।

उपर वर्णित विन्दुवार तथ्यात्मक ऐतिहासिक घटनाक्रम के आलोक में तत्कालीन प्रधानमंत्री जवाहर लाल नेहरू तथा मुख्यमंत्री गोविंद वल्लभ पंत के आदेशों को खुली चुनौती देकर , आदेशों की अवहेलना करने वाले राममंदिर की बुनियाद के प्रथम संस्थापक ठाकुर गुरूदत्त सिंह के सर्वोच्च त्याग व तपस्वी जीवन को ,महान संस्कृति संरक्षक हिन्दवा सूर्य प्रात: स्मरणीय महाराणा प्रताप से कम नहीं आंका जा सकता । उनकी स्मृति में कोई संस्थान नहीं होना -+ मन को कचोटता है ।सम्पूर्ण श्रीरामजन्म भूमि मन्दिर निर्माण वॉगमय में कोहिनूर की तरह ज्योतिर्मय ठाकुर गुरूदत्त सिंह को राजनीतिक आकाओं ने सदा-- सदा के लिए भूला दिया।यह महान सांस्कृतिक क्रांतिकारी महारण स्वार्थ लोलुप राजनेताओं की भेंट चढ़ गया ।सम्भवत: ,जैसा कि अयोध्या की सार्वजनिक जीवन से जुड़ी आम जनता का कहना है , राम मन्दिर निर्माण के तत्काल बाद –२०२४ सांसद चुनाव में ,सत्तारूढ़ दल की शर्मनाक पराजय के कतिपय कारणों में एक कारण ठाकुर गुरूदत्त सिंह एवं के के नैयर के अभूतपूर्व योगदान को भूला देना भी था। और हाँ लाखों परम्परावादी सनातनियों का मन उस दिन भावी अनहोनी से भर गया था,जब प्रधान यजमान को शिलान्यास एवं प्राण प्रतिष्ठा के शुभावसर पर सपत्नीक नहीं देखा ।यही नहीं प्राण प्रतिष्ठा की तिथि वर्जित देव शयनकाल भी करोड़ों लोगों को असहज लगा। मनुस्मृति एवं गीता व निर्णय सिन्धु आदि सनातनी शास्त्रों में प्रतिपादित सिद्धांतों की अवहेलना । स्वंय जगतगुरू शंकराचार्यों ने भी अप्रसन्नता प्रगट की । खैर जो हो कर्तव्य निष्ठ समर्पित सनातनी श्री के के नैयर ज़िलाधिकारी स्वंय एक बार सांसद तथा उनकी धर्म पत्नी तीन बार सांसद रहीं थीं ।

20

श्रीरामजन्मभूमि अयोध्या में रामलला विराजमान -

- वाद का संक्षिप्त कालक्रमिक इतिहास – पुरा विशारद डॉ0 इरफान हबीब, डॉ0 के के मुराड, प्र0मंत्री नरसिंघ राव, सचिव जोगेन्द्र नारायण

यह वाद २२/२३ नवम्बर १९४९ ई, के मध्यरात्रि में रामजन्मभूमि पर रामलला के प्राकट्य – विराजमान होने की पृष्ठभूमि से फलित प्रथमत: फैजाबाद फौजदारी कोर्ट में प्रारम्भ हुआ तथा अन्तत: माननीय उच्चतम न्यायालय से अन्तिम निर्णय सत्तर वर्षों बाद नौ नवम्बर दो हजार उन्नीस (२०१९) ई, को श्री रामलला विराजमान के पक्ष में पारित हुआ । विन्दुवारव तथ्यात्मक शोधानुसार ४९२ वर्षों में कुल ७६ लड़ाईयां , अधिकांश रक्त रंजित युद्ध श्री राम जन्मभूमि मन्दिर अयोध्या धाम रक्षार्थ लड़े गए हैं । १९४९ में प्रारम्भिक विवाद के ४८ घंटा के भीतर तत्कालीन मैजिस्ट्रेट एवं प्रभावी प्रभारी जिलाधीश नहीं ने अपना अपना शिव मुक्ति आवेदन समर्पित कर दिया था। उधर राम लल्ला विराजमान रहे, अपनी जन्मभूमि पर। 1950 में पुनः विधिवत मूर्ति पूजा स्थापना हेतु प्रार्थना पत्र न्यायालय में समर्पित किया गया। रामलला एक अस्थायी टेंट की छाया में विराजमान रहे।१९६१ ई में पुन: रामलला की मुर्ति वहां से हंटाने का असफल प्रयास

किया गया ।

राष्ट्रीय स्तर पर विश्व हिन्दू परिषद के अध्यक्ष श्री अशोक सिंघल के नेतृत्व में सर्वप्रथम सम्पूर्ण राष्ट्र का ध्यान आकृष्ट हुआ ,जब दिनांक सात अक्तूवर १९८४ ई को अयोध्या धाम के सरयु नदी तट पर हाथों में जल,अक्षत,पुष्प लेकर विधिवत संकल्प लिया ---" रामलला हम आयेंगे,मन्दिर वहीं बनायेंगे ।"१९८६ ई,फरवरी माह में ,जब राजीव गांधी प्रधानमंत्री थे,मन्दिर का ताला खुलवाया गया ।पूजा—अर्चना पुनः विधिवत प्रारंम्भ हुई ।१९८८ ई, में आन्दोलन ने प्रचंड रूप धारण कर लिया। साठ संप्रदायों के धर्मगुरुओं ने आंदोलन से जुड़ कर शंखनाद किया। दूसरे ही वर्ष 1989 मैं कुम्भ महापर्वोत्सव पर धर्मसंसद आहुत हुई। बीसवीं शताब्दी के महान तेजस्वी संत देवराहा बाबा ने शरीर उपस्थित होकर राम जन्मभूमि मंदिर निर्माण हेतु सहृदय आशीर्वाद प्रदान किया । उन 60 संप्रदायों में वैष्णव, रामानुजम, रामनंदी, मद्धव, वारकरी, रामदासी, रामानुजम दक्षिण भारत, वैष्णव दक्षिण भारत, दशनामी, गौडीय, नामधारी, अकाली खालसा, कबीर पंथी, असम से सत्राधिकार, राजस्थान से रामसनेही, वैरागी, वल्लभ, निम्बकाचार्ज, जैन, बौद्ध आदि।

यहाँ यह उल्लेखनीय है कि जब श्री रामलला जन्मभूमि मंन्दिर अयोध्या के वाद की लम्बी दीर्घ कालिक सुनवाई १९७५ से सक्रिय हुई तब सभी पक्षों को सुनकर न्यायालय ने विवादित स्थल पर पुरातात्विक वैज्ञानिक सर्वेक्षण सह अन्वेषण का आदेश दिया था ।सेटेलाइट से स्थल विशेष की भुमि के गर्भ में स्थित पुरावशेषों की खोज अवश्यंभावी समझ कर उत्खनन कराया गया। सर्वप्रथम सर्वेक्षण दल में वरीय विद्वान इतिहासकार डॉक्टर बीवी लाल टीम लीडर थे। उन्होंने विवादित गुंबज स्थल के आसपास सर्वेक्षण किया था ।डां भगवान सिंह के उपरोक्त कथन से भी इन तथ्यों की सम्पुस्टि होती है। उत्खनन में करीब 14 पक्का स्तंभ तथा अनेक पुरातत्विक अवशेष भी प्राप्त हुए। उन्हें देखकर ही स्पष्ट प्रतीत हुआ की गुंबदनुमा ढांचा के नीचे हिंदू धार्मिक स्थल था। पुनः इलाहाबाद हाइ कोर्ट के आदेश पर विवादित गुंबदनुमा ढांचा के इर्द गिर्द उत्खनन कराया गया--- वर्ष था 2002-2003। उत्खनन के क्रम में लगभग 50 पक्का चबूतरा मिला जो गुंबदनुमा ढांचा के ठीक नीचे तथा आसपास से पाया गया था। उत्क्रमण दल में लगभग 50 कुशल शिल्पकार एवं सर्वेक्षण विशेषज्ञ थे। प्राप्त पुरातत्विक अवशेषों मैं मंदिरों के ऊपर शिखर पर स्थापित होने वाले कलश के ठीक नीचे का भव्य अमलका शीला मिला। ज्ञातव्य है की अमलका मस्जिदों में नहीं लगाया जाता। दूसरा महत्वपूर्ण पूरा अवशेष था जलाभिषेक काल में जल निकासी हेतु उपयोग में आने वाली मगरमछ

सदृश निर्मित शीला मुख। स्पष्ट है की मगर मुख जैसा निर्मित शीला मुख हिंदू मंदिरों में जलाभिषेक का जल सुगमतापूर्वक बाहर निकासित हो जाए, उपयोग में लाया जाता। डॉक्टर केके मुराद ने यह भी प्रकाश में लाया कि उत्खनन के दौरान वहाँ एक विष्णु हरि शिला लेख भी प्राप्त हुआ, जिसमे यह उत्कीर्ण था की जिंस राम ने बाली एवं 10 सिर वाले रावण का वध किया था, वे भगवान श्री विष्णु के अवतार थे।

विद्वान पद्मश्री डॉक्टर के के मुराद ने एक साक्षात्कार में दो टूक शब्दों में ये कहा की उनके दल का नेतृत्व विद्वान वरीय इतिहासकार श्री इरफान हबीब स्वंय थे। उत्खनन में निम्नलिखित अति महत्वपूर्ण पुरातात्विक अवशेष प्राप्त हुई थी ।ये विशाल पुरातात्विक भंडार के ज्योतिर्मय अवशेष प्राचीन मंदिरों के थे, इसमें कोई संदेह नहीं। परन्तु तत्कालीन केन्द्रीय सरकार की मंशा के अनुसार पुरातात्विक सर्वेक्षण प्रतिवेदन मैं सर्वेक्षण दल के अध्यक्ष के द्वारा छेड़छाड़ की गई और उत्खनन से प्राप्त अनेकानेक पुरावशेष मन्दिरों के ध्वंसावशेष थे,इसे जानबूझकर की स्पस्ट नहीं करके नकारा गया ।

यहाँ यह उल्लेखनीय है उपरोक्त महत्त्वपूर्ण ऐतिहासिक तथ्य तत्कालीन प्रधानमंत्री श्री नरसिंहा राव के प्रधान सचिव श्री योगेंद्र नारायण के संस्मरण ग्रंथ में उद्घाटित हुआ है, जो जगजाहिर हो चुका है। वह पठनीय है। श्री योगेंद्र नारायण ने लिखा है कि--

> " " इतिहासकार श्री इरफान हबीब के प्रतिवेदन में पुरातात्विक उत्खनन में प्राप्त मूर्तियाँ एवं अन्य अवशेषों, जिनमें प्राचीन हिंदू मंदिर के स्तम्भ ,शिलानिर्मित मगर पद्धति,आदि ध्वस्त एवं यशातत खड़े व पड़े मिले थे, तथा वहाँ से प्राप्त अन्य सैकड़ों अवशेष मंदिर का अंश ही थे , जिन्हें सर्वेक्षण काल में उत्क्रमण के क्रम में देखने, प्राप्त करने, समझने के बावजूद न्यायालय के समक्ष प्रस्तुत प्रतिवेदन में सत्य को छिपाने का भरपूर प्रयास किया गया था।"

पुरातात्विक दल के प्रतिष्ठित अध्यक्ष मु, इरफान हबीब के पुरातात्विक उत्खनन में प्राप्त पुरावशेषों से संदर्भित सुविस्तृत प्रतिवेदन में छेड़ -छाड़ होने से उसका सही स्वरुप संशयपूर्ण हो गया ।एक सौ बीस करोड़ सनातनी व पन्द्रह करोड़ अन्य समुदायों के लोग चुपचाप मौन रहकर सारी घटनाऐं देखती सुनती रहीं,किसी के कान पर जूं तक नहीं रेंगी ।असहिष्णुता का तूफ़ान कहीं भी नहीं दिखा ।प्रतिवेदन

में छेड़छाड़ करने वाले चैन की बंशी अब तक बजा रहे हैं । उनके विरुद्ध अब तक कोई कानूनी कार्रवाई नहीं की गई, सरकार की ओर से और ना प्रबुद्ध नागरिको की ओर से, साधु संतों की तो कोई बात ही नहीं। किसी भी अन्य देश में जवाबदेह पद पर रख कर संवेदनशील दस्तावेज़ों में आपराधिक छेड़छाड़ करने वाले के लिए कठिन कारावास ही एक निदान है । पर इच्छा शक्ति हीन भारतीय गणतंत्र उसका अपवाद है ।

श्री के ,के, मुराद (हाल ही में पद्मश्री से सम्मानित)ने रामजन्मभूमि सर्वेक्षण प्रतिवेदन पर पूर्ण प्रकाश-- स्वरचित—"—न्यांां एन्ना भारतीयांां"-- ---" मैं भी भारतीय ""—(हिन्दी अनुवाद) में डाला है । उनके अनुसार ए,एस,आई, ने सर्वप्रथम 1976 --1977 मैं स्थल सर्वेक्षण डॉक्टर बी,बी, लाल पुरातत्व विशेषज्ञ के नेतृत्व में विवादित गुम्वदनुमा ढाँचा के आस --पास कराया था।

• अयोध्या – सैकड़ों निहत्थे कारसेवकों को—गोली से भूंज दिया।दिन था-- ३० अक्तूवर—१९९० ई,मुख्यमंत्री मुलायम सिंह यादव – २८ लोग की हत्या परन्तु अटल बिहारी वाजपेय के अनुसार—५६ कारसेवक की निर्मम हत्या – दो सहोदर युवा श्रीराम कोठारी एवं श्री शरद कोठारी ,कलकत्ता वासी –आश्चर्यजनक यह है कि कोई औपचारिक जांच की ज़ोरदार आवाज वाजपेयीजी ने न उठाई न कोई विधिवत क़ानूनी कारवाई की गई ।विगत २०२२ में किसानों के आन्दोलन में दो सिरफिरे ने लालकिला पर,राष्ट्रीय ध्वज नीचे उतार कर दूसरा झंडा फहराया,समझदार सरकार ने कोई गोली नहीं चलाई,यद्यपि सम्पूर्ण राष्ट्र की (गद्दारों को छोड़कर) आवाज थी—सरकार भीरू एवं निकम्मी है

(२) अयोध्या--- श्री राम मन्दिर परिषर का विवादित ढांचा ध्वस्त –०६ दिसंबर १९९२ --मुख्य मंत्री कल्याण सिंह का त्यागपत्र--

ज्ञातव्य है कि पांच सौ वर्षों का संयम एवं धैर्य की सीमा टूट जाने के कारण अति उत्साहित रामभक्तों की अपार भीड़ ने छः दिसम्बर 1992 को तथाकथित ढांचा ध्वस्त कर दिया । लाखों रामभक्तों के अद्भुत असीम भावनात्मक उत्साह से प्रेरित, इस घटना की प्रतिक्रियावश जगह-- जगह दंगा --फसाद हुआ।नेताओं पर आपराधिक वाद दर्ज किए गए । पाकिस्तान में कई प्राचीन मंदिरों को ध्वस्त कर दिया गया ।उसमें प्रसिद्ध मार्तंड मन्दिर,शारदा पीठ मंन्दिर आदि भी थे ।हिंगलाज व मुलतान—रावी—चिनाव मध्य द्वीप पर अवस्थित लक्ष्मण निर्मित

सूर्य मंन्दिर आदि भी अस्तित्व खोने हेतु उन्मुख है ।

यह एक आश्चर्यजनक ऐतिहासिक घटना थी। उत्तर प्रदेश के मुख्यमंत्री कल्याणसिंह एवं भारत के प्रधानमंत्री श्री नर सिंह राव थे। कल्याण सिंह ने मुख्यमंत्री पद से त्यागपत्र दे दिया।

- गोधरा – सावरमति एक्सप्रेस ट्रेन में किरासन तेल आदि छींटकर – अयोध्या धाम से लौट रहे-- ५९ कार सेवकों का नरसंहार,सैकड़ों गम्भीर रूप से घायल (२२ फरवरी २००२),न्यायाधीश नानावति आयोग की नरसंहारकों के विरूद्ध रिपोर्ट समर्पण के पूर्व रेल मंत्री लालू यादव का दुरभिपूर्ण कांग्रेस प्रायोजित षडयंत्र—न्यायाधीश दो बार गठन--

उक्त घटना से भी अधिक गंभीर घटना फरवरी 2002 में तब घटी जब सैकड़ों कारसेवक अयोध्या से वापस गोधरा (गुजरात)की ओर ट्रेन से लौट रहे थे । 22 फरवरी 2002 की सुबह लगभग 4:00 बजे जब ट्रेन गोधरा स्टेशन से आगे की सिंगनल पास पहुंची ,तभी दुष्कर्मियों ने ट्रेन रोक कर डब्बों के झरोखों से किराशन तेल में कपड़ों को भिंगोकर -- माचिस की तील्लीयों से आग लगा कर भीतर फेंक-- फेंक-- कर भयंकर आग के हवाले स्लीपर बोगियों को किया था। लगभग 59 कारसेवकों की सुनियोजित षडयंत्र कारी हत्या हुई एवं सैकड़ों यात्री ,जो अयोध्या से लौट रहे थे, महिलाएं-- बच्चे समेत गंभीर रूप से आगजनी का शिकार भी हुए थे। प्रधानमंत्री अटल बिहारी वाजपेयी ने जस्टिस नानावती आयोग का गठन कर जांच का आदेश दिया।विगत वर्ष बीसों अपराधियों को कठोर कारावास की सजा हुई है। आश्चर्यजनक है जब यह जस्टिस नानावती आयोग अपना प्रतिवेदन समर्पित करने को ही था तभी मन मोहन सिंह प्रधानमंत्री के मातहत श्री लालू यादव रेलमंत्री ने शपथ ग्रहण करते ही घोषणा की कि गोधरा कांड एक रेल दुर्घटना थी ना कि कोई सुनियोजित गंभीर आपराधिक सांप्रदायिक घटना। उन्होंने प्रथम न्यायिक आयोग के लम्वित कार्यकाल के अंतिम चरण में एक दूसरा आयोग गठित कर दिया। जिसे माननीय कोर्ट ने अवैध व असंवैधानिक ठहराया था ।

न्यायमूर्ति नानावती ने जांच के दौरान यह पाया था कि -----साबरमति एक्सप्रेस ट्रेन की उक्त आगजनी की –"भयावह घटना सुनियोजित षडयंत्रकारी सांप्रदायिक आपराधिक घटना थी।प्रत्यक्षदर्शियों में दो गवाहों कारसेवक उदयन रावल एवं एक अन्य ने कहा था कि ---यह एक सुनियोजित षडयंत्रकारी घटना थी ।खुद ,साक्षी उदयन रावल जो ईश्वरीय कृपा से बाल-- बाल बच गए,ने सम्पूर्ण

घटना पर सुविस्तत प्रकाश डाला । पहले गोधरा रेल स्टेशन पर अपराधियों की भीड़ देखकर ,ट्रेन रुकते ही उदयन रावल ने ,अपने आप को छिपते—छिपाते घटना का वीडिओ बनाना शुरू किया था। उक्त वीडियो को आयोग के समक्ष उन्होंने प्रदर्शित किया। उन्होंने खुद अपने साक्ष्य में कहा कि पहले जब ट्रेन गोधरा स्टेशन पर खड़ी थी, तभी छिटपुट अपराधियों ने एसिड वोटल, ढेला, पत्थर ट्रेन पर बरसाना शुरू किया । समय पौ फटने के पुर्व का था।अधिकांश यात्री सोये—पड़े थे। फिर जब ट्रेन खुल कर धीरे-धीरे अगले सिग्नल के पास पहुँच रही थी , तभी अपराधी गण, सैकड़ों की संख्या में,जिनमें कुछ गोधरा स्टेशन पर ही ट्रेन में चढ़ गए थे, वैक्यूम खोलकर ट्रेन रोक कर व जो पहले से योजनाबद्ध वहां घात लगाए थे, घेरकर बोगियों की झरोखों से कपड़ों में कीराशन तेल भिगोकर माचिस की तीलियों से आग लगा कर भीतर फेंक रहे थे। वहाँ भी एसिड बोतल, ढेला पत्थर आदि फेंक रहे थे। साम्प्रदायिक नारे लगाकर माईक से चिल्ला रहे थे— बोगी संख्या एस----६ के सब कारसेवक अयोध्या से लौट रहा है , इन्हें जलाकर मार डालो, काटो—काटो, मारो -मारो, जलाओ --बोल --बोल कर और औरतों को को भद्दी— भद्दी गालियां दे रहे थे।विडियो में सम्पूर्ण दृश्य व जयघोष ,ललकार की आवाज कैद है।

इस भयंकर अमानुषिक घटना की प्रतिक्रिया वश समस्त गुजरात में भयंकर दंगा हुआ , जो कई दिनों तक प्रज्वलित रहा था ।लगभग एक हजार लोग मारे गये । तत्कालीन गुजरात के मुख्यमंत्री श्री नरेन्द्र दामोदर राव मोदी पर भी गम्भीर अभियोग प्रक्षेपित हुए परन्तु सब के सब आयोगों ने उन्हें निर्दोष प्रमाणित किया था ।वामपंथियों के सरगनाओं एवं कांग्रेसी हुक्मरानों की षड्यंत्रकारी कुचक्र से निर्दोष प्रमाणित होने के बावजूद मूल आरोप पर ही बार-- बार अपराधिक वाद खड़ा करने के कारण फ़ज़ीहत झेलनी पड़ी ।

21

अयोध्या -श्री रामजन्मभूमि स्थल में रामलला विराजमान वाद की लम्बी सुनवाई का तिथि क्रम -

अप्रेल २००२-- हाइकोर्ट में विवादित स्थल पर मालिकाना हक के बिंदु पर सुनवाई शुरू की गई।

- 2003 मार्च 13 रामजन्मभूमि -अधिग्रहित स्थल पर- धार्मिक गतिविधियों के विरुद्ध --निषेधाज्ञा सुप्रीमकोर्ट का ।

- 2010 सितंबर 30 इलाहाबाद हाइ कोर्ट लखनऊ पीठ-- ऐतिहासिक निर्णय विवादित क्षेत्र तीन हिस्सों में रामलला, निर्मोही अखाड़ा एवं सुन्नी वक्फ बोर्ड के मध्य विभाजित।

- 2011 मई 09-- सुप्रीम कोर्ट द्वारा हाईकोर्ट के आदेश पर रोक
- 2017 सुप्रीम कोर्ट द्वारा --आपसी सहमति हेतु मध्यस्थता की पेशकश
- 2018 फरवरी 08--- विभिन्न सिविल याचिकाओं पर सुप्रीम कोर्ट में सुनवाई प्रारंभ की गई।

कच्छप चाल की सुनवाई से परेशान---त्रस्त होकर—रामलला विराजमान के पक्षधरों ने २१ वीं सदी के महान रामभक्त चित्रकूटाधीश महासंत रामकथा वाचक दिव्यांग श्री रामभद्राचार्य जी एवं रामजन्मभूमि न्यास के अध्यक्ष श्री नृत्य गोपाल दास जी के नेतृत्व में ---अयोध्या में धर्म महासभा का संसद आहुत कर सशक्त संकल्प लेकर उद्घोषणा किया गया ----------

---" श्री राम मंदिर का निर्माण अविलम्ब प्रारंम्भ हो ।"

कारण कि सुप्रीम कोर्ट मामले को विगत सत्तर वर्षों से उलझाए हुए है । धर्माचार्यों ने आक्रोश ज़ाहिर कर कहा कि मान, सुप्रीम कोर्ट मामले की सुनवाई में टाल—मटोल कर , ठंढे बस्ते में डालते आ रही है। सुनवाई हेतु अगली फरवरी 2019 में करने की मंशा ज़ाहिर कर नया बेंच गठित करने की मंशा स्पष्ट की है। अत: भारत सरकार मन्दिर निर्माण हेतु अध्यादेश जारी करे ।

यहाँ यह उल्लेखनीय है की न्यायालय में सुनवाई काल में श्री रामभद्राचार्य जी ने जब न्यायालय के समक्ष अयोध्या एवं श्रीराम के भौतिक मानवीय अस्तित्व एवं भौगोलिक तथा ऐतिहासिक परिपेक्ष्य की सम्पुस्टि हेतु अद्भुत अवर्णनीय साक्ष्यों को प्रस्तुत किया, न्यायालय आँखें फाड़े-- दिव्यांग संत रामभद्राचार्य जी की ओर टकटकी लगाकर देखते ही रह गयी थी । न्यायाधीशों में एक मुसलमान भी थे ,वे सर्वाधिक अच्मभित व मंत्रमुग्ध हुए थे ।

अयोध्या नगरी का स्थल विशेष भारतीय भूखंड में कब से और कहाँ है । इसकी लम्बाई व चौड़ाई कितनी है तथा ये सारी सूचनाएं मन्दिरों के विध्वंसो के पुर्वजों के सुर्योदय काल से भी बहुत पहले से भारतीय ग्रंथों में स्वर्णाक्षरित है । सम्पूर्ण परिदृश्य न्यायालय के समक्ष चलचित्र की भांति देदिप्यमान हो उठी । अक्षांश ,देशान्तर,भौगोलिक एवं ऐतिहासिक रूप से कहां और कब से है।श्वामी रामभद्राचार्य जी ने कुल(437) चार सौ सैंतीस सप्रमाण अकाट्य साक्ष्य हजारों वर्ष प्राचीन ऋगवेद, अथर्ववेद ,बाल्मीकि,तुलसी कृत रामायण एवं अन्य शास्त्रों के आधार पर प्रस्तुत किया था।उक्त ऐतिहासिक,सांस्कृतिक ,साक्ष्य-सामग्रियों से समर्थित विवादित स्थल पर पुरातात्विक उत्खनन से प्राप्त अनेकानेक पुरावशेषों से स्पस्टत: दिग्दर्शित था कि श्रीराम की जनस्थली अयोध्या ही है और यह वही,

विवादित स्थल वाली पुरातात्विक पुण्य जन्मभूमि है। न्यायालय अभिभूत हो चुका था ,फिर भी प्रतिपक्ष के दिग्गज वकीलों ,जो राजनैतिक व कूटनीतिक रसूख से एक अद्वितीय आभामंडल की रचना कर न्याय जगत पर हावी रहती आई हैं की पुरज़ोर प्रयास था – उनके विरुद्ध आनेवाली अप्रिय निर्णय अनिर्णित रहे ।राजनितिक रोटियां सात दशक से पकती आ रहीं थी ।इन्हीं परिस्थितियों में भारतीय न्याय व्यवस्था में शिखर न्यायालयों में दिग्गज अधिवक्ताओं के सामने त्वरित न्याय व्यवस्था बौनी प्रतीत होती है ।। महान न्यायवादी पुरुषोत्तम श्री राम जिन्होनें जनकसुता सीता को एक साधारण प्रजा के संदेहास्पद आरोप राजमहल के सुख से ,वैवाहिक सुख से वंचित कर धधकती अग्नि में प्रवेश हेतु,दूसरी बार वन प्रदेश में आश्रम रहने को विवश किया था और अन्ततः पृथ्वी माता की गोद में सदा सर्वदा के लिए समा जाने का मार्ग प्रशस्त किया था,उसी महान आदर्श वादी श्री राम को अपनी ही जन्मभूमि भुमि में सात दशक तक एक तम्बू के नीचे नज़रबंद रहने हेतु मजबूर किया था । वैश्विक न्याय व्यवस्था में भारतीय न्याय व्यवस्था ही ऐसी है जिसे विश्वास है कि भारत का केन्द्रीय मंत्री गमले में गोभी उपजाकर लाखों लाख करोड़ की कमाई कर सकता है ,उसे जमानत पर रिहा कर सकता है परन्तु एक निर्धन यदि चार पांच दिनों का भूखा हो और पेट भरने हेतु रोटी चोरी कर ले ,तो उसे कुछ दिन हिरासत में रहना ही होगा।भारतीय न्याय व्यवस्था में ,प्राचीनकाल में सरकारी खजाने के गबनकर्ताओं को प्राण दंड की सजा निर्धारित थी पर गणतंत्र भारत में मंत्रियों ,उनके बेटे,बेटियों को संविधानिक प्रावधानों से मुक्त रहने का अघोषित प्रीविलेज है।न्यायव्यवस्था हतप्रभ है ।संविधान का सबसे बड़ा अमित्र न्यायपालिका है । मानवीय नागरिक अधिकार के बहाने करोड़ों करोड़ के करदाताओं का सरकारी कोष के गबनकर्ता भ्रष्टाचारी शिखर राजनेताओं का सर्वश्रेष्ठ संरक्षक मित्र कौन ,रविन्द्र पाठक स्वयं समझते हैं ।

२०१९ में ही सम्पूर्ण भारत में संसद एवं अनेक राज्यों के विधानसभाओं का आमचुनाव समयानुसार होना था ,अतः रामलला विराजमान के विरुद्ध के पक्षकारों के विद्वान अधिवक्ताओं की ओर से यह कहा गया कि –" श्रीरामजन्मभूमि वाद का निर्णय आगामी राष्ट्रीय चुनाव को प्रभावित करने वाला है, राष्ट्र का भविष्य उस पर निर्भर करेगा, अच्छा होता सुनवाई एवं निर्णय चुनाव के बाद हो।"

इस प्रकार सुनवाई पुनः कुछ दिन के लिए स्थगित हो गई। उसी बीच मान, मुख्य न्यायाधीश श्री मिश्र स्वयं रिटायर्ड हो गए। इस प्रकार 70 वर्ष तक डेट पर डेट की दैनिक रूटीन व्यवस्था न्याय व्यवस्था को रसातल में ले जानेवाला ,

निरंतर सुनवाई को स्थगित करता रहा ।ऐसी दुर्भाग्यपूर्ण विडम्बना सिर्फ़ भारतीय न्याय व्यवस्था में ही है, अन्यत्र नहीं। सफलतम गणतंत्र भारत का सर्वोच्च शत्रु दिशाहीन, भ्रष्ट, न्याय पालिका है ।गणतंत्र यदि डूबेगा तो विधायिका या कार्यपालिका उतना उत्तरदायी नहीं होगा जितना न्यायपालिका ।भारतीय संस्कृति एवं गणतंत्र को सबसे बड़ा खतरा न्यायपालिका से है ।अभी भी अत्यावश्यक है   रामायण,महाभारत,विदुर   नीति,शुक्र नीति,याज्ञवल्क्य,विज्ञानेश्वर,चाणक्य,निर्णय सिन्धु प्रदत्त निर्णय संहिताओं को अनुशरण करने की।रामलला विराजमान विवाद में माननीय शिखरतम न्यायालय में सुनवाई प्रक्रिया की लचर पंचर व्यवस्था के अन्तिम चरण में सौभाग्यशाली क्षण तब आया जब--तत्कालीन माननीय प्रधान न्यायाधीश श्री रंजन गोगोई जी ने डेट पर डेट की व्यवस्था को तत्क्षण विराम देकर सुनवाई कर निर्णय हेतु तिथि निर्धारित कर दिया ।निम्नवत दिनचर्या से स्पष्ट दृष्टिगोचर होगा---

2019 जनवरी 25 माननीय सुप्रीम कोर्ट ने वाद की सुनवाई के लिए पांच सदस्यीय संविधानपीठ का पुनर्गठन किया।इसबीच पुनः राष्ट्रीय आमचुनाव सम्पन्न हुआ और श्री नरेन्द्र दामोदर भाई मोदी प्रचंड बहुमत से विजयश्री प्राप्त कर भारत के प्रधानमंत्री बन गए ।

तत्पश्चात छ: अगस्त से मान, मुख्य न्यायाधीश के साथ पांच सदस्यों की संविधान पीठ ने लगातार दिन—प्रतिदिन त्वरित सुनवाई करते हुए 04 अक्तूवर 2019 को घोषणा किया कि आगामी 17 अक्टूबर तक सुनवाई पूरी करके अगले 17:अक्तूबर तक निर्णय पारित किया जायगा ।

2019 नवंबर 09 --- माननीय उच्चतम न्यायालय दिल्ली ,मान, मुख्य न्यायाधीश श्री रंजन गोगोई एवं चार अन्य माननीयों द्वारा --

" "श्री रामलला विराजमान की अजुध्या जन्मभूमि के पक्ष में निर्णय पारित किया गया।" "

सम्पूर्ण विश्व में अपार खुशी की लहर घंटा भर में छा गई ।इस प्रकार मन्दिरों का महान विध्वंसक धर्मान्ध जेहादी लूटेरा बाबर एवं उसके सेनापति मीर बाकी(1528) तथा क्रूर धर्मान्ध धूर्त, पितृ सह भ्रातृ हंता बादशाह औरंगजेब के कुकृत्यों (1660) को सदा सर्वदा के लिए दफन कर पुरुषोत्तम श्रीराम की जन्मभूमि पर मनु पुत्र ईच्क्षवाकु(लगभग 11200 विक्रम संवत पूर्व) की राजधानी में श्रीराम जन्मभूमि मंदिर के पुनर्निर्माण का मार्ग लगभग पांच सौ वर्षों के विवादों के

पश्चात विक्रम संवत (2077 - 78) 2019 - 20 ईस्वी में प्रशस्त हुआ।" जय श्रीराम का उद्घोष देश - विदेश सर्वत्र घर –घर में गूंजा।श्री राम की कृपा से जो विवाद नवम्बर १९४९ में उठा था,वह माननीय सुप्रीम कोर्ट की असीम कृपा से 70 वर्ष वाद श्रीराम लला विराजवान के पक्ष में पारित हुआ ।

विद्वान शोधकर्ताओं के अनुसार १५२८ ई,से लगभग ४९० वर्ष के अनवरत रक्तरंजित संघर्ष में श्रीराम मन्दिर रक्षार्थ क़रीब ७६ बार भीषण सामुहिक रक्तपात में चार लाख से अधिक रामभक्तों का बलिदान हुआ ।कनिंघम आदि विद्वानों के अनुसार बाबर ---मीरवाकी काल में जब तोपों से श्रीराम मन्दिर विध्वंस किया जा रहा था तब आसपास के क्षत्रिय राजाओं (१) हँसवर नरेश रणविजय सिंह,रानी जयराज कुंवरी,भिट्टी(भिती) नरेश महताब सिंह ,पुरोहित पंडित देवीदिन एवं महंत स्वामी महेश्वरानन्द आदि ने लाखों वीर हिन्दु—सेनाओं के साथ भयंकर प्रतिरोध किया था फलत:लगभग एक लाख तेहत्तर हज़ार हिन्दुओं ने जान की बाजी लगा दी,तब ही बड़ी मुश्किल से श्रीराम मन्दिर सहित अनेक बिशाल मन्दिरों को ध्वस्त किया जा सका था ।पुन: अम्बर नरेश महाराजा मानसिंह कच्छवाहा (१५८०—१६१४ ई) एवं ओरछा नरेश वीर सिंह बुन्देला ने अपने अपने काल में पुन: श्रीराम जन्मभूमि स्थल परिसर पर भव्य श्रीराम मन्दिर सहित अन्य प्रमुख मन्दिरों का निर्माण कराया था,जिसे उलेमाओं की सलाह पर पुन: धार्मिक कट्टरता का मसीहा औरंगज़ेब ने १६६० ई में पुन: ध्वस्त करवाकर,मन्दिरों के मलवों से ही वहां मस्जिद का निर्माण कराया और आसपास जैसे फैजाबाद में भी कई मुसलमानी इमारतों का निर्माण कराया ।(देखें ओरछा का इतिहास—लेखक—लक्ष्मण सिंह गौड,अयोध्या रीविजीटेड आदि)इसप्रकार १५२८ से लेकर ०६ दिसम्बर १९९२ तक लगभग चार लाख से अधिक हिन्दुओं ने अपना प्राण उत्सर्ग कर दिया और अनवरत प्रलंयकारी प्रतिरोध करते रहे ।विध्वंस के बाबजूद श्रीराम जन्मभूमि स्थल हेतु हिन्दूओं की आस्था में बहुत कमी नहीं आई और धर्म अहिष्णु कट्टर प्रतिमा भंजक औरंगज़ेब की मृत्यु (१७०७) एवं औरंगाबाद ,(पुराना दौलताबाद के पास) दक्षिण भारत में दफनाने के पश्चात धीरे-- धीरे वे पुन: उसी स्थल पर पूजा – अर्चना भारी मन से करते रहे।तात्पर्य कि विगत पांच सौ वर्षों में शायद ही ऐसा समय आया हो जब हिन्दुओं ने श्रीराम जन्मस्थान मन्दिर की ओर से अपनी श्रद्धापूर्ण आँखें मूंद ली हो ।

उपरोक्त शताब्दियों के अविरल भयावह कसमकश से गुज़रते हुए वह दिन भी आया जब तत्कालीन प्रधानमंत्री राजीव गांधी के हार्दिक प्रयासों से ,हिन्दू समाज के सर्वस्व आराध्य देव श्रीराम का मन्दिर निर्माण हेतु शिलान्यास की तिथि

सुनिश्चित की गई । सर्वप्रथम स्मरणीय ऐतिहासिक तिथि श्रीराम मन्दिर निर्माण की दिशा में १९८९ नवम्बर ०९ थी, जब अनुसूचित जाति के श्री कामेश्वर चौपाल के कर कमलों से,हजारों संत महात्माओं की उपस्थिति में शिलान्यास सम्पन्न हुआ था । २१ मई १९९१ ई को दक्षिण भारतीय पेरम्दूर के एक चुनावी मंच पर श्री राजीव गांधी जी की हत्या होगयी और मन्दिर निर्माण पर ग्रहण लग गया ।फलत: भव्य रामलला का दर्शन ३६ वर्षों तक आसमान से तारे तोड़ने जैसा प्रतीत लगने लगा था ।

अन्तत: माननीय उच्चतम न्यायालय के न्यायाधीशों की पाँच सदस्यीय बेंच ने सर्व सम्मत से पुरातात्त्विक विशेषज्ञों के उत्खनन प्रतिवेदन,रडार तरंगों की फोटो प्रणाली ,पौराणिक साक्ष्यों ,हजारों पृष्ठों पर लिपिवद्ध क्रमवद्ध तथ्यवार तार्किक तात्विक साक्ष्यों के आलोक में दिनांक ०९ नवम्बर २०१९ को सुनिश्चित निर्णय दिया कि –"रामलला की जन्मभूमि कुल १४००० वर्गफुट की है।"

जैसा कि उपरोक्त पृष्ठों पर कहा गया है उपर्युक्त निर्णय के तत्वावधान में पांच फरवरी २०२० को –"श्री राम जन्मभूमि तीर्थ क्षेत्र"-- नाम से एक वैधानिक न्यास का गठन कर सरकार की ओर से ७० एकड़ भूमि अधिग्रहित कर उक्त न्यास के नाम स्वामित्व अधिकार सौंपा गया। गणतंत्र भारत को कथित बिदेशी अंग्रेज़ी पद्यति की सबसे अव्यवहारिक देन—डेट पर डेट की शताब्दियों की त्रासदी रागाप्ता हुई और वह शुभ घड़ी २५ मार्च २०२० को तब प्रगट हुई जब प्रभु श्री रामलला ,जो २२/२३ नवम्बर १९४९ की रात्रि में प्रगट हुए थे, सैकड़ों श्रद्धालुओं ने उन्हें वहाँ विराजमान पाकर, एक तिरपाल का क्षत्र से ढककर – घेरकर कराके की ठंढ,भीषण गर्मी व भारी वर्षादि से सुरक्षित रखा था ,वहाँ से अपने निजि अस्थाई नवीन कोष्ठ में विराजमान हुए ।फिर विक्रमी संवत २०७७ को (०५ अगस्त २०२० ई,) महंत श्री नृत्य गोपाल दास के नेतृत्व में सनातनी विभिन्न आध्यात्मिक धाराओं के संत महात्माओं की दिव्य उपस्थिति में विधिवत जन्मभूमि मातृश्री की आराधना,पूजन,हवण ,सम्पन्न हुआ ।

इस प्रकार 22 -- 23 नवंवर 1949 की मध्यरात्रि में अयोध्या के राम जन्मभूमि स्थल पर श्रीरामलला को अपने सात सहस्त्र वर्ष पूर्व के जन्मस्थान में पुनस्थापना कर , विराजमान कराने वाले निर्भीक,दुस्साहसी ,देशभक्त,प्रचंड आध्यात्मिक उर्जा से ज्योतिर्मय व्यक्तित्व के धनी तत्कालीन(१९४९) सीटी मैजिस्ट्रेट ठाकुर श्री गुरूदत्त सिंह एवं जिलाधीश श्री के,के, नैयर का सपना साकार हुआ। सचमुच में श्रीराम जन्मभूमि मन्दिर की नींव की पहली दो महान स्वर्णिम ईंटें ये दोनों ही हैं --- जिन्होंने १५२८—१६६० ई, के विधर्मी जेहादियों के कुकृत्यों की पदचिह्नों को

चूमने वाले राजनितिक खिलाड़ियों ,जिनके अगुआ तत्कालीन प्रधानमंत्री जवाहर लाल नेहरू के साथ- साथ मुख्यमंत्री श्री गोविंद वल्लभ पंत ,दोनों की एक भी नहीं सुनी और सनातन संस्कृति रक्षार्थ – उन्हें ललकारा ही नहीं मैदान छोड़ने को विवश किया था ---"अयोध्या की पावन नगरी में प्रवेश नहीं करने दिया था।

"कारण था ये सारे महान राष्ट्र नायक संविधान प्रदत्त प्रावधानों के तहत भारतीय –संस्कृति की रक्षा की सौगंध लेते तो हैं –परन्तु सिंहासन पर चिपके रहने की कोरी लालच से वोट—बैंक बटोरने की मंशा से तुष्टिकरण की नीति अपनाकर अपनी प्राचीनतम संस्कृति को पैरों तले कुचलने से भी बाज नहीं आते ।संविधान प्रदत्त प्रावधानों की मन --मानी अवहेलना भी करते हैं ।"

ज्ञातव्य है स्वतंत्रता प्राप्ति से मात्र दो वर्षों बाद की यह घटना पुरुषोत्तम राम की जन्मभूमि मन्दिर के जीर्णोद्धार का था ,जिसे प्रथम आक्रांता बाबर ने विध्वंस(1528) कराया था ,जब- जब पुनः निर्मित हुआ तब—तब विधर्मियों ने ध्वस्त कर उसकी ईंटों,पत्थरों अन्य मलवों से मस्जिदें, इबादत खाना,मजारें,खानकाह आदि का निर्माण उन्हीं स्थलों पर कराया गया । निस्संदेह एकमात्र उद्देश्य था, सनातन सांस्कृतिक विरासतों का समूल नाश कर,वसुधैव कुटुम्कम के मंत्रों के लाखों अनुयायियों में भयावह दहसत फैलाकर अपनी हिंसक सभ्यता का बीजारोपण । जिसका शिकार भारत 1250 वर्षों तक निरंतर रहा। स्वतंत्रता प्राप्ति के बाद शिखर राजनेताओं का दायित्व था विषैले सांस्कृतिक बीजों का नाश कर ज्योतिर्मय सनातन संस्कृति का पुनः जीर्णोधार । १९४७ की आज़ादी-- क्या सिर्फ़ राजनितिक सत्ता परिवर्तन हेतु थी ।कदापि नहीं,संस्कृति की पुनस्थार्पना नहीं तो, सांस्कृतिक स्वतंत्रता ,सांस्कृतिक सम्प्रभुता का प्रश्न ही नहीं उठता । फिर यह कैसी आज़ादी है ।पाठकों को पता होगा यही प्रधानमंत्री जवाहर लाल ने , सोमनाथ मंदिर जिसे प्रथम मुस्लिम जेहादी लूटेरा मु,गजनी ने तोड़ कर १०१८-२०:में लूटा था, उसे तत्कालीन राष्टपति राजेन्द्र प्रसाद के परामर्श पर सरदार पटेल गृहमंत्री ने पुनः1949 में स्थापित करना चाहा ,तब घोर विरोध किया था ।जामनगर के राजा दिग्विजय सिंह ,गृहमंत्री सरदार पटेल एवं श्री के,एम,मुंशी केन्द्रीय मंत्री के प्रयास से शिलान्याश 1948 में सम्पन्न हुआ परन्तु सरदार पटेल का स्वर्गारोहण उसी वर्ष हो जाने पर, 1950 में भगवान सोमनाथ की प्राणप्रतिष्ठा श्री राजेन्द्र प्रसाद राष्ट्रपति के करकमलों से संपन्न हुआ ।श्री नेहरू बहुत नाराज

थे।सोमनाथ पुणरुउद्धार बाद नेहरू के जीवन काल एवं बाद में भी (मृत्यु 27 मई 1964 ई) एक भी प्राचीन मन्दिर का जीर्णोद्धार विगत 70 वर्ष में नहीं हुआ। इस प्रकार भारत की सांस्कृतिक विरासतों का घोर पतन काल पुनः नेहरू जुग में प्रारंभ हुआ था ।फलतः भारतीय गणतंत्र की दिशा रसातल की ओर अग्रसर होती रही ।देखें – --स्वरचित भारतवर्ष का सांस्कृतिक इतिहास।

।कोटि—कोटि नमन इन दोनों संस्कृति—संरक्षकों को ।माई एहडा पूत जणां, जेहरा ठाकुर गुरूदत्त सिंह वीर बाँकुरा व के,के,नैयर रण बाँकुरा ।

लाखों सनातनियों ने सही ही कहा था—1949 नवम्बर 25 ----

"ठाकुर गुरूदत्त सिंह सीटी मैजिस्ट्रेट ने सीटी मैजिस्ट्रेट का पद छोड़ा पर प्रातः स्मरणीय श्री रामलला को नहीं छोड़ा ।" निश्चितत: करोड़ों-- करोड़ सनातनियों के निर्मल हृदय में, श्री रामलला की श्री चरणों में लीन ठाकुर गुरूदत्त सिंह , मर कर भी आज अमर हैं ।"

22

श्री राम मन्दिर निर्माण हेतु - राम मन्दिर निर्माण न्यास का गठन एवं अग्रेतर कार्यवाही -

- मन्दिर --शिलान्यास व श्रीराम लला के विग्रह की विधिवत प्राण- प्रतिष्ठा –संस्कृति के प्रखर तेजस्वी महात्माओं की उपस्थिति-

उल्लेखनीय है कि रामजन्मभूमि के भूमिपूजन के शुभ—मुहूर्त्त पर सम्पूर्ण भारतवर्ष की एकवद्धता,एकता,एक संकल्प का प्रतीक के रूप में १२५ करोड़ हिन्दुओं की प्रतिवद्धता को उद्घोषित करने के उद्देश्य से क़रीब (३०००)तीन सहस्त्र पवित्र नदियों,प्रसिद्ध तीर्थों का जल,विभिन्न जाति ,जनजाति,श्रद्धाकेन्द्रों तथा उपरोक्त बलिदानी कारसेवकों के निजी घरों से सुलभ कराये गये – पवित्र आंगन-- रज,आदि से अभिशिक्त किया गया ।

मान,सुप्रीम कोर्ट के निर्देशानुसार सर्वप्रथम --"श्री रामजन्मभूमि तीर्थ ट्रस्ट"-- का गठन—" नौ निजी सदस्य एवं तीन प्रतिनियुक्त एक्स औफिसियो सरकारी

पदाधिकारियों का सम्पन्न हुआ । तदनुसार ट्रस्ट की प्रथम बैठक 2020 फरवरी 19 को महंत नृत्य गोपालदास की अध्यक्षता में संपन्न हुई। श्रीराम जन्मभूमि मंदिर हेतु भूमिपूजन दिनांक 5 अगस्त 2020 को प्रधानमंत्री श्री नरेंद्र दामोदर भाई मोदी के करकमलों से संपन्न हुआ। इसी प्रकार मंदिर का अधिकांश भाग निर्मित होने पर वर्ष 2024 जनवरी 22 को श्रीराम लला की सुंदर आदमकद प्रतिमा का प्राणप्रतिष्ठा भी श्री मोदी जी के द्वारा सम्पन्न हुआ। देश-- विदेश के इने गिने हजारों विद्वानों ,बुद्धिजीवियों ,कलाकारों आदि ने भी सहर्ष ,निमंत्रण स्वीकार कर उपस्थिति दर्ज करायी।मानो सम्पूर्ण भारत श्री रामजन्मभूमि स्थल पर श्रीरामलला कमल -लोचन के दर्शन हेतु शताब्दियों की चिर—प्रतिक्षित लोचनों में कैद करने एकसाथ उमड़ पड़ा है ।विश्व हिन्दू परिषद के पूर्व अध्यक्ष श्री अशोक सिंघल जी,प्रो,मुरली मनोहर जोसी जी एवं श्री लाल कृष्ण अडवानी जी—श्री राम मंन्दिर निर्माण आन्दोलन के सर्वोच्च समर्पित महा नायक अस्वस्थतावश सक्रिय योगदान नहीं दे पाए ,जो करोड़ों सनातनियों को गम्भीर अविस्मरणीय कशक दे गया ।श्री लालकृष्ण अडवानी जी के साथ,रामजन्मभूमि मंन्दिर हेतु जागृति व सहयोग हेतु,सम्पूर्ण भारत की रथयात्रा में साथ निभाने वाले युवा रामभक्त तेजस्वी श्री प्रमोद महाजन जी का असामयिक स्वर्गारोहण दशकों पहले हो जाने के कारण उनकी अनुपस्थिति भी स्मरणीय रही ।

ॐ श्री रामजन्म भूमि पर श्री रामलला की भव्य प्रतिमा के प्राण प्रतिष्ठा के सौभाग्यशाली शुभावसर पर सशरीर उपस्थित होने वाले महानुभावों में थे -- राष्ट्रीय स्वंय सेवक संघ के सर संघचालक श्री मोहन भागवत जी, विश्व योग गुरू बाबा रामदेव—पातंजलि ,कनखल,हरिद्वार,श्री श्री रवि शंकर जी --आर्ट औफ लिविंग,,ऋषिकेश , स्वामी श्री श्री चित्रमिंत्रानन्द जी---परमार्थ आश्रम, ऋषि केश, श्री मुरारि बापू महान कथा वाचक, श्री अवधेशानन्द गिरि अध्यक्ष, जूना अखाड़ा, सुश्री उमा भारती (पू0 मंत्री), सुश्री साध्वी ऋतंभरा एवं श्री चंपत राय यशस्वी समर्पित कार सेवको आदि । गणतंत्र भारत में स्वतंत्रता प्राप्ति के अमृत महोत्सव वर्ष(२०२२ ई) के दो वर्ष बाद — सांस्कृतिक स्वतंत्रता सह सम्प्रभुता की पुनस्थापना का पुण्य दिवस २२ फरवरी २०२४ , निस्संदेह भारतवर्ष के सांस्कृतिक इतिहास में स्वर्णाक्षरित रहेगा । साध्वी ऋतंभरा उपरोक्त कार्य सेवाको पर की गयी गोली बारी मई बाल बाल बची थी।

कारण कि सोमनाथ मंदिर की पुनर्निर्माण(शिलान्यास –१९४८ व प्राण प्रतिष्ठा १९५०) स्वतंत्र भारत के प्रथम राष्ट्रपति श्री राजेन्द्र प्रसाद ,गृहमंत्री सरदार वल्लभ भाई पटेल, कन्हैया लाल मानिक लाल मुंशी,संस्कृति मंत्री

,महाराजा दिग्विजय सिंह ,जाम शाहब आदि के अथक प्रयास से शिलान्यास दिवस--- एवं भगवान सोमनाथ की प्राण प्रतिष्ठा दिवस – को सम्पन्न हुआ । प्राण प्रतिष्ठा के कतिपय माह पूर्व श्री सरदार वल्लभ भाई पटेल का मोक्षावरण हुआ ।फलतः जय सोमनाथ मन्दिर पुनर्निर्माण योजना को ग्रहण लगने की सम्भावना अवश्यंभावी प्रतीत हुई । कारण कि पाश्चात्य संस्कृति के पालने में बचपन से पले – बढ़े तत्कालीन प्रधानमंत्री श्री नेहरू जी को सांस्कृतिक स्वतंत्रता व सम्प्रभुता से कुछ लेना-- देना नहीं था । उन्होंने अपने स्तर से वैचारिक विरोध के साथ-साथ प्रशासनिक सह आर्थिक असहयोग भी किया था । साथ-साथ मुसलमान-- मतदाताओं को संतुष्ट कर राजनैतिक लाभ भी सुनिश्चित करना था । ज्ञातव्य है कि जब अगले कुछ वर्षों बाद हिन्दू कोड बिल में पाश्चात्य सभ्यता से प्रभावित डायवोर्स कानून एवं अन्य कतिपय प्रावधानों को सुशोभित किया जा रहा था तब श्री राजेन्द्र बाबू ने पुरज़ोर विरोध किया था , दो बार बिल पर असहमति प्रगट कर वापस कर दिया था । करोड़ों हिन्दुओं की हार्दिक सहमति मान ,राष्ट्रपति बाबू राजेन्द्र प्रसाद जी के साथ थी । अन्ततः जब तीसरी बार वही बिल कुछ संसोधन के साथ पुनः उनके अनुमोदन हेतु गया तब संवैधानिक प्रावधानों का सम्मान करते हुए , बड़ी भारी मन से ,उन्होंने अनुमोदित किया था । ऐसा प्रतीत होता है कि यदि उन दिनों वर्तमान एलेक्ट्रोनिक , प्रींट मिडिया व सोसल मिडिया उपलव्ध रहा होता तो सम्पूर्ण सनातन समाज (३७ करोड़) बाबू राजेन्द्र प्रसाद के साथ खड़ा हो जाता ।

पाठक तत्कालीन राजनीतिक परिदृश्य से अवगत होकर संतुष्ट होंगे कि सरदार पटेल के स्वर्गारोहण पश्चात देश की सांस्कृतिक व राजनीतिक दिशा व दशा असंतुलित व असंतोषजनक रही होगी। सनातन संस्कृति की पुनर्स्थापना तो नेहरू के सपनों में भी नहीं रहा था । परन्तु माननीय राष्ट्रपति बाबू राजेन्द्र प्रसाद ने जय सोमनाथ मन्दिर का निर्माण अपने राष्ट्रपति --काल का प्रथम दायित्व व चुनौती समझते हुए विद्वान इतिहासकार,केन्द्रीय मंत्री श्री कन्हैया लाल माणिक लाल मुंशी के सक्रिय सहयोग से,सरदार पटेल के स्वर्गवास पश्चात,,स्वंय यजमान बनकर विधिवत प्राण प्रतिष्ठा सम्पन्न कराया था ।

23

स्वतंत्रता प्राप्ति पश्चात - प्राचीन धार्मिक एवं सांस्कृतिक विरासतों का जीर्णोद्धार एवं संरक्षण - संविधान प्रदत्त दायित्व नहीं -

यहाँ एक अति—संवेदनशील महत्वपूर्ण विचारणीय प्रश्न कौंधता है कि १५ अगस्त १९४७ ई, को स्वतंत्रता प्राप्ति के पश्चात आखिर जय सोमनाथ मंन्दिर ,गुजरात का पुनर्निर्माण योजना (१९४८), ही राष्ट्रपति डां राजेन्द्र प्रसाद जी एवं गृहमंत्री सरदार बल्लभ भाई पटेल के मन मस्तिष्क में सांस्कृतिक पुणर्उद्धार की दिशा में स्वतंत्र भारत का सर्वप्रथम पहल क्यों था। तो उत्तर स्पस्ट है कि जग प्रसिद्ध महान प्रतिहार साम्राज्य के अवसान --काल (कन्नौज सम्राट राज्यपाल की वृद्धावस्था –१००८—२७ ई, सोमनाथ,अनहिल वाडा प्रदेश ,गुजरात सामंत भीमदेव सुलंकी काल) में बिदेशी विधर्मी जेहादी दुर्दांत आक्रांता मोहम्मद गजनी ने सर्वप्रथम 1018—25 इस्वी में इसी मंदिर को विध्वंस कर, करोड़ों की धन संपदा हीरा, जवाहरात, सोना,चांदी, जो हजारों वर्षों से भगवान सोमनाथ को , लाखों--

लाख सनातनियों ने अर्पित किया था ,वह अथाह धनराशि , को लूट कर ले भागा था। विधर्मी जेहादियों द्वारा तत्कालीन भारतवर्ष के अन्य प्राचीन मंदिरों को सोमनाथ लूट के बाद ही लूटा गया ।

स्वतंत्रता पश्चात सांस्कृतिक पुणस्थापना की दिशा में,लगभग ७५—७६ वर्षों में ,वैसा कोई राष्ट्रीय स्तर का अन्य ऐतिहासिक कार्य सम्पन्न नहीं हो पाया । राष्ट्रीय जन नेताओं में इच्छाशक्ति की कमी तो थी ही , साथ—साथ ,उनकी नियति में भी खोंट थी । यदि बदनियती से आप्लावित सांस्कृतिक षड्यंत्र नहीं रहता तो धर्म के नाम पर हिन्दुस्तान—प्राचीन भारतवर्ष का विभाजन बाद पश्चिम व पूर्वी पाकिस्तान निर्माण पश्चात हमारे स्वतंत्र देश का नाम हिन्दुस्तान या भारतवर्ष यथावत नहीं रखकर नया नाम, वह अंग्रेज़ी शब्द का---"इन्डिया "-- क्यों रखा गया । कम से कम भारत राष्ट्र रखने में क्या परेशानी थी । उपर्युक्त आधे—अधूरे स्वतंत्र इच्छा शक्ति के राष्ट्रीय परिद्रश्यों से प्रभावित ,जिसके एकमात्र ध्वजवाहक वे स्वयं थे, पाश्चात्य सभ्यता के पालने में पले प्रधानमंत्री ने संयम वर्तते हुए भरपूर विरोध सोमनाथ की पुनस्थापना में किया था , लोगों की मान्यता है कि बाबू राजेन्द्र प्रसाद यदि राष्ट्रपति न होते और सरदार पटेल गृहमंत्री नहीं रहे होते तो फिर आजतक यह महान सांस्कृतिक पुनरुत्थान का पुनीत कार्य एक सपना रह जाता । कहा जाता है कि जब माननीय राष्ट्रपति महोदय प्राणप्रतिष्ठा पश्चात् दिल्ली वापस आए तब प्रधानमंत्री नेहरू जी उनसे मिलने गए और कुशलक्षेम पूछकर कहा कि आपने वहाँ जगद्गुरु शंकराचार्य को चरण स्पर्श कर सम्मान दिया, परन्तु राष्ट्रपति पद के सम्मान में ठेस पहुँचाई।आज की युवा पीढ़ी को श्रीराम लला जन्मभूमि मंदिर निर्माण के सत्तर वर्ष पूर्व की पृष्ठभूमि की जानकारी नहीं रही होगी ,इसीलिए यहां इस सांस्कृतिक इतिहास की प्रस्तुति मैंने करना श्रेयस्कर समझा । इस प्रकार से उक्त मन्दिर स्थापना के बाद ७७ वर्ष तक ऐसा कोई ज्योतिर्लिंग अथवा श्रीराम या श्री कृष्ण जी आदि के मन्दिरों में से किसी का जीर्णोद्धार ,पुनरुद्धार या पुण: निर्माण नहीं हो पाया। तात्पर्य यह की श्री नेहरू जी के बाद भी उनके अनुवाई राजनीतिज्ञों ने किसी भी प्राचीन मंदिर का जीर्णोद्धार या नए भव्य मंदिर का निर्माण हेतू कोई पहल नहीं किया और यही क्रम कांग्रेस की सरकार जब तक रही तब तक निरंतर कायम रहा ।जगतगुरु शंकराचार्य द्वारिका सह जोशी पीठ ,श्री श्री १०८ स्वामी स्वरूपानंद सरस्वति जी महाराज ,मेरे आध्यात्मिक गुरु की यह प्रबल अवधारणा थी कि नए मंदिरों का निर्माण नहीं करें ,अपितु प्राचीन मंदिरों की पुनस्थापना एवं जीर्णोद्धार करना चाहिए । उसी क्रम में उन्होंने भारत के अनेक हिस्सों में

प्राचीन मंदिरों, जो स्थानीय स्तर पर यशस्वी रहे हैं , उनका जीर्णोद्धार किया था। तत्कालीन दक्षिण --बिहार के सिंहभुमि जिला (अब प, सिंहभूम) ,हावडा --टाटानगर --चक्रधर पुर -- लाईन ,मनोहर पुर जंक्सन से १० की,मी, दूरस्थ, पोसैता स्टेशन से तीन की,मि,पर अवस्थित कोयल—कारो नदी तट पर समीज पीठ के घनघोर जंगलों में एक प्राचीन शिव मन्दिर ,का जीर्णोद्धार तथा विश्व कल्याण केंद्र की स्थापना कर हजारों आदिवासियों को समाज की मुख्यधारा से जोड़ा । वे प्रत्येक वर्ष होलीकोत्सव काल में वहाँ वास करते और पूरे देश --विदेश से हजारों-- हजार भक्तों की भीड़ उमड़ती थी । नदी के दूसरे तट पर स्थित बिशाल पहाड़ पर बहत्तर फ़ीट उँचा श्री रामभक्त हनुमान जी का मन्दिर भी उनकी कृपा से आनन्दपुर गाँव में १९९४ ई में सम्पन्न हुआ था । उत्तर बिहार में भी हमारे पूर्वजों द्वारा निर्मित प्राचीन दक्षिणेश्वर काली मंदिर के जीर्णोद्धार का शिलान्यास मो, बिहारी जिला जमुई ,बिहार में उन्होंने दिनांक 24 दिसंबर 2001 को किया था, जो अब भव्य स्वरूप ग्रहण कर प्रसिद्धि के शिखर पर आरूढ़ है। सांस्कृतिक विहान की दिशा में यह उल्लेखनीय है कि स्वतंत्र भारत में सांस्कृतिक संरक्षक, साधु ,संत ,महात्माओं पर खुले आम तीन चार-- बार जब-- जब किसी सांस्कृतिक पुनरुद्धार का मुद्दा उन्होंने राष्ट्रीय स्तर पर उठाया तब --तब उन्हें गोलियां खानी पड़ी । अनेक निहत्थे निर्दोष संत—महात्माओं के शांतिपूर्ण प्रदर्शन पर गोलियां चलाकर नरसंहार का असहनीय दृश्य दिल्ली में श्री मति इन्दिरा गांधी जी की सरकार के आदेश पर(श्री गुलजारीलाल नंदा पूर्व प्रभारी प्रधानमंत्री , महासंत श्री करपात्री जी महाराज आदि के नेतृत्व में हजारों संत महात्माओं के गौ हत्या बन्द करो एवं कुछेक अन्य मांगों हेतु प्रदर्शन काल में) एवं उनके सहयोगियों में एक,समाजवादी दल के मुखिया मुलायम सिंह यादव के आदेश पर श्रीराम की जन्मभूमि अयोध्या में मन्दिर निर्माण जनान्दोलन काल में भी अनेकानेक कार सेवकों (दो युवा सगे भाई ,कोठारी परिवार कलकत्ता सहित) को गोलियों से भूँज दिया गया । स्वतंत्र भारत देश में ऐसी घटनाएँ सांप्रदायिक संवेदनाओं को उकेर कर वोट बैंक बटोर कर सत्ता के सिंहासन पर निश्चंत होकर कायम रहने के लिए बराबर हुई है। श्रीराम ,गौतमबुद्ध ,महावीर एवं सम्राट अशोक की सत्य एवं अहिंसा का ध्वजवाहक गणतंत्र भारत में गोलियों की बौछार निर्दोष ,निहत्थे, संत, महात्माओं एवं सुविज्ञ प्रजा पर गणतंत्र एवं स्वतंत्रता की आधारशिला को रसातल तक पहुंचाने वाला है। धर्मनिरपेक्षता के बहाने गणतांत्रिक व्यवस्था की यह घिनौनी कुकृत्य सार्वभौमिक गणतंत्र का माखौल एवं पराभव ही तो है। सांस्कृतिक विहान ,वह भी उपरोक्त असहिष्णु राजलोलुप राजनेताओं के काल में, नक्कारखाने में तूतू की आवाज

सदृश्य रही है।

24

रामायण का संदेश---
"बहुजन हिताय बहुजन सुखाय" -

-दुनियां की लगभग सभी भाषाओं में रामायण का अनुवाद अथवा रामकथा पर आधारित कथा— फारसी के २३ विद्वानों द्वारा रामायण का अनुवाद -

"--"शियाराम मय सब जग जानि ,करहिं प्रणाम जोरि जुग पानि ।"--"

उल्लेखनीय है कि राजा श्री रामचंद्र का जीवन चरित्र वर्णित वाल्मिकी रामायण (रचनाकाल ४४३०—४५५० विक्रम पूर्व) एवं गोस्वामी तुलसीदास कृत रामचरितमानस की रचना (संवत १५५०—७०) एवं अन्य भारतीय भाषाओं में विभिन्न प्रसिद्ध कवियों की रचनाओं के पश्चात इसकी सर्वमान्य ऐतिहासिकता व लोकप्रियता दिनानुदिन दूज के चांद की तरह तेजी से सम्वृद्ध होता जा रहा है ।विश्व की लगभग सभी प्रसिद्ध भाषाओं में इसका अनुवाद हो चुका है।जैसा कि विगत अध्यायों में वर्णित है सम्पूर्ण दक्षिण पूर्व एशियाई देशों में हजारों वर्ष पूर्व(इस्लामिक जेहाद ६०० ईस्वी से सैकड़ों वर्षों पूर्व से) से घर-- घर में पूजित चला आ

रहा है ।विद्वान मौलाना वहीउद्दीन अंसारी चतुर्वेदी(वेदों ,बाल्मिकी रामायण व तुलसी कृत राम चरित मानस,१८ पुराणों,उपनिषदों आदि सनातन शास्त्रों के प्रखर ज्ञाता) अनुसार अबतक सिर्फ़ फ़ारसी भाषा में रामायण का अनुवाद कुल तेईस विद्वानों ने किया है ।उदाहरण स्वरूप---

सर्वप्रथम बाल्मिकी रामायण एवं महाभारत दोनों,संस्कृत ग्रंथों का फ़ारसी भाषा में अनुवाद विद्वान अब्दुल कादिर बदायूंनी ने १६ वीं (बादशाह अकबर -कालीन --१५८४ ई, के आसपास) शताब्दी में किया था ।

१६२३ ई, -बादशाह जहांगीर काल-दास्तानें राम और सीता फ़ारसी में

१६४५—५५   ई----रामायण,महाभारत,उपनिषदों   का   युवराज दारा-- शिकोह—ने फारसी भाषा में। फारसी से अंग्रेज़ी में जर्मन विद्वानों ने

१८५०-५५ नबाब वाजिद अली शाह काल---राम चरित मानस—उर्दु में

> *"१९३५ ई,--मौलवी बादशाह हुसैन राणा ने नौ पृष्ठों का उर्दू रामायण*
> *लिखा ।*
> *१९९६ ई,-----" रघुवंशी उर्दू रामायण प्रकाशित हुआ ।"*
> *विद्वान जगन्नाथ खुशरा कृत छन्दवद्ध –"अद्भुत रामायण"*
> *की रचना ।"*

मानव इतिहास के सर्वाधिक प्राचीन ग्रंथों में सर्वश्रेष्ठ ग्रंथ वाल्मिकी कृत (संस्कृत भाषा) रामायण ही है । यह एक निर्विवाद ऐतिहासिक तथ्य है ।इसका अनुवाद,ज्ञात श्रोतों के अनुसार अनेकानेक भाषाओं में हो चुका है।जैसा कि उपर वर्णित अबतक सिर्फ़ फ़ारसी भाषा में कुल तेईस विद्वानों ने संस्कृत से फारसी भाषा में किया है, लोकप्रियता का अनूठा उदाहरण है । यही नहीं,श्रीराम एवं सीता जी की गौरवशाली स्मृति में मुसलमान राजाओं ने भी स्वर्ण सिक्का जारी किया था ।सम्राट अकबर काल में (१५५६—१६०५) स्वर्ण सिक्के के अर्ध -मुहर पर राम व सीता का रूपांकन व नागरी भाषा में रामसिय शब्द अंकित है। उक्त सिक्का वर्तमान में फ्रॉस संग्रहालय में संरक्षित है।भा,सि,का इतिहास ---पृ,,-- १९,लेखक—गुणाधर मूले ।बिदेशों में भी श्री राम संदर्भित सिक्के,अन्य पुरावशेषादि ,मुद्राऐं,पत्राचारादि प्राप्त हुए हैं।पुरातत्व विशारद,रोयल ऐसिऐटिक सोसायटी ,सीन क्लेयर का पुरातत्विक रिपोर्ट १८८९ ई । (लन्दन वि,वि, पुस्तकालय आदि में संरक्षित—पर आधारित,स्वरचित भारतवर्ष का सांस्कृतिक इतिहास,पृष्ठ—५४, एवं विद्वान श्री जमनालाल अख्तर का लेख हिन्दुस्तान—३०

नवम्बर २००६ ,पटना देखें)

स्वंय वाल्मीकि रामायण में श्रीराम—कालीन आर्यावर्तीय देश—प्रदेश ,प्रसिद्ध नदियों का सुस्पष्ट भौगोलिक वर्णन(अ—२,सर्ग—६८---श्लोक—१४—२२) एवं श्री राम सीता व लक्ष्मण के वन गमन बाद महाराज दशरथ की मृत्यु पश्चात पुत्र भरत को ननिहाल कैकई देश से बुला लाने हेतु दूत भेजने के संदर्भ में वर्णित है।बाल,रामा,----सर्ग—२,७—१,श्लोक—५-------

"सस प्रांड मुखोराज गृहाभिनीयायं वीर्यवान ।
तत:सुदामा धुतिमान संत्यार्वेक्ष्य तां नदीम ।
ह्रदिनी दुरपारा च प्रत्यक श्रोत: तरिगिनिम।
शतद्रु अतरत सीगता नदी इक्ष्वाकु नंदन: ।
एलाधने नदी तित्वा प्राप्य च अपर पर्वतान ।
शिला अकुवर्तीं तित्वा आग्रेय शल्य कर्सनम ।
अभ्यगात्स महाशैलवन चैत्ररथ प्रति ।
सरस्वति च गंगा च युग्मेंन प्रति पध च ।
उतरा वीर मत्स्यानां भारूण्ड प्राविशेवनम ।
ऋगवेद(७/९५/२--- में सरस्वति नदी के नाम सरस्वति सूक्त
निवेदित तो है ही ,साथ साथ सिंधु नदी भी चर्चित है---
"एका चेतत सरस्वति नदीनां ,शुचियर्ती गिरिभ्य आस समुंद्रात
।"
परन्तु वाल्मिकी रामायण में सरस्वति समेत
गंगा,सतलज,व्यास आदि की भी चर्चा बहुतायत है ।(अ---२,
सर्ग---६८)
विक्रमादित्य कृत प्राचीन दिल्ली मिहरौली लौह
स्तम्भाभिलेखानुसार भी विजित देशों व नदियों के नाम में रामायण
कालीन देशों व नदियों का नाम उल्लखित है ।यथा –
--" तित्वा सप्रमुखानी येन समरे ,सिंधोजिर्ता बहिल्का ।"

इसी प्रकार अग्नि पुराण—१०८/१,२--- से भी भारत की प्राचीन भौगोलिक सीमा सम्बन्धित उपर्युक्त ऐतिहासिक तथ्यों की सम्पुस्टि तो होती ही है , साथ-साथ वर्तमान मिस्र देश स्थित प्रसिद्ध विशाल नदी नील भी ईंगित है । देखें -

"-हिमवान हेमकुटस्च निषधस्थास्य दक्षिणे,

नील: स्वतेश्च, ॠंगिचंउत्तरेवर्ष पर्वता: ।
वर्ष तद् भारतनाम ,नव सहस्रविस्तृतम ।
कर्मभूमिरियं स्वर्ग :।"

मिसेज मैंनिंग्स एनसियंट एण्ड मिडिवियल इण्डिया --,वा--॥, के अनुसार रामायण में यह वर्णित है कि वहां बहुत से सुदूर देशों के राजदूत रहा करते थे ।

हिस्ट्री औफ इन्डिया भाग-।।। - पृष्ठ - २७ - हिजरी ६९१ (१२९४ ई,) में जब कुबलई खान ने जावा द्वीप पर आक्रमन किया था तब वह एक हिन्द देश (हिन्दुस्तान) का ही एक अंग प्रान्त था ,वहाँ जावा के हिन्दू राजा श्री राम ने कुबला खां की मंगोल सेना से युक्तिपूर्वक संधि कर ली थी ।वर्तमान में भी वहां का राजा राम—१० हैं ॥

1. एसियटिक – रिसर्चेस्—भाग—१,पृष्ठ—४२६(सर डबल्यु जोन्स-----राम सूर्य के एक वंशज ,सीता के पति और रानी कौशल्या के पुत्र के रूप में दिखाए जाते हैं।पेरू जाति के लोग ,जो अपने को उसी वंश परम्परा का बताते हैं,अपने सबसे बड़े उत्सव का नाम –" रामसितवा "रखा है ।दक्षिण अमेरिका उन्हीं लोगों के द्वारा बसा ,जिनके द्वारा एशिया के सुदूर स्थानों पर राम का उत्कृष्ट इतिहास और विधि-विधान ले जाये-गये।

थियोसोफिस्ट—१८८६ के अनुसार – श्रीराम एवं सीता अभी भी अमेरिका में पूजे जाते हैं और विशेषता यह है कि अपने मूल नामों से ही पूजे जाते हैं ।अमेरिका में हर साल एक मेला होता है जो हिन्दुओं के दशहरा (रामचन्द्र जी का मेला)से बहुत मिलता है ।

दक्षिण कोरिया के प्राचीन मूलवासी अयोध्या को अपने पूर्वजों का ननिहाल मानते आ रहे हैं ।वियतनामी अपने को प्रभु श्रीराम का वंशज मानते हैं ।विश्व प्रसिद्ध प्राचीन मेवाड़ी गुहिल(सिसोदिया) राजवंश में उत्पन्न महाराणा प्रताप मनु पुत्र इच्क्षवाकु से ६२ पीढ़ी में उत्पन्न श्रीराम से १३२ वीं पीढ़ी तथा महाराणा प्रताप(इच्क्षवाकु से लगभग १९५ पीढ़ी) के बंशज से वर्तमान महाराणा महेन्द्र सिंह मृत्यु (उदयपुर -- १० नवम्बर २०२४ ई,) व उनके अनुज महाराणा अरविंद सिंह जी महाराज इच्क्षवाकु से लगभग ३०० वीं पीढ़ी में,तीन पीढ़ी कम में उत्पन्न माने जाते हैं। सनातन शास्त्रानुसार कश्यप पुत्र आदित्य की पत्नी—(प्रजापति विश्वकर्मा की पुत्री) संज्ञा से उत्पन्न मनु के पुत्र महाराज इच्क्षवाकु हुए

थे,जिन्होंने मनु की बसाई बस्ती अयोध्या को भव्य राजधानी का स्वरूप प्रदान किया था । उसी प्रकार दक्षिण भारत मैं हिंदू साम्राज्य संस्थापक वीर क्षत्रपति शिवाजी भी मेवाड़ी गोहिल बंशी महारावल लक्ष्मण सिंह(लक्ष्म सिंह के पुत्र कुमार अजय सिंह के पुत्र सुजानसिंह की शाखा में, वो लक्ष्मण सिंह की 19 वीं पीढ़ी मैं उत्पन्न माने जाते हैं। महाराणा महेन्द्रसिंह का देव लोक गमन विगत १० नवम्बर २०२४ ई,को उदयपुर के पास की हवेली में हुआ,वे पहले सांसद रह चुके थे । उनके उत्तराधिकारी पुत्र लोकप्रिय महाराणा विश्वराज सिंह वर्तमान विधायक नाथद्वारा क्षेत्र से एवं रानी माननीया सांसद हैं । उसी प्रकार महाराणा भागवत सिंह के कनिष्ठ पुत्र अरविंद सिंह जी के पुत्र जनप्रिय लक्ष्यराज सिंह जी हैं,ये लोग उदयपुर स्थित परम्परागत पांच सौ वर्ष पूर्व प्राचीन राजमहल में रहा करते हैं ।यहां भव्य ऐतिहासिक राजमहल के पीछे स्थित पांच सितारा होटल अत्यंत सुन्दर बिशाल झील में निशा काल में रंग विरंगी रोशनियों में सजी पर्यटकों के लिए ,विशेष आकर्षण का केन्द्र है ।

25

श्री रामजन्मभूमि मन्दिर-- तीर्थधाम के जीर्णोद्धार का भव्य स्वरूप का प्रारूप

- परिसर का कुल क्षेत्रफल---०२-०७ एकड़ (२) मंन्दिर हेतु क्षेत्र—५७,४०० वर्गफुट (३) लम्बाई—३६० फुट (४) चौड़ाई—२३५ फुट (५) आपाद--शिखर की ऊँचाई—१६१ फुट(६)कुल – तल---(०३)तीन (७) मन्दिर—भूतल पर कुल स्तम्भों की संख्या----१६०(८) प्रथम तल पर स्तम्भों की संख्या--- १३२ (९)द्वितीय तल पर कुल स्तम्भों की संख्यां –७४

१) मंन्दिर के वास्तुकार (स्थपति)---मेसर्स चन्द्रकांत बी,सोमपुर

२) निर्माण कर्ता ----- मेसर्स लारसन एवम् टुब्रो

३) निर्माण,प्रबंधन एवं परामर्श ---------मेसर्स टाटा कन्सलटिंग इन्जीनियर्स

करोड़ों रामभक्तों की सुख – सुविधा सुगम प्रवाश व भारतीय संस्कृति की पुणस्थापना हेतु राम की वैभवशाली वैश्विक नगरी में विभिन्न सांस्कृतिक संस्थानों की रचना ---

- संग्रहालय २) ग्रंथालय ३)सभागार ४)३६० डिग्री रंगभूमि ५) आध्यात्मिक संघागार ६)यज्ञशाला ७)धर्मशाला ८) अभिलेखागार ९) अनुसंधान केन्द्र १०) प्रशासनिक भवन ११)आवासीय परिसर १२) प्रदर्शनी १३) तीर्थयात्री सुविधा - संसाधन १४) भव्य अतिथि भवन १५) पार्किंग स्थल १६) संगीतमय जलोच्छालन

- संग्रहालय २) ग्रंथालय ३)सभागार ४)३६० डिग्री रंगभूमि ५) आध्यात्मिक संघागार ६)यज्ञशाला ७)धर्मशाला ८) अभिलेखागार ९) अनुसंधान केन्द्र १०) प्रशासनिक भवन ११)आवासीय परिसर १२) प्रदर्शनी १३) तीर्थयात्री सुविधा - संसाधन १४) भव्य अतिथि भवन १५) पार्किंग स्थल १६) संगीतमय जलोच्छालन

सुर्यवंशी राजा श्री राम एवं रामराज्य के परम भट्टारक प्रतिहार लक्ष्मण के पूर्वज व वंशजों का कालक्रमिक इतिहास

अयोध्या संस्थापक प्रथम पुरुष मनु के पुत्र इच्क्षवाकु के वंशज--- श्रीराम एवं लक्ष्मण के वंशजों का अविरल प्राचीन प्रामाणिक इतिहास –से आधुनिक काल तथा उनकी महान कृतियाँ---

उसी प्रकार आदित्य सह पत्नी संज्ञा के(पुत्र मनु) पौत्र महाराज इच्क्षवाकु से पांचवीं पीढ़ी में महाराज पृथु से १४ वीं पीढ़ी में चक्रवर्ती राजा मान्धाता के समकालीन चक्रवर्ती राजा शशविन्दु हुए थे ,जो मनु की ज्येस्ठ पुत्री ईला एवं अत्रि पुत्र सोम (चन्द्र राजवंशी) के पुत्र पुरूरवा के वंशज थे।इसप्रकार सुर्य वंश एवं सोमवंश दोनों महान वंश के एक ही पूर्वज थे और वे अन्य कोई नहीं स्वंय मनु ही थे।मनु से ३१ वीं पीढी में प्रसिद्ध दानी राजा हरिश्चंद्र हुए।राजा हरिश्चंद्र से ३० वीं पीढ़ी में राजा दशरथ हुए,जिनके पुत्र राम,लक्ष्मण,भरत एवं शत्रुघ्न जी हुए थे ।रामराज्य कालीन सम्पूर्ण आर्यावर्त के परम प्रतापी परम भट्टारक प्रतिहार लक्ष्मण के दो पुत्र अंगद एवं चन्द्रकेतु की संतानों से प्रतिहार वंश का उद्भव हुआ था।रामराज्य के अन्तिम चरण में श्रीराम ने अपने भाइयों तथा अनुज भरत के मामा को कैकय देश से बुलवाकर उनकी परामर्श पर चारों भाइयों के आठ पुत्रों के बीच सम्पूर्ण आर्यावर्त का विभाजन कर दिया था,जिसे उनके यशस्वी महाप्रतापी आठो उत्तराधिकारियों ने सांस्कृतिक विस्तार कर समस्त

"सम्पूर्ण आर्यावर्त पर रामराज्य को विकसित व सम्वृद्धशाली बनाया।

अंगद चंन्द्रकेतु च लक्ष्मणो प्यात्म सम्भावो ।

शासनादु रघुनाथस्य चक्रे कारापथेश्वरी ।।"

इसी प्रकार चंन्द्र वंश का भी विस्तार हुआ ।फलतः आगे जाकर दोनों प्रसिद्ध वंशों में सीमांन्त निर्धारण के विन्दु पर भीषण महारण भी हुए ।यहां तक की सूर्यवंशी चक्रवर्ती मान्धाता एवं उनके श्वसुर चन्द्रवंशी राजा शशविन्दु के बीच भी लम्बा संघर्ष चला।फलतः चन्द्र वंशियों (यदुवंशियों) का राज्य भी श्री कृष्ण से सैकड़ों वर्ष पूर्व चक्रवर्ती सम्राट ययाति द्वारा उसके तीन (राज्य निष्कासित) पुत्रों यदु आदि द्वारा मध्य एवं पश्चिम एशियाई भूभाग की ओर राज्य विस्तार किया गया। उसी प्रकार पुनः चक्रवर्ती श्री कृष्ण के बाद भी(ईसा पूर्व ३००० वर्ष)उसी दिशा में विस्तार पाया।

"ऋगवेद—६:४५:०१—य अनयत् परावतःसुनीती तुर्वशुं यदुः।

इन्द्रः सः नः युवांसखा ।

ऋग,—०१:१७४:०९//०६:१०:१२

प्रयत्समुद्रंअति शूर पर्षि पारय तुर्वशःयदु स्वस्ति ।

यजुर्वेद —६/श्लोक—२१---

समुद्रंगच्छ स्वाहा अन्तरिक्षंगच्छस्वाहा देवं सवितरांगच्छ स्वाहा ।।

समुद्र,अन्तरिक्ष ,आकाशादि– देश-निदेश में विचरन, आवागमन का आवाहन ।

ऋगवेद—०८:०७:१८—येन अवःतुर्वशं यदुं येन कण्वं धनस्पृतम्।

राये सु तस्यधीमहि ।"

यजुर्वेद –अ—३६—श्लोक—२४---तच्चक्षु र्देवहितं पुरस्ताच्छुक्रमुच्चरत्।
।पश्येम शरदःशतं जीवेम शरदः शतं श्रृणुयाम् शरदः शतं प्रब्रवाम् शरदःशतमदीनाः स्याम शरदः शतम् भूयस्य शरदःशतात् ।

मनु स्मृति—अ—२/ श्लोक—२०—एतद्धेशप्रसूतस्य सकाशादग्रजन्मन:।

स्वं स्वं चरित्रं शिक्षरेन् पृथिव्यां सर्वमानवा: ।।

पुरातात्विक अभिलेख---

गजनी का किला प्रथमत: यदुवंशी यादोन क्षत्रिय कुलोत्पन्न राजा रजत सेन(राजबाहु) की परिहार-रानी से उत्पन्न पुत्र गज सेन(गजबाहु) ने युदि्धष्ठिर-- संवत् प्रारंम्भ २८९८ ईसा पूर्व से ३०८ वर्ष बाद (२५९०-ई,पू,) के लगभग निर्माण कराया था। ।(स्वरचित भा,सां,इति,अ—२४,पृष्ठ--३१७,,कर्नल टांड कृत राज का इति,)

"ब्रह्म वैवर्त पुराण—१०—१५ में वर्णित है ---

--" चन्द्रादित्य मनुनांच प्रवरा क्षत्रिया स्मृत ।"

मनु के वंशज ही सूर्य वंशी तथा चन्द्र वंशी क्षत्रिय हुए ।मूलत:

इन्हीं दो वंशों से क्षत्रियों का प्रसार व विकास सम्वृद्ध हुआ,

बाद में ऋषि बंश एवं अग्नि-बंश का भी प्रादुर्भाव हुआ ।"

श्री राम पुत्र कुश के देश का नाम कौशल पड़ा। दक्षिण कौशल का अंग कलिंग प्रदेश भी रहा था ।वहाँ ईस्वी सन् की तीसरी शताब्दी की खारवेल नरेश की हाथीगुम्फ़ा शिला लेखों में कुश के वंशज कुशम्य क्षत्रिय- राजपूतों के कुल की चर्चा है। इसी प्रकार गिरिनार शिलालेख (150 ई,) में यौधेय क्षत्रिय—राजपूत की चर्चा है। हरियाणा के खोखराकोट से प्राप्त सिक्कों पर भी यौधेय गणराज्य उत्कीर्ण है। यौधेय राजवंश अति प्राचीन सूर्यवंश कुल को सुशोभित करता है। रोहतक टकशाल से भी प्राचीन प्रतिहार सम्राटों का सिक्का प्राप्त हुआ है। जो लक्ष्मण बंशी प्रतिहार क्षत्रिय—राजबंश के कुल का ही है ।जग्गेय एवं नागार्जुनी कोंडा शिलालेखों में भी इच्क्षवाकु वंशी क्षत्रिय—राजपूतों के राज्यकाल का प्रमाण उपलव्ध है। सम्राट मिहिरभोज कृत ग्वालियर प्रशस्ति वि,सं,९००---

"“सौमित्रिस्तीव्रदण्ड: प्रतिहरण विधेर्य: प्रतिहार आसीत ।“

मंडोवर राजा प्रतिहार बाउक का शिलालेख—

--“स्वभ्राता रामभद्रस्य प्रतिहार्य कृतयत: ।

श्री प्रतिहार बडशोययतश्चोतिमानुयात ।।“”

श्रीराम जन्मभूमि, अयोध्या, केवल एक धार्मिक स्थल नहीं है,बल्कि यह भारतीय संस्कृति और इतिहास का एक महत्वपूर्ण हिस्सा है। इस पुस्तक के माध्यम से हमने अयोध्या के सांस्कृतिक व राजनीतिक उत्थान—पतन का प्रामाणिक इतिहास प्रस्तुत किया है। साथ-साथ अयोध्या सहित महाराज इच्छवाकु की वंशानुगत सतयुग, त्रेतायुग, द्वापर एवं कलियुगीन क्षत्रिय राजवंशों के वैश्विक भौतिक अस्तित्व की लगभग एकादश (११०००) सहस्त्र वर्षों का संक्षिप्त इतिहास का एक सुस्पष्ट रूपरेखा चिन्हांकित करने का प्रयास किया है। विगत दो सहस्त्र वर्षों के विद्वता पूर्ण साहित्यिक, सांस्कृतिक,ऐतिहासिक,वैज्ञानिक शोधारित ग्रंथों के पठन—पाठन,चिंतन ,मनन,अनुशीलन से आधुनिक ज्ञान—पिपासु विश्व को अब यह स्पस्ट महसुस हो गया है कि सम्पूर्ण भूमंडल पर अबतक जो साहित्यिक ,सांस्कृतिक,आर्थिक,वैज्ञानिक, सामाजिक , आध्यात्मिक प्रगति हुई है उसमें इस महान इच्छवाकु कुलावतंशों का योगदान सर्वोपरि है।यही कारण है कि साहित्य,संस्कृति, लेखन कला,वैदिक साहित्य,उत्कृष्ट महाकाव्यों,नाटक,गीति काव्य,दर्शन शास्त्र, न्याय शास्त्र,विज्ञान,गणित,बीजगणित,रेखागणित, औषधि—शास्त्र,शल्य चिकित्सा,खगोल शास्त्र,सैन्य विज्ञान,संगीत कला, चित्रकला,ललित कला,वास्तुकला,मूर्तिकला, बुनाई --कला,धातु—लौह एवं इस्पात निर्माण--विद्या,, वाणिज्य,जलपोत-शास्त्र,विमान-शास्त्र,भूगर्भ शास्त्र,यातायात—परिवहन,आदि के क्षेत्र में विवस्मान मनु के पुत्रों ,मनु पुत्री इला की महान संततियों ने सम्पूर्ण विश्व को निहाल कर दिया।आधुनिक विश्व के वैज्ञानिक,सांस्कृतिक,आध्यात्मिक व अन्तरिक्ष विज्ञान में इनका योगदान अपरिमेय है ।

हमें आशा है कि यह पुस्तक पाठकों को उत्तर भारत में सभ्यता के विकास की प्रारम्भिक एवं प्राचीनतम राजधानी के सांस्कृतिक सह राजनीतिक इतिहास के साथ-साथ ,महाराज इच्छवाकु कुल से विगत एकादश सहस्र वर्षों से अनवरत प्रस्फुटित हुई,सप्त एकादश द्विपों , सम्पूर्ण एशिया, ग्रीक साम्राज्य सहित यूरोप, अमेरिका, अफ्रीका आदि तक फैले हुए , सैकड़ों ऐतिहासिक राजवंशों की शाखाओं का भी संक्षिप्त दर्शन सुलभ होगा, जिसकी नितांत आवश्यकता लम्बे अरसे से इतिहास प्रेमियों को अखर रही थी ।

वायु पुराण-३०/७४—६७/४३---सृस्टि के प्रलयकाल पश्चात योगज शरीर धारी ब्रह्माजी का प्रादुर्भाव हुआ ।उन्होंने नौ मानस पुत्रों को उद्भवित किया । उनमें एक दक्ष भी था। जिसका विवाह प्रजापति की दुहिता बिरिनी से हुआ था । वायुपुराण—६५/१२८—१२९ के अनुसार उस का अन्य नाम अश्किनी भी था। दक्ष एवं अश्विनी से दिति,अदिति,दनु, कद्रू,आदि पुत्रियाँ हुईं ।इनका विवाह मारीचि पुत्र कश्यप से हुआ था ।

कश्यप एवं अदिति से आदित्य   विवस्वान का जन्म हुआ ।अदिति का अन्य नाम संज्ञा भी,अन्य ग्रंथों में उल्लिखित है ।

कश्यप सह अदिति (संज्ञा) का पुत्र आदित्य (विवस्वान) को ही वैवस्वत भी कहा कहा है। का वृहद् वंश- वृक्ष

--१, कश्यप से

२, विवस्वान=(--विवस्वत---आदित्य- = सूर्य) की पत्नी सुरेणु ---से मनु एवं यम दो पुत्र तथा एक पुत्री यमी हुई ।कतिपय ग्रन्थों में कश्यप एवं अदिति से बारह आदित्यों(पुत्रों) का जन्म हुआ था । विष्णु पुराण के अनुसार मनु के दस पुत्रों में ज्येष्ठ इक्ष्वाकु ही थे ।

इक्ष्वाकु के अन्य नौ अनुजों में—१)नाभाग २)घ्रिस्ट ३)शर्याति ४)नारिस्यन्तु ५)प्राशु ६)नाभागोदिश्त ७) करूष एवं ८) वें प्रिस्घ थे।

उल्लेखनीय प्रतीत होता है कि उपरोक्त नौ नामों में नाभाग एवं नाभागोदिस्त ,सम्भवतः एक ही नाम के दो रूप हैं ।

वायु पुराण ८८/१२५ –मनु की पुत्री ईला थी ।

वाल्मिकी रामायण बालकांड ०६/४७---०५/०२ –

-" आदि राजो मनुरिव प्रजानाम प्रतिरक्षिता "

जैसा कि विगत पृष्ठों पर कहा गया है–प्रजा की प्रतिरक्षा हेतु मनु ही प्रथम राजा (राजो) थे ।विवस्मान मनु पुत्र राजा इक्ष्वाकु के सौ पुत्रों में पच्चास उत्तरापथ तथा अन्य पच्चास दक्षिणापथ के शासक हुए ।इक्ष्वाकु के ज्येष्ठ पुत्र विकुक्षि अयोध्या तथा निमि(सीता जी के पिता राजा जनक के पूर्वज) विदेह राज हुए ।(देखें–वाल रामा,)

३०८०—८२ विक्रम पूर्व वर्ष (३१३७—३९ ई,पूर्व) महाभारत महाकाव्यानुसार उक्त महारण में इक्ष्वाकु वंशीय अयोध्या नरेश वृहदबल ने चक्रव्यूह वेधन के रण में वीर अभिमन्यु के हाथों वीरगति पाई थी। मनु से ९१ पीढ़ी में तक्षक तथा ९२ पीढ़ी में उनके पुत्र राजा वृहदबल हुए थे। १२१ वीं पीढ़ी में प्रतापी राजा सुरथ हुए।

१२२ वीं पीढ़ी के राजा सुमित्र से यह वंश विशेष रूप से सूर्यवंश के नाम से सर्वत्र विख्यात हुआ ।मगध सम्राट महापद्मनन्द काल में अयोध्या पर नन्दों का अधिकार हो गया ।सम्भावना प्रबल दिखाई देती है कि इसी काल में राजा विजय ने अयोध्या का परित्याग किया होगा।वर्तमान इतिहासानुसार सिकन्दर आक्रमण काल ईसा पूर्व ३२६ वर्ष में में महापद्मनन्द राज कर रहा था ।नव नूतन शोधानुसार इतिहासकारों ने उक्त काल को ईसा पूर्व १५०० वर्ष में सम्भावित किया है ।राजा विजय पुत्र पद्मादित्य को वल्लभीपुर का सूर्यवंशी संस्थापक माना जाता है। यहाँ कतिपय महत्वपूर्ण ऐतिहासिक तथ्यों की चर्चा अत्यावश्यक प्रतीत होता है – वह यह कि यही पद्मादित्य(पद्मसेन का विवाह विक्रमादित्य महान की बहन मैनावती से हुई थी और उससे कुमार गोपीचंद (बाद में गुरू गोरखनाथ के शिष्य) हुए ।इसी पद्मादित्य की दूसरी शादी चोलवंशी

राजा कारकेल की पुत्री रत्नावती से हुई थी। मैनावती की पुत्री सुर्य रत्ना का विवाह कोरिया के राजकुमार से विवाह हुआ ।विगत २०१८ ई, दीपावली के शुभावसर पर कोरिया से (उसी वंश की) देश की प्रथम महिला अयोध्या धाम आकर ,मुख्यमंत्री श्री आदित्य नाथ योगी जी की अगुवाई में तीन लाख दीपों की भव्य दीपावली में सम्मिलित हुई,जिसे गिनीज बुक्स औफ वर्ल्ड रिकाइर्स में दर्ज किया गया ।अयोध्या ,श्रीराम एवं रामायण कथा की सत्यता व सार्थकता इससे बेहतर वैश्विक प्रमाण और क्या हो सकता है ।निस्संदेह वैश्विक इतिहास व संस्कृति की सात सहस्र वर्षों की यह एक अद्वितीय ऐतिहासिक घटना है ,जो पुरूषोतम के ज्योतिर्मय चरित्र का स्वर्णाक्षर है ।०२ फरवरी १८३५ को तत्कालीन प्रसिद्ध विद्वान मेकडोनल ने ब्रिटिश संसद को एक पत्र लिखा—पत्राशय था कावेरी नदी पर राजा कारकेल ने दो सहस्त्र वर्ष पूर्व एक नहर व सेतु का निर्माण कराया था,जो उनदिनों भी कारगर था , तत्कालीन भारत के उत्कृष्ट अभियंत्रण विज्ञान का अद्भुत प्रमाण था ।(देखें—स्वरचित --भा,सांस्कृतिक इतिहास)

आगे के काल में वल्लभीपुर का सूर्यवंश शकों ,हूणों एवं मुसलमानों के प्रारम्भिक आक्रमणों से त्रस्त हुआ।फलत: विक्रम संवत के ६ ठी शताब्दी के अन्तिम चरण में विवस्मान इक्ष्वाकु कुल के सूर्यवंशियों को नई भूमि की खोज में अग्रसर होना पड़ा ।ग्रहादित्य के वंशज राजस्थानी सिद्ध ऋषि हारित के नागदा स्थित प्रसिद्ध आश्रम की ओर घनघोर वन प्रदेश में जा बसे ।

अन्तत: वहां से आसपास के विभिन्न दिशाओं में जा बसे,नव -स्थान विशेष पर विभिन्न शाखाओं का नव नूतन नामांकन हुआ ।इसी सूर्य वंशी गुहिलोत कुल के प्रथम संस्थापक वीर बप्पा रावल महान,रावल खुमान ,रावल लक्ष्मण (लाखा) ,रावल अरिसिंह,हम्मीर सिशोदिया,रावल मोकल,रावल राहप,राणा कुम्भा ,राणा रायमल,राणा सांगा ,राणा उदय सिंह,महाराणा प्रताप,महाराणा राज सिंह आदि हुए ।देखें—स्वरचित—भा,सां,इतिहास से सुविस्तृत निम्नवत।

।।वाल्मिकी रामायण में अयोध्या नरेशों की अपूर्ण सूची है। रघुवंश में भी मात्र उन्तीस राजाओं की सूची उपलव्ध है ।मनु से १३० वीं पीढ़ी के राजा विजय अयोध्या त्याग कर दक्षिण भारत की ओर कूच किये । वल्लभी पुर में राज्य स्थापित किया। परन्तु प्राचीन सूर्य वंश की प्रतापी कुल परम्परा को ज्योतिर्मय

रखकर वंश विरूद "आदित्य" अविरल रखा।वल्लभीपुर में भी वे महाप्रतापी अयोध्या नरेश इक्ष्वाकु का वंशज होने के कारण अयोध्या नरेश ही कहे जाते थे ।देखें–स्वरचित–भा,सांस्कृतिक इति,पृष्ठ - ३३६ ।

वा,रामायण,कालिदास कृत रघुवंशम्,शतपथ ब्राह्मण –१३/४/३/३ में मनु की चर्चा है ।महाभारत आदि पर्व-७०/१३ - १४(२) हरिवंश - १,१०/१ - २(३) ब्राह्मांड पुराण - ३/३०/२३ (४) मत्स्य पुराण - ११/४१ आदि से उपरोक्त कथन की सम्पुस्टि होती है । वायु पुराण—८५/४ के अनुसार मनु के छ: ही पुत्र थे ।

ऋग्वेद १०/९३/१४ –में इक्ष्वाकु वंशीय सबसे प्रतापी राजा के रूप में श्री राम का नाम तो आया ही है साथ-साथ सीता जी को भी स्मरण किया गया है।

ऋग्वेद –०४/५७/०६ में जनक नन्दिनी मां सीता को समर्पित एक प्रार्थना ---

"ओम अवार्ची सुभगे भव सीते वंदामहे त्वा ।

यथा न: सुभगाससि यथा न: सुफलाससि ।।"

उत्तर वैदिक शास्त्रों में श्री राम को –"राम मर्गवेय"--- संबोधित किया गया है।डां सुकुमार सेन की अभिधारणा रही है कि राम का निवास मर्गिआना (बी,एम,ए,सी,) में क्षेत्र था।

सूर्य वंश का प्रादुर्भाव—आर्यावर्त में हुआ । ग्रीक साहित्य में भी मूल पुरूस-वैवकस(-वैवस्वक)---सांस्कृतिक ग्रंथ अवेस्ता में वैवकस से सिकन्दर तक १५४ राजाओं द्वारा कुल ६४५१ वर्षों तक शासन करने की बात वर्णित है ।अयोध्यावासी सूर्यवंशी मूल के शासक तत्कालीन भूमंडल से वर्तमान काल तक विश्व के अनेकानेक देशों में समृद्ध हुए,परन्तु उनमें से अधिकांश कालक्रमिक विभिन्न धर्मों के उत्थान से वैश्विक मानचित्र से तिरोहित हुए ।जावा के राजा ऐश्वर्य पाल इक्ष्वाकु वंशीय थे ।वहां से प्राप्त प्राचीन ग्रंथ तंत्रो कामांदक में ऐसा वर्णन है ।१९३२ ई,में जावा के राजा ने दो शोधार्थियों को प्राचीन कालीन मगध (बिहार) का मानचित्र तथा कतिपय अन्य दस्तावेजों सहित तत्कालीन मुदगलगिरि (मुंगेर जिला) के उत्तरी गंगातटीय क्षेत्र में प्रसिद्ध जयमंगल गढ

की खोज में पहुंचे थे।देखें—भा,सांस्कृतिक इतिहास एवं प्राचीन क्षत्रियों के साथ इतिहासकारों का अन्याय, बिहार अतीत के झरोखे से लेखक--- श्री रा, प्रसाद नारायण सिंह आदि।

फिर भी भारतवर्ष के आधुनिक राजवंशों में जो श्रीराम चारों भाइयों के आठ पुत्रों के काल से ,लगभग ६५—७० सौ वर्षों में १४५—५० पीढ़ियों में समाहत हैं—उदाहरणार्थ--- आधुनिक—

क्षत्रिय-राजपूत कच्छवाह,परिहार,बड़गुजर,परमार,गहरवार,राठौर आदि हैं।इन सबों से विकसित असंख्य शाखाएँ भी हैं ।रामपुत्र लव ने लवकोट (लाहोर) बसाया ।लाहोर से

अयोध्या से राजा विजय दक्षिण भारत की ओर गए,वहीं नया राज्य किया।नाम था सरावल। इक्ष्वाकु वंशी राजा दुर्गबाहु काल में उनके भाई कोरिया जा बसे ।इक्ष्वाकु वंशीय महाप्रतापी राजा कनकसेन का जन्म विक्रम संवत ४१९ (३६२ ई) की एक शाखा ने लवकोट से हूणों के लगातार आक्रमनों से तंग आकर गुजरात—भावनगर से १० की,मी,उत्तर पश्चिम में वल्लभीपुर -विक्रम संवत ४६४ वर्ष में राजधानी बनी(—४०७ई) बसाया।कनकसेन की रानी वल्लभी कश्मीर की राजकुमारी थी ।ईस्वी सन् ४११ में वहां भव्य विद्या-- महाविहार बनना प्रारंम्भ हुआ जो ४३६ ई,में ज्ञान—दान का महान केन्द्र बना। हुएनसांग -६३९ ई,और अलबरूनी –६९० ने वहां प्रवास कर अध्ययन किया था । देखें===क्षत्रिय राजवंश बड़गुजर ,शकरवार व मराढ –ले—कुंवर अजीत सिंह वगैरह

चीन—प्राचीन राज्य हुणान में मगध पाटलीपुत्र का राजकुमार सूर्यवंशी कौंडिल्य गोत्रिय परमार कुलीन राजा(त्रिशूल धारी शैव मतावलम्बी) का राज्य विक्रमादित्य के प्रथम शताब्दी से था,जिसने वहां मिथिला संस्कृति स्थापित किया था।डां भगवान सिंह ,राजबली पांडे एवं डां आर,सी,मजूमदार की अभिधारणा)।

ईश्रायल के जेरूसलम नगर में प्रथम ईस्वी शता,तक एक विशाल मंन्दिर परिसर श्री राम का था ।उसी नगर में एक भव्य मंन्दिर श्री ब्रह्मा जी का भी था,जिसे तोड़कर पहले ईसाई मतावलम्बियों ने अब्राहम का पूजास्थल बनाया,प्रोफेट

मुहम्मद ने उसी में प्रथम नवाज अदा किया था--- उक्त प्राचीन मन्दिर पर वर्त्तमान में इश्राईल –फिलीस्तान विवाद जारी है ।

৩৯

रामायण से महाभारत काल तक का कालक्रमिक इतिहास-

वैवस्वत मनु का काल --विक्रम संवत पूर्व ११२२३ वर्ष (ईसा पूर्व ११२७० वर्ष) । डां वेदवीर आर्य कृत मनु से मराठा काल।

३, मनु के पुत्र इक्ष्वाकु हुए ।-----मनु की ज्येस्ठ पुत्री इला एवं अत्रि पुत्र सोम के पुत्र बुद्ध से पुरूरवा की संततियों से ही विश्व प्रसिद्ध सोम—चन्द्र वंश का उद्भव हुआ ।मनु की लगभग सत्तर वर्ष की आयु में विश्व प्रसिद्ध जल प्रलय विक्रम पूर्व १११५३ वर्ष में सम्भावित ।

४, इक्ष्वाकु ---१११९३ विक्रम संवत पूर्व-। मनु --जल प्रलयकाल लगभग १११५३ वि,पू,वर्ष के बाद अयोध्या की ओर सपरिवार आऐ। पहले अयोध्या बस्ती बसाऐ फिर पुत्र इक्ष्वाकु ने इसे राजधानी का रूप दिया ।

५,विकुक्षि (विवुक्षि-= शशाद),६ ,पुरंजय ७,ककुत्स्थ ८-अनेना ९)-पृथु

पृथु के नाम से ही जन्मभूमि को -माता एवं सम्पूर्ण पृथ्वी (पृथु) को पिता कहा जाने लगा । तात्पर्य यह कि महा यशस्वी राजा पृथु को आराध्य मानकर पृथु के नाम से ही भूमि का अन्य नाम पृथ्वी पड़ा ।-“माता :भूमि ,पुत्रो अहं पृथ्वीयां ।“

अयोध्या नरेश पृथु के बाद १०)वीं पीढ़ी—विश्वरंधि ११)चन्द्र १२)युवनाश्व—१,(13)शाश्वत १४)कुवलायाश्व (धुंधुमार),१५,दृढाश्व,१६) ,हर्यश्व १७)निकुंभ,१८)बहर्णाश्व १९)कुशाश्व,२०)सेनजित,२१)युवनाश्व-२-२२) चक्रवर्ती मान्धाता – इन्होंने सम्पूर्ण भूमंडल विजय किया ।इनके साम्राज्य में सूर्यास्त नहीं होता था ।रामायण एवं महाभारत तथा अनेक ग्रंथों में ऐसा वर्णन है ।

-'"यावत्सूर्य उदयति यावश्य प्रतिष्ठति

सर्व तत्रो वनाश्वस्य मांधातु क्षेत्रमुच्यते ।"

१) वा,रामा,--उत्तर कांड ६७/२७,(२) महाभा,--द्रोण पर्व—६२/११(३) वि,पु,-४/२/
६५ (४)वायु पु,-८८/६८ (५)हर्ष चरित—उ—३, पृ-२४४(६)भा,वृ,इति,--
भा—२,पृ—८४(७)क्षत्रिय राजवंश—पृ--१४

२३)पुरूकुत्स २४)त्रसद्धस्यु २५)अनरण्य २६)हर्यश्व २७)अरुण २८)त्रिवंधन
२९) सत्यव्रत (त्रिशंकु) ३०)हरिश्चंद –३१,रोहित

सम्पूर्ण विश्व का एक मात्र राजा जिसने सपने में दान किया गया राज्य सुवह
ऋषि विश्वामित्र को बिना लाग—लपेट के सहर्ष दान कर दिया और राजपाट
त्याग कर सपरिवार भिखारी सदृश राजधानी से बाहर चल पड़ा । सत्य
-वचन(कथन) रक्षार्थ सम्पूर्ण आर्यावर्त का राज दान कर रानी शैव्या व पुत्र
रोहिताश को काशी के एक ब्राह्मण के घर बेच दिया और स्वंय—चांडाल के घर
सेवक बनकर --- श्मशान में पहरेदारी कर मुर्दों का कफन लेकर ही शवदाह करने
की अनुमति देने का दायित्व निर्वहन किया।किशोर पुत्र रोहिताश की मृत्यु
सर्पदंश से होने पर पुत्र को बिना कफन, दाह संस्कार करने से रोक दिया, विवस
रानी ने अपनी साड़ी फारकर कफन बनाया और उसका टुकड़ा चांडाल के सेवक
बने हरिशचंद्र को दिया था ।अन्तत: मृतक पुत्र का कफन पत्नी के हाथ से लेकर
ही संस्कार करने दिया ।

चन्द्र टरै सूरज टरै, टरै जगत व्यवहार

पर राजा हरिश्चंद्र का,टरा न सत्य विचार ।

३२,हरित ३३,चम्प, ३४,सुदेव ३५,विजय ३६,भरूक ३७,वृक(बाहुक)

३८, सगर---की रानी सुमति के साठ सहस्र पुत्रों ने सागर का निर्माण
किया।इनकी दूसरी रानी केशिनी से पुत्र असमंजस हुए थे।रामायण बालकांड-
भा—२--भारतीय द्वीप समूहों के अनेकों देशों को विजय किया था,जहाँ रामायण

रचना काल में भी उनकी पूजा सागर—देवता के रूप में होती थी।इतिहासकारों का धारणा है कि शक,हूणादि भी प्राचीन भारतीय-आर्यावर्तीय ही थे,जिनके अनार्य-गतिविधियों के कारण महाराज सगर ने बहिष्कृत कर दिया था।सरस्वति घाटी सभ्यता स्थलों से प्राप्त मुद्राओं में राजा सगर- काल के सम्भावित हैं,शोध जारी है।

३९,असमंजस ४०,अंसुमान ४१,दिलीप ४२,भगीरथ ४३,श्रुत ४४,नाभ

राजा भगीरथ ने अथक प्रयास कर गंगा जी को मैदानी क्षेत्रों से होकर

गंगा सागर तक विस्तार दिया ।भगीरथ प्रयास—भारतीय परम्परा का प्रसिद्ध मुहावरा स्थापित हुआ ।

४५, सिंधुदीप ४६, अयुतायु ४७) ऋतुपर्णा ४८,सर्वकाम ४९,विश्व प्रसिद्ध राजा सुदास—देवासुर संग्राम में देवताओं का प्रतिनिधित्व कर भयंकर असुरों को पराजित किया।सम्पूर्ण विश्व में पूजीत हैं ।

५०)मितसह(कल्मासपास) ५१,अस्मक ५२,मूलक ५३,दशरथ-१ ,५४,,एडविड(ऐरवीर= आर्यवीर—युनानियों का प्रसिद्ध ग्रंथ अवेस्ता में भी इस नाम के एक राजा का नाम सूचीबद्ध है ।)-

५५,विश्वसह ५६, खरवांग ५७, दिलीप-२,(५८) चक्रवर्ती राजा रघु हुए ।

इन्हीं महाप्रतापी रघु- के वंश की का वर्णन में ,महाकवि कालीदास ने रघुवंशम में कहा है-" जिनका चरित्र आजन्म शुद्ध एवं पवित्र रहा - "वे सागर के एक छोर से दूसरे छोर तक का स्वामी तो थे ही ,उनके रथ पृथ्वी से स्वर्ग तक सीधे आया जाया करते थे । "

"सोऽहमाजन्मशुद्धानामाफलोदयकर्मणाम् ।

आसमुद्र क्षितिशानामानाक रथवर्तमनाम ।।---(रघुवंशम,सर्ग—१/ १५)"

५९,राजा अज ६०, राजा दशरथ ६१,राजा रामचंन्द्र ,लक्ष्मण,भरत एवं शत्रुघ्न ६२, कुश एवं लव ६३,कुश से अतिथि(असुर दुर्जय के हाथ वीरगति), लव से सरूक्मान (कुमुदवती) ६४, निषघ / निषद ६५,नल ६६,नाभास ६७,पुंडरीक ६८,क्षेमधन्वा ६९,,देवानिक ७०,,अहिनगू ७१, परिपात्र ७२,स्थल/सिला ७३, उन्नाभ ७४, वज्रनाभ- ७५,संगण/ संखन ७६, विधृति/व्यूसिताश्व ७७, विश्वसहा ७८, हिरण्याभ,७९, कौशल्य ८०,ब्रह्मिष्ठा ८१,पुत्र ८२ , पुष्य ८३, ध्रुवसिद्धि (सिंह -शिकार करते हुए मृत्यु—पुत्र मात्र छ: वर्ष के थे) ८०,सुदर्सन ८१,अग्निवर्ण ८२,शीघ्र ८३,मरूत ८४,प्रसुश्रुत ८५,संधि ८६, मर्षण ८७,महस्वान ८८, विश्वसह

८९,प्रसेनजीत ९०,तक्षक ९१, वृहदबल(महाभारत के चक्रव्यूह वेध रण अभिमन्यु के हाथों वीरगति हुई) महाभारत रण पश्चात महाराज युद्धिष्ठिर पुन: सिंहासनारूढ हुए, ३६ वर्ष (कतिपय ग्रंथानुसार ३८ वर्ष) शासन,स्वर्गारोहण पूर्व, किये।

महत्वपूर्ण उल्लेखनीय ऐतिहासिक तथ्य,ध्यान देने योगंय यह है कि विगत चन्द वर्ष पूर्व डां वेदवीर आर्य की पुस्तक-"—मनु से मराठा तक के अयोध्या के सूर्य वंशी राजाओं के क्रमिक इतिहास "में इक्ष्वाकु से श्री राम सहित ,अन्तिम राजा ८६ पीढ़ी में राजा अग्निवर्ण की रानी को(बिना नाम) को राजा दिखा कर, यह स्पस्ट शब्दों में कहा गया है कि तत्पश्चात् महाराज इक्ष्वाकु के राजकुल का अयोध्या में पतन हो गया था।

उपर्युक्त कथन पूर्णत: ऐतिहासिक सत्य नहीं है ,आंसिक है।इक्ष्वाकु कुलीन सूर्य वंशीयों हजारों वर्ष तक आर्यावर्तीय भारतवर्ष पर एवं विदेशों पर भी सांस्कृतिक व राजनैतिक प्रभाव से करोड़ों को अनुप्राणित किया है। उसी इक्ष्वाकु के वंशजों में प्राचीन ,मध्य व आधुनिक भारतीय राजाओं की वंशावली पुराणों में भट्टी ग्रंथों,चारणों,बड़ुआ जी की पोथियों,वंश भाष्कर एवं लगभग सैकड़ों प्रामाणिक शोधार्थियों के शोध पत्रों में पूर्णत: संकलित व संरक्षित है।वस्तुत सूर्य एवं शशि (चन्द्र ~सोम)

"रवि ससि जाघव वंश । ककुस्थ परमार सदावर ।।

चाहुवान—चालुक्य ।छंदक सिला अभी आ ।।

दोयमन्त मकरान।गुरूअ गेहिल गोहिल पुता ।।

चमोत्कट परिहार ।राव राठौर रोस जुत ।।

देवरा टांक सैधव अनिक ।पौतिक प्रतिहार दधिकट ।।

धन्यपाल के निकुंभ वर ।राजपाल कविनीस ।।

कालच्छर कै आदि दे ।वरने वंश छत्तीस ।।"

अन्यान्य प्रचूर ग्रंथों में वायु पुराण, विष्णुपुराण,अग्नि पुराण,भागवत पुराण ,कुर्म पुराण आदि के आलोक में लेखक ने लगभग तीन सौ पीढ़ियों की नामावली –२०२२ में राजस्थानी ग्रंथागार जोधपुर से प्रकाशित भारतवर्ष का सांस्कृतिक इतिहास में दिया है।इसी प्रकार रामानुज लक्ष्मण से लगातार लगभग दो सौ पच्चास पीढ़ियों की नामावली ,राजवंश ,शाखा,राजधानी की सूची सहित संकलित व संरक्षित उपलव्ध है।उदाहरण स्वरूप---ईसा पूर्व ३२६ वर्ष में सिकन्दर द ग्रेट को पराजय का मुँह दिखाकर , असंख्य घायल सैनिकों को ग्रीक देश वापस जाने हेतु उद्धत करने वाले , युद्ध के निर्णायक पड़ाव पर पश्चिमी पंजाब सुद्दृढ़ परकोटे से अजेय उंच्छ – के --किले की उंची प्राचीर पर वीरता के वहम में छलांग लगाने के क्रम में विषैले वाणों से मेरुदंड को विंधकर मरणासन्न कर सम्मान—जनक --संन्धि हेतु युवा योद्धा,विश्व इतिहास में ज्योतिर्मय यशस्वी सिकन्दर महान को निरूपाय व असहाय कर ,विवस करने वाला महान योद्धा वीरवर पोरस प्रतिहार कोई और नहीं, रामानुज लक्ष्मण पुत्र अंगद कारापथ-- नाथ का सिन्धू प्रदेशीय परम प्रतापी प्रतिहार वंशीय विजय लोलुप -- षष्ठ दशकीय पड़ाव पर उत्साह से परिपूर्ण उत्तुंग हाथी पर सवार था।

थार मरुस्थलीय इतिहासकार नन्द किशोर शर्मा(जैसलमेर) कृत—प्रसिद्ध रचना—सिन्ध—हिन्द का इतिहास,पृष्ठ—१४२ से उद्धृत ।सिकन्दर महान को प्रचंड आधात पहुंचाने वाला वीर योद्धा पोरस महान प्रतिहार वंश से ही था ।भट्टी ग्रंथ प्रशस्ति – लेखक—श्री मधुवन जी व्यास से उद्धृत । स्वरचित—भा,सां,इति,--पृ—२५६ --

" ईसवीय प्रथम शतके सिन्धु प्रदेशे प्रतिहार वंशीय क्षत्रियाणां राज्यम्भवत्।तद्वंशोद्भवेनपौरस नामकेन नरपतिनासहवक्टरिया प्रदेशागतस्यालक्षेन्द्र महान संग्राम: संजात: ।तत् अस्मिन् महति संग्रामे पौरस:पराजितो अलक्षेन्द्र: महिपति सैनिकै वन्दीकृतश्व ।पश्चात स्ववचन चातुर्य्येणालक्षेन्द्रात्पुन: प्राप्त राज्यं स्वनगरं प्रत्यावृत: ।अलक्षेन्द्रश्च स्व जन्मभुमि प्रति प्रस्थित: ।---

---- "तद् राजयंच,समीप वर्तिभि: पुष्टिकरै सम्भूय समासहितं तेषां पुष्टिकराणां वंशजा चिरकालं सिन्धु प्रदेशे राज्यमकुर्वन।हत्येतादशोवृतान्त "स्वाचानामा"—नामक सैन्धवे पुरातनेतिहास ग्रंथे समुपलब्ध श्रूयते ।"

प्रतिहार साम्राज्य कालीन अनेकानेक शिलालेखों व ताम्रपत्रों में स्पस्ट उल्लेख उत्कीर्ण है कि यह राजवंश श्री रामानुज लक्ष्मण के वंशजों का है।जोधपुर शिलालेख—संवत ८९८—(८४१ ई)—

"स्व भ्राता रामभद्रस्य प्रातिहारायं कृतं यत:।

श्री प्रतिहार—वंशोयं अतश्चोन्नतिमआप्नुयात ।।

--ज, रो, ए, सो, १८९४, पृ—४--५

सम्राट मिहिरभोज का शिलाले---में उसने ।

मन्विज्ञाककुस"

महाभारत काल के अन्तिम चरण के बाद धन्व देश का राजा यज्ञ परिहार था,वह त्रेता कालीन रामानुज लक्ष्मण के पुत्र अंगद व चन्द्रकेतु को रामराज्य विभाजन काल में जो कारापथ प्रदेश,हिमालय की पश्चिमी उपत्यका में ,राजा श्री राम से मिला था, उसी जनपद का प्रथम राजा था ,महान यशस्वी यज्ञ परिहार,जिससे राजा अयामक सहित कुल ९३ राजा हुए ।उसी रामराज्य के प्रतिहार परम प्रतापी लक्ष्मण वंशज अंगद व चन्द्रकेतु से रामायण,महाभारत काल से मध्यकालीन भारत व आधुनिक काल तक में लगभग तीन सौ प्रसिद्ध शासक-राजा हो चुके हैं

। स्वतंत्रता संग्राम व तत्पश्चात स्वतंत्रता प्राप्ति काल में भी लगभग-
पांच—खुर्दसर,सार्वभौम—रियासत उंचेहरा,नागोद,अलीपुर,खानेती,कुम्ह सेंग
आदि एवम् सहस्त्रों राजा ,जमींदार ,ठिकानेदार, तालुकेदार आदि हुए हैं ।(
भा,सांस्कृतिक इति,)

<u>वायु पुराण—पृ—33—35,प्रति,राज,का इति,-- लेखक—राम लखन सिँह---</u>

मेडता –(मंडोवर) सम्भवत: जनपद का अधिपति ---

१, - भरत—

२,-- सुमित—

3,-- देवताजीत—(भागवत पुराण—०५/१५/०२)—

४,----तेजस—(अग्नि--पुराण—१०७/13,कुर्म-पुराण—४१,विष्णुपुराण—०२/
०१/३६)---

०५,----ईन्द्रधुम्न

०६-----परमेष्ठी

०७---- हरिश्चन्द्र

प्रतिहार वंश के प्रथम पुरुष श्री लक्ष्मण से ९० पीढ़ी में धन्वदेश के राजा यज्ञ
परिहार तथा १८3 वीं पीढ़ी में राजा अयामक मंडोवर में हुए ।इस बीच उपरोक्त
पीढ़ियों में कई प्रतापी शासकों ने पृथक पृथक राजधानी भी स्थापित किया
था—जैसे २१ वीं पीढ़ी के ध्वजमहिं परिहार ने विन्थल नगरी,७७ वीं पीढ़ी के
धर्मपाल परिहार ने बादलगढ,७८ वीं पीढ़ी के चन्द्रपाल परिहार ने गौड़ देश(
दक्षिण कौशल,कलिंग,बंग)के राजा का शीश काटकर बम्वा देवी की चरणों में
अर्पित किया।उसने नर्मदा तट परआजोर गढ़ राजधानी स्थापित कर राज्य
सीमा विस्तृत किया।डायनेस्टीक हि,औफ नोर्थ ई,वो-1,पृ-५०४,--कनिंघम ने
शिलालेखों के आधार पर कहा--- उंचेहरा व नागोद के परिहारों का राज्य महोबा

के चन्देलों से अधिक प्राचीन रहा है।महोबा पहले परिहारों का राज्य था,जिनसे चन्देलों ने ६२० ई,में प्राप्त किया था ।महोबा से प्राप्त एक शिलालेख इन तथ्यों की पुस्टि करता है ।आगे साम्राज्य कालीन प्रतिहारों का तीन सौ वर्षों का इतिहास भारतीय इतिहास का महत्वपूर्ण भाग है।पुस्तक के द्विवतीय भाग में सुलभ है ।

विद्वान डां वेदवीर आर्य ने इक्ष्वाकु वंश में ८६ पीढ़ी तक की सूची प्रस्तुत कर कहा है कि तत्पश्चात अयोध्या राज का पतन हो गया था ।उनके द्वारा प्रतिपादित ८६ राजाओं का काल एवं समकालीन अन्य सोमवंशी राजाओं का कालक्रमिक राज्यकाल संशय पूर्ण ,कहीं कहीं प्रतीत होता है। उदाहरणार्थ-- युदिद्धष्ठिर पांचों भाइयों का स्वर्गारोहण ई,पू,३१२६ अर्थात् वि,पू,३०७०-/६९ वर्ष में।परन्तु अन्य ग्रंथों—हरिसिंह भाटी कृत --गजनी से जैसलमेर,डां नारायण सिंह भाटी, लक्ष्मीचंद आदि- के अनुसार ई,पू, ३१३७ वर्ष ,श्रीकृष्ण महाप्रयाण(१७ फरवरी ३१०२ ई,पू,) के बाद ।श्री कृष्ण ने द्वारिका में यदुवंशियों में भीषण गृहयुद्ध एवं सागर में द्वारिका के बारह वर्ष आते –आते डूब जाने की भविष्यवाणी की थी तदनुसार साक्षात विनाश के परिदृश्य का आभास भांप कर हस्तिनापुर नरेश श्री यदुष्ठिर को पत्र प्रेसित कर – अनुरोध किया था—अर्जुन को द्वारिका भेजकर वहां से सहस्रों विधवाओं,बच्चों आदि को हस्तिनापुर ले जाने ,परन्तु श्री कृष्ण अर्जुन के पहुंचने के पूर्व द्वारिका का परित्याग कर निकल चुके थे ।अर्जुन द्वारिका आकर ,श्री कृष्ण की अनुपस्थिति में उनके जीवित माता- पिता देवकी—वसुदेव से यदुवंशियों के विनाश की दुखद घटनाओं को सुनने पश्चात- जब वे दोनों भी परलोक गमन किये -+तब सभी मृतकों का विधिवत दाह संस्कार,श्राद्ध कर्म सम्पादित करवाकर बचे कुछ असहाय परिजनों महिलाओं,बच्चों सहित हस्तिनापुर वापस आये। फिर पांचो पांडव ,द्रोपदि सहित, इन्द्रप्रस्थ--हस्तिनापुर में भी अभिमन्यु पुत्र परीक्षित को सिंहासनारूढ कराकर स्वर्गारोहण हेतु हिमालय की चोटियों की ओर अग्रसर हुए थे।निश्चितत: ये घटनाएँ श्री कृष्ण के स्वर्गारोहण—३१ फरवरी(—३१०२ ईसा पूर्व) विक्रम संवत ३०४४ वर्ष पूर्व के पश्चात के चन्द माह के अन्तर्गत हुआ ।महाप्रतापी पांडवों का स्वर्गारोहण काल---विक्रम संवत प्रादुर्भाव काल के पूर्व ३०४३ वर्ष में हुआ था,कारण कि वे सभी हिमालय बद्रीनाथ से भी आगे—“ माण गांव पहुंचते पहुंचते एक- एक कर विछुरते गए। अन्ततः सत्यनिष्ठ युदिष्ठिर

का महाप्रयाण हुआ था।

सांस्कृतिक चित्रावली

Narrating Ramayana through the Sculptural Program in the
Kailasa Temple, Ellora , India

Ramayana : Rama Lakshmana Hanuman in Cambodia

Hanuman on his chariot, a scene from the Ramakien in Wat
Phra Kaew, Bangkok.

SARNATH BUDDHA TEMPLE SARNATH INDIA

Buddha

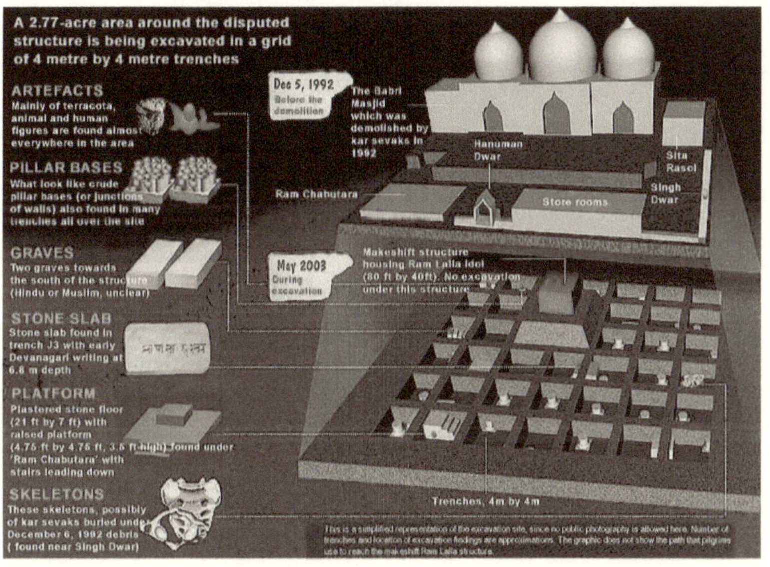

Pictorial Representation of Excavation Site

Excavation was resumed on July 2, 1992 by S.P. Gupta, Y.D. Sharma, K.M. Srivastava and other senior archaeologists barely six months before the demolition. Prof. Lal's southern trenches had missed a huge pit with 40 and odd sculptures just by 10 to 12 feet discovered by the team even though he DID get the pillar bases which others did not get later.

Line 19 describes god Vishnu as destroying king Bali and the ten headed Dashanan, i.e., Ravan.

The most important finding is what is known as the Hari-Vishnu Inscription written in 12th century CE Devanagari script. Line 15 of this inscription clearly tells us that –

A beautiful temple of Vishnu-Hari, was built with heaps of stones and beautified with a golden spire unparalleled by any other temple built by earlier kings... This wonderful temple was built in the temple-city of Ayodhya situated in Saketamandala.

Ref:

https://lordrama.co.in/ramayana-in-different-parts-of-the-world.html

https://harshad30.wordpress.com/2014/12/06/rama-history-behind-the-legend/

Chakravarti Samrat Vikramaditya

Chakravarti Samrat Vikramaditya

Chakravarti Samrat Ashoka Maurya

Samrat Mihir Bhoj

Maharana Pratap Singh (Sisodia), Mewar

Maharajah Sawai Jai Singh II depicting his love for astronomy and science

MAJOR-GENERAL SIR ALEXANDER C. CUNNINGHAM, K.C.S.I., C.I.E.,
LATE BENGAL ENGINEERS.